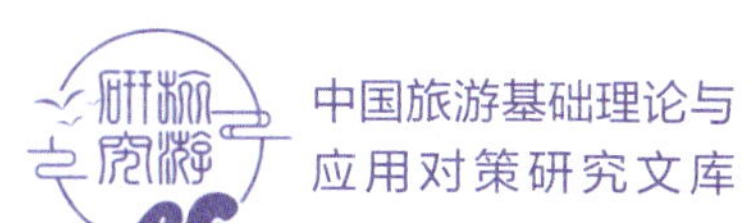

中国旅游基础理论与
应用对策研究文库

本书受国家自然科学基金青年项目《大都市传统工业区遗产资源游憩化利用的适宜性评价与开发模式——以北京市为例》（41701164）和北京农学院青年教师科研创新能力提升计划 (QJKC2022035)项目资助

民宿旅游
集聚特征及其机理研究

STUDY ON THE CHARACTERISTICS AND MECHANISM OF SPATIAL AGGLOMERATIONS DEVELOPMENT OF HOMESTAY TOURISM

龙飞 虞虎 著

中国旅游出版社

序

今天的旅游业正在有力而深刻地影响和改变着世界。随着历史的演进和经济社会的发展，现代人的刚性生活需求已从最基本的吃穿住行逐步提升和进化到精神层面，旅游休闲活动成为普通民众的基本权利和生活方式。民宿旅游作为旅游业中的新兴业态，顺应国民旅游消费体验新需求，也日益成为人们喜爱的休闲度假方式。

旅游与生活的界限越来越模糊，旅游已经越来越成为异地化的生活方式。既然是生活方式，就一定是多元的、千姿百态的，就很难简单的模式化、标准化，但一定是高品质高享受的。民宿本身已经成为了旅游吸引物，成为多元创意的产品。民宿迎合了旅游消费升级的新诉求，是旅游消费生活化趋势的主要载体。

世界旅游联盟连续多年关注旅游减贫和乡村振兴。在旅游助力乡村振兴的成功案例中，也发现了很多地区乡村旅游实践中都把民宿作为重要产业抓手和发展形式。乡村民宿不仅承载着乡愁的“诗与远方”，也是乡村创业的热点和乡村旅游的重要业态，对于推动乡村经济发展，帮助农民增收致富，实现共同富裕发挥了重要作用。一些地方在探索民宿产业发展中已经走出了较为成功的道路，如浙江、海南、广东等地，民宿产业依托本地自然资源，实现了“特色化”、“精品化”、“集聚化”发展。这些年我也走访了很多乡村，感受到民宿发展为村民带来实实在在的好处，“上可护老，下可顾小”，通过开办民宿实现家门口就业，获得收入，留住了乡村人气，焕发了乡村活力，小民宿有大作为。

民宿提供的不仅仅是住宿产品，更有民宿所依托的乡村环境以及乡村物产带来的增值体验。很多民宿和村集体共同改造了道路，修建了村史馆，恢复了露天影院，新建了餐馆、咖啡厅、书屋等，民宿成为村庄的活力中心，改变了乡村的面貌。民宿发展与乡村发展联结紧密，对乡村物质空间和社会空间进行赋能管理和有效利用，提高了乡村旅游吸引力，构建起乡村高质量的休闲与消费空间，与所在乡村协同发展。

民宿集群发展及民宿集聚区建设也越来越受到业内外关注。通过民宿旅游集聚发展，可以整合不同产业链条上的业态来增强民宿产业实力，可以整合多种渠道来破解单体民宿发展瓶颈，更可以形成具有较高影响力的区域品牌，对于带动地区民宿产业发展具有重要意义。

龙飞博士及其团队历时4年时间，深入调研了长三角地区25个城市中民宿发展的重点区域，投入了大量工作发放调查问卷，深度访谈民宿经营者、政府主管部门、行业协会等人员，分析归纳规律，结合国内外民宿发展情况，最后将研究成果付诸此书。本书关注了民宿旅游的最新动态和趋势，从民宿旅游集聚形成的特征、空间分布特点、影响因素、发展模式及动力机制开展系统研究，提炼民宿旅游集聚发展的规律，能够为地方民宿旅游集聚区发展合理布局、统筹开发提供科学支持，对于理论研究和实践发展都具有重要的参考价值。

世界旅游联盟秘书长

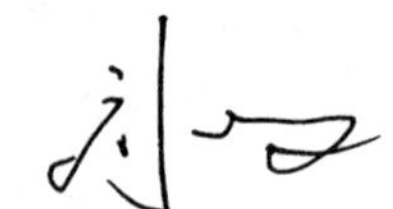

CONTENTS

目录

Part 1

第一章　绪论

乡村振兴时代的到来使得乡村旅游发展迈向新模式、新路径，民宿旅游作为乡村旅游重要组成，成为旅游新业态未来的发展主力。本章主要从总体上介绍本书的研究背景与研究意义、研究对象、研究方法、研究框架和技术路线。

第一节　研究背景

一、乡村振兴新时代呼唤乡村旅游发展新模式、新路径

党的十九大报告指出，“经过长期努力，中国特色社会主义进入了新时代，这是我国发展新的历史方位。我国社会主要矛盾已经转化为人民日益增长的美好生活需要和不平衡不充分的发展之间的矛盾”。中国特色社会主义进入新时代之后，城乡发展不平衡、乡村发展不充分等问题更加凸显，实施乡村振兴这一国家战略将是解决人民日益增长的美好生活需要和不平衡不充分的发展之间矛盾的必然要求。以乡村旅游推动乡村可持续发展能够有力地契合和服务新时代国家发展战略，促进农业提质增效、农民增收致富、农村繁荣稳定；整合乡村要素跨界配置和产业有机融合、培育新产业新业态和产业融合发展新载体新模式；加快统筹城乡融合发展步伐，统筹城乡国土空间开

发格局，优化乡村生产生活生态空间，打造出地方性的当代“富春山居图”，实现乡村振兴和新型城镇化。

目前我国城乡经济发展不均衡现象明显，城乡二元结构造成了经济发展的差异。党的十九大报告中指出，当前我国社会主要矛盾已经转化为人民美好生活需要与发展的不平衡不充分之间的矛盾，而我国城乡发展的不平衡也是上述矛盾的体现。根据《中国乡村发展研究报告》指出，全国“空心村”闲置宅基地的综合整治潜力约为 1.14 亿亩。目前北京农村近八成村庄有闲置农宅，共约 7.5 万套，其中六成左右为整院落闲置，个别山区村闲置率高达 15% 以上。城镇化的快速发展，促使城镇空间规模不断扩大，压缩了乡村发展空间，造成了城乡发展失衡。城镇建设高楼，农村住宅荒废，大量城市、乡村资源闲置。农村空心化问题进一步加深了城乡二元结构体制的固化，城镇化率增速的同时，城乡发展不均衡问题日益突出。托达罗城乡人口迁移模型中指出为了获得更好的生活质量和增加家庭收入，农村劳动力不断向城镇迁移，乡村劳动力日益减少，逐渐形成了“产业空心化—人口空心化—居住空间空心化—产业空心化”的恶性循环。民宿旅游是解决闲置资源浪费，统筹城乡发展的重要手段。2019 年中共中央、国务院印发的《关于坚持农业农村优先发展做好“三农”工作的若干意见》中提出“允许在县域内开展全域乡村闲置校舍、厂房、废弃地等整治，盘活建设用地重点用于支持乡村新产业新业态和返乡下乡创业”。

民宿旅游主要利用城乡居民闲置房屋开展经营，多元化盘活闲置农房符合中央的政策方针，最大限度地将闲置住房资源进行了有效利用，民宿旅游的发展拓宽了乡村经济的发展路径。民宿旅游的发展，促进了旅游业和休闲农业的融合，推进了农业生产链的深层次延伸，推动农产品种类向多样化、特色化发展，提升了农副产品的附加值，促进农业产业化发展。民宿旅游的发展，有利于缩小城乡经济发展差距。村民加入民宿旅游的经营和服务中，不但可以解决本地就业问题，而且可以通过发展民宿旅游获得经济效益，提高生活质量，使村民养老、医疗、教育等方面享受的公共服务水平进一步提高。民宿旅游的发展，可以带动建筑业、交通运输业、商业等发展，从而推动乡村经济多元化发展。因此，民宿旅游成为盘活闲置资源，实现城乡统筹发展的重要手段，要充分认识发展民宿旅游的重要意义，优化民宿旅游发展环境，释放民宿旅游发展活力。

二、民宿旅游在全球范围内兴起，成为旅游新业态的重要组成部分

民宿旅游蓬勃发展，成为全球旅游业的重要发展方式。民宿旅游是旅游业从观光游览向休闲度假转变的产物，其发展业态和形式也在不断分层深化、不断创新发展，适应旅游者休闲度假消费诉求。民宿旅游在全球范围内都具有巨大的发展潜力。民宿旅游已经成为全球旅游业重要组成，对于经济社会发展有着积极的推动作用，也是全球解决城乡旅游统筹发展的重要手段。民宿的概念起源于欧洲，18 世纪部分贵族到农村休闲度假成为一种流行趋势，但当时乡村旅游尚未全民化，于是贵族便临时借用村民房屋居住，形成了早期的民宿发展雏形。英国民宿旅游起源于 19 世纪 60 年代初，英国人口稀少的乡村村民开始经营民宿，可以增加额外收入。大多数民宿所出租的房间，是房屋主人的子女外出工作或读书而闲置的房间。民宿以家庭经营方式展开，主要提供 B&B（Bed and Breakfast）的服务形式。英国民宿主人会带游客去体验乡村生活，享受乡村旅游乐趣。19 世纪 70 年代后，民宿经营范围扩大至露营地、公寓，并运用集体营销方式，成立自治会，共同推动民宿业发展。法国民宿旅游起源于 20 世纪 50 年代，“二战”后法国百废待兴，农村人口向城市急剧转移，很多农村房屋闲置。1936 年起，法国推行 15 天法定休假日制度，迎合了在资金预算有限的情况下城市工作者到乡村度假的需求。1951 年，法国首家乡村民宿开业。现在，法国已经成为继美国之后 Airbnb 在全球范围内第二大市场，巴黎已成为 Airbnb 平台上房源排名全球第一的城市。日本、中国台湾民宿快速发展成为亚洲民宿的典型代表。日本民宿旅游是在经济增长基础上发展起来的，1959—1960 年夏季避暑旅游和冬季滑雪运动非常盛行，酒店住宿已经不能满足游客的住宿需求，洋式民宿开始兴起。这些民宿多位于滑雪、登山、避暑旅游地。一些农场也开始以副业经营方式提供住宿

服务，农场旅舍也开始兴起，日本民宿旅游自此开始快速发展。日本民宿经营者充分利用自然资源，能够在提供当地文化特色的住宿和餐饮基础上，同时提供运动、休闲、娱乐等项目，如农业体验、渔业体验、民俗体验等，让游客体验到不同的生活方式。中国台湾民宿旅游发展始于20世纪80年代，最初经营模式是学习日本。1981年左右在台湾南部垦丁公园附近出现了较大规模的民宿。当时旅游观光逐渐盛行，很多游客到垦丁公园附近游玩，由于周边宾馆酒店接待能力有限，当地居民便将家中闲置房屋进行出租并收取一定金额的清洁费。游客解决了住宿问题，当地居民更增加了收入，因此很多居民开始修缮自己的房屋，用于接待游客。20世纪90年代，台湾农业由耕作型向休闲农业转型，民宿这种新型休闲农业度假方式流行起来。2001年台湾双休日制度实施，休闲时间增加，台湾大众旅游得到极大发展，较大地激励了乡村服务业的快速发展，民宿旅游成为促进乡村消费的重要方式和载体。国外民宿旅游的发展对我国民宿旅游发展具有重要参考价值，通过借鉴其他国家和地区民宿旅游发展的经验，发展中国特色民宿旅游产业，优化资源利用，提高发展效率，能够有效推进城乡统筹发展。

三、民宿旅游发展迅速，成为乡村振兴与旅游扶贫的主要手段

近年来，随着消费结构的不断升级，游客对住宿的需求也日趋多样化，民宿作为非标准住宿业态受到旅游者的青睐。民宿旅游在全国开始蓬勃发展，成为旅游业创新升级的典范，成为众多资本关注并争相投入的焦点。民宿旅游快速发展、显著体现在近年来激增的民宿总量上。据原国家旅游局统计，2014年，我国大陆客栈民宿仅有30231家，至2015年年末，这个数字已经增长至42658家。根据客栈群英汇调查，2016年年末，我国大陆客栈民宿数量达53852家。短短两年时间内，我国客栈民宿数量涨幅达到近78%。根据百度指数对于民宿一词的搜索量，也是逐年增长，从2017年热度持续增加（图1.1）。民宿旅游作为旅游产业链中的重要一环，显然已经成为休闲旅游新的增长点、旅游消费的新领域，成为乡村振兴、旅游扶贫的重要突破口。在2018年11月召开的“全国发展乡村民宿推进全域旅游现场会”上明确指出，

乡村民宿是乡村旅游发展的重要内容，是推进全域旅游发展的重要抓手，是助力实施乡村振兴战略的重要渠道。2017 年我国乡村旅游规模达 25 亿人次，旅游消费超过 1.4 亿元，民宿规模消费达 200 亿元。预计到 2020 年，我国乡村民宿消费将达 363 亿元，年均增长 16%，远高于同期国内旅游消费年均 8% 的预计增速。乡村旅游的快速发展，为民宿发展提供了良好的发展环境，有利于民宿旅游发展活力的释放。民宿成为乡村旅游发展中重要吸引物和载体，增加了游客乡村停留时间，促进更加丰富的旅游消费，产生更多的直接和间接经济效益。民宿旅游发展依托土地流转的农民房屋，为农民带来租金收入，同时一些空置房屋和古宅也得到了有效修缮利用。民宿旅游发展过程中使得传统文化、古村落、古镇得到了保护、活化利用和传承。作为农业供给侧结构性改革的切入点，民宿旅游发展将增加农业产业的附加值。民宿发展会衍生配套产业，如建筑设计、营运管理、培训、民宿用品供应、农产品加工销售等服务业态，还会带动健康疗养、体育、生态农业、创意农业、休闲农业等产业发展。同时，民宿旅游发展提供了大量就业岗位，大量新乡绅、青年返乡，参与民宿经营管理，民宿旅游扶贫从输血变为造血，为乡村发展注入了活力，实现了乡村振兴、旅游扶贫综合效益。

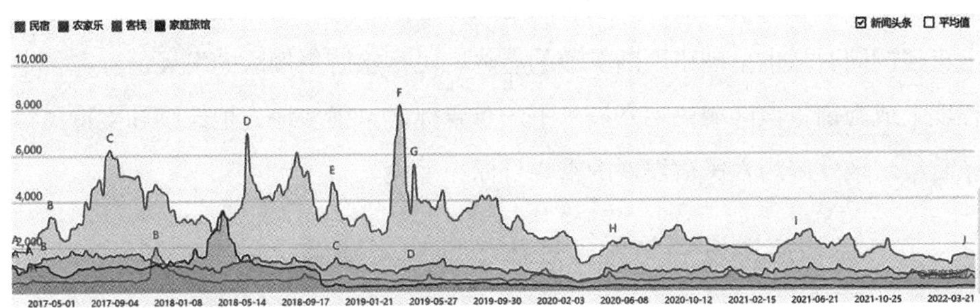

图 1.1　百度指数民宿搜索趋势（2017 年 1 月 1 日至 2022 年 3 月 30 日）

四、民宿旅游的集聚融合，推动民宿旅游集聚区的快速形成

民宿以旅游业的发展为重要依托，旅游业转型升级也需要民宿这样的新兴业态支撑。民宿与旅游的不断融合，使得民宿旅游相关产业围绕旅游资源不断

集聚，民宿旅游产业链条不断延伸，推动民宿旅游集聚区的快速发展。宁波市人民政府2018年出台的《关于加快民宿经济发展推进农旅文深度融合的意见》中，明确推进民宿经济集聚化、品牌化、智慧化、规范化发展。根据《2016民宿发展研究报告》中提出全国范围内民宿发展情况呈现出极强的地理集聚特征，通过对比分析，发现同一集聚区内民宿往往具备相似的风格，区域内部的民宿产业发展也具有相同的阶段特征。整体上来看，我国民宿发展可以归纳为10大集聚区域：滇西北民宿旅游集聚区、川藏线民宿旅游集聚区、长三角民宿旅游集聚区、徽文化圈民宿旅游集聚区、闽东南民宿旅游集聚区、珠三角民宿旅游集聚区、湘黔桂民宿旅游集聚区、京津冀民宿旅游集聚区、海南岛民宿旅游集聚区、台湾民宿旅游集聚区。长三角民宿旅游集聚区，是大陆目前发展最成熟的典型范例。长三角地区，又形成了莫干山民宿旅游集聚区、杭州西湖民宿旅游集聚区、环太湖民宿旅游集聚区、长兴县水口乡民宿旅游集聚区、松阳县民宿旅游集聚区、乌镇民宿旅游集聚区、西塘民宿旅游集聚区等不同特色的民宿旅游集聚区。民宿无论从大尺度空间范围，还是小尺度空间范围，都成集聚分布态势。民宿与旅游融合发展，民宿主要集聚在旅游业发达的区域，集聚在旅游景区周围。有一些传统古镇、古村落虽没有知名旅游景区但自然环境优美，通过发展民宿产业，带动了当地旅游业的发展。民宿旅游集聚区在空间上集聚的同时，也呈现出不断扩散的态势。民宿旅游集聚区的发展已经在一定程度上成为衡量该区域民宿发展水平的重要标志。很多地方把鼓励和支持民宿旅游集聚区发展列入民宿发展的重要目标和手段。

五、民宿旅游发展与集聚规律亟须加强研究

2017年民宿逐渐成为中国旅游住宿业的关注中心，受到旅游者、投资者、管理者的热切关注。民宿旅游蓬勃发展，成为旅游投资的热点。根据《旅游绿皮书：2017—2018年中国旅游发展分析与预测》，民宿从业者从2012年不到10万人，2016年增长至90万人。2011年莫干山民宿约35家，到2017年已增长至550家。2011年莫干山民宿床位数500多张，2017年已经增加到7000多张。民宿快速发展的背后，是民宿客房均价和出租率下降。

2011 年时，莫干山民宿出租率可以达到 80%，2017 年降至 30%，在民宿旅游投资总体规模不断扩大的同时，同质化竞争、投资效益低下等问题凸显，过度投资可能重走“过度投资—过度竞争—恶性竞争—行业受损”的发展方式。从民宿旅游布局方面，地区发展不平衡。在全国民宿旅游的布局方面，东中西部发展分布不平衡。在区域内部，民宿又集聚在旅游资源富集的景区点周围，受旅游淡旺季影响明显，供需矛盾突出。

从外部环境方面，目前民宿的监管还相对薄弱。民宿旅游的发展除了巨大市场需求推动外，相关政策对其影响很大，土地使用、政策准入、公安消防等政策都直接影响民宿旅游的运营发展。从发展模式方面，民宿发展模式受到市场考验。民宿旅游发展最初是情怀的释放，没有充分考虑市场需求，投资回报模型不确定，很多地方民宿发展已经超过其市场容量，导致民宿入住率和收益率低下，很多民宿难以维持运营成本、实现盈利，存在倒闭危机，造成资金和资源的浪费。根据浩华管理顾问公司发布的《精品民宿调研报告》，中国民宿投资者中利益导向型的占比为 70%，情怀型的占比为 30%，情怀型投资者正在随着民宿行业迅速发展而不断减少。资本开始投向优质民宿品牌，追求商业利益最大化的文化正在逐步取代有温度的民宿主人文化。

从民宿服务方面，服务水平不统一。由于民宿行业进入门槛较低，导致民宿服务水平参差不齐。服务既包括硬件设施，也包括软性服务，一些精品民宿的设施能够与五星级酒店相媲美，而一些差的民宿连基本的设施用品都不具备，卫生条件都难保证。产品与服务同质化严重，很多住宿设施设计不当，不符合住宿服务规律，降低了客人舒适感和体验感。从可持续发展方面，生态环境破坏问题需要引起重视。很多乡村民宿为了更亲近自然，建在离山体、水体很近的地方，多是地质灾害高发地带，存在安全隐患。民宿大量集聚建设、生活用水、排污等问题都会对生态环境产生破坏，民宿发展所依托的自然生态环境恶化，民宿旅游也很难实现可持续发展。当生态保护和民宿发展出现矛盾时，生态保护措施又会对民宿发展产生影响。

民宿旅游集聚区的空间布局形态和特征是什么，民宿旅游集聚区发展如何避免盲目发展、进行科学合理规划，民宿旅游集聚区如何选择正确发展模式。中国民宿发展不同于欧洲、日本、中国台湾等地区发展情况，有其自身的发展特点，经过一段高速发展期后，开始进入整合调整期，更加迫切需要一些理论来对行业问题进行系统梳理，并从宏观层面进行科学合理布局，以引导和规范行业发展。民宿旅游的集聚特征、民宿旅游集聚区演化所处的发展阶段受到经济、社会、区位、市场等多方面因素影响，因此对于民宿旅游集聚区对于整个民宿旅游集聚发展特征、模式和动力作用机理等规律性的研究日益重要。因此，本文是在民宿旅游快速发展的大背景下，针对民宿旅游集聚区发展中存在的问题进行一次全面系统梳理，分析相关影响因素，提出发展路径，并完善相关理论体系。

第二节　研究意义

一、建立民宿旅游集聚发展的空间理论研究体系

民宿作为国内近些年快速兴起的新型住宿形式，仍然处于不断增长之中，民宿本身又是个性化突出，因此研究的方向和角度也是丰富多样。不同知识背景的研究人员从不同角度对民宿开展研究，提供了丰富的研究视角，但也导致民宿研究深度不够，关注点分散，一直未建立起系统性民宿研究体系；大量研究关注民宿活动现象本身及所研究区域的民宿现状进行总结，导致已有研究缺乏理论基础和理论视角；民宿日益呈现集聚发展趋势，现有研究还没有涉及对于民宿旅游集聚的研究，民宿旅游集聚发展的特征、影响因素、发展机理研究也较为欠缺。民宿旅游的持续火热，需要理论研究适应民宿发展的新形势新需求。

现在关于旅游产业集聚的研究主要是针对特定区域旅游业的整体研究，主要从经济管理的视角对产业集聚区进行研究，从空间发展和演化机制视角研究较少，很少涉及旅游业中专项业态集聚的研究。本研究从民宿旅游集聚形成的特征、空间分布特点、影响因素、发展模式及动力机制开展系统研究，

以期形成民宿旅游集聚发展相对完整的理论体系，更好地把握民宿旅游集聚发展规律。

二、通过民宿旅游集聚区发展模式和机理的重新认知，推动旅游目的地转型升级

传统旅游目的地主要依托自然旅游资源或人文景观旅游资源。随着文化体验在旅游中的作用日益加强，旅游目的地除面临着满足传统游客观光游览需要外，还向满足游客文化诉求的深度体验需求转变，民宿作为旅游新业态中注重文化体验的发展方式，在一定程度促进了新型旅游目的地的发展，通过研究为旅游目的地转型升级提供参考依据。民宿旅游在全球范围内的快速兴起，使其成为大众休闲时代个性化乡村旅游发展的重要抓手和突破口。通过整合城乡闲置房屋资源，拉动相关旅游产业发展，盘活乡村经济体系，助力乡村振兴，民宿旅游不仅成为城乡统筹发展的实现路径，也为美丽乡村建设提供了新的理念与视角。值得关注的是，伴随着民宿旅游的日益繁荣，其产业空间集聚的趋势也逐渐显现，依托特色民宿资源形成的民宿集聚区成为最具活力的乡村旅游空间组织形态，对推动区域旅游生产空间扩张、实现区域旅游经济增长及乘数效应具有重要意义。

三、通过长三角民宿旅游集聚发展规律的研究为民宿旅游集聚区合理开发提供科学参考

很多地方政府发展民宿旅游，仅仅编制了旅游规划，对旅游业态进行了设置，但是缺乏对民宿旅游的专项规划与指导，缺乏对于民宿旅游集聚区布局的统筹发展规划。很多规划发展民宿旅游的乡村存在供水、供气困难，无上下水，电力不足，村组道路未全面硬化、绿化、亮化、美化工程建设参差不齐，公共停车场、游客接待中心、标识标牌等旅游基础设施缺失。绝大多数民宿是依托居民自家房屋而建设的，其消防、排污等方面仅仅能够满足家庭需要。从旅游安全监管的角度讲，目前还没有与消防、环保等有关准入方面的标准。发展民宿旅游集聚区基础条件和外部环境亟待改善。正确认识和

研究民宿旅游集聚发展规律将为民宿旅游集聚区提质增效、整合升级提供坚实支撑和科学参考。希望通过本文研究，能够为地方民宿旅游集聚区发展合理布局、统筹开发提供科学支持。

四、丰富当代旅游学理论及案例，为我国民宿经营与管理提供参考实例

近年来我国旅游发展过程中新要素、新业态涌现性明显，亟须学界对新事物进行科学探索和理论阐释。民宿作为典型非标住宿具有边界范围模糊化、概念内涵复杂化、个体特色差异化等特征，成为我国旅游研究的重要前沿问题。当前我国民宿的科学研究严重滞后于实践，民宿具有复杂且独特的属性特征，众多业主存在着经营管理的困扰，旅游地行政管理部门对于民宿业管理的仍处于探索阶段。本研究尝试应用管理学、地理学和经济学等多学科交叉理论对民宿经营发展过程中的新要素、新特征、新规律进行系统分析，关注我国发展较为成功的民宿发展，阐释民宿产业发展过程中的实践特征和发展机制，对于我国民宿业可持续发展具有一定借鉴意义，对于丰富当代旅游学理论和案例具有一定意义。

第三节　研究对象与研究内容

一、研究对象

长江三角洲地区（以下简称长三角地区），根据国务院 2010 年批准的《长江三角洲地区区域规划》，长江三角洲包括上海市、江苏省和浙江省，区域面积 21.07 万平方千米。该地区占国土面积的 2.19%。其中陆地面积 186802.8 平方千米、水面面积 23937.2 平方千米。常住人口达到 15930 万人。本文研究范围包括上海市，江苏省南京、无锡、徐州、常州、苏州、南通、连云港、淮安、盐城、扬州、镇江、泰州、宿迁，浙江省杭州、宁波、温州、

绍兴、湖州、嘉兴、金华、衢州、舟山、台州、丽水共 25 个城市。

作为目前发展最为成熟的典型范例，长三角民宿旅游集聚区在全国具有引领作用。截至 2021 年 12 月，去哪儿网数据显示长三角地区民宿数量达到 39753 家，占全国民宿总数的 21%，民宿类型多样，包括高端精品型、乡间野趣型、避暑休闲型、历史文化型等。依托良好的自然环境、人文内涵、经济基础及区位条件，该地区以湖州、杭州、苏州、无锡、南京、上海等城市为中心，向周边辐射形成莫干山、鸬鸟镇、小浦镇等多个民宿特色地区，是中国最具活力的民宿旅游集聚区。因此，长三角地区为民宿旅游的学术研究提供了很好的案例选择，对其发展模式进行的探究与挖掘，将为民宿旅游集聚区提质增效与整合升级提供坚实支撑和科学参考。

莫干山位于浙江省湖州市德清县西部，莫干山民宿旅游完美地迎合了高消费人群回归大自然、体验大自然的心理需求。主要客源来自长三角地区的高消费人群，目前莫干山民宿分为 3 种类型：第一种民宿是莫干山最具有特色建筑风格的民宿——“洋家乐”，经营者是南非企业家高天成创立的高端度假型酒店，如裸心谷、法国山居等度假酒店深受长三角地区高端人士，特别是海外旅游者的喜爱。第二种是外来经营者，来自上海杭州等经济发达地区的创业者创办的民宿，如大乐之野、翠域木竹坞、清境原舍等精品民宿是莫干山最受欢迎的民宿代表，民宿主人与游客分享旅游经验，给游客留下深刻印象，同时增加游客的满意度。因此，莫干山民宿被广大青年游客极力推荐。第三种是由本地人或杭州人在莫干山创办的民宿，利用自家闲置的别墅打造一所小型民宿为农家乐民宿，它们都称为莫干山民宿。根据数据统计，目前莫干山镇的民宿已有 500 多家，已经成为国内民宿产业发展的代表性地区。

二、研究内容

（一）民宿旅游集聚空间分布特征与影响因素研究

首先，对长三角地区民宿旅游发展现状和特征进行梳理。其次，基于去哪儿网民宿客栈频道对长三角地区民宿的爬虫数据，利用 ArcGIS 地理分析技术对统计数据进行空间可视化分析，核密度分析，识别空间要素集聚的区域。

总结出民宿旅游空间分布的集聚特征。最后，分析长三角地区民宿和民宿旅游集聚区空间分布的影响因素。从区域内旅游城市区位、旅游资源富集度、旅游市场区位、旅游交通区位、旅游从业人员及相关自然环境、社会、经济、文化等因素，对影响长三角地区民宿旅游空间集聚分布的相关因素进行梳理。将影响因素量化为相关影响因子，用多因素逐步回归分析法、专家打分法等进行相关数据测算，确定影响民宿旅游集聚分布的主要因子，构建影响因素指标评价模型，为发展模式研究奠定基础。

（二）民宿旅游集聚 L–R–D 理论框架下的发展模式研究

根据相关文献、数据、调研分析，重点考察依托环境、核心旅游资源、动力因素在产业集聚发展过程中的作用和演化，建立 L–R–D 理论，并总结长三角地区民宿旅游集聚可能发展模式；对不同维度的发展模式进行效益权衡，识别最优发展模式组合。长三角地区民宿旅游集聚 L–R–D 发展模式中有城市景区市场主导型发展模式、城郊休闲度假市场主导型发展模式、乡村古村落政府主导型发展模式、乡村养老市场主导型发展模式、乡村景区市场主导型发展模式等。

（三）构建系统的民宿旅游集聚适宜性评价指标体系

良好的经济环境和旅游业发展情况是民宿旅游集聚发展考虑的首要因素，也是民宿旅游集聚发展的基础，优越的地理环境和配套设施是民宿旅游集聚的发展优势，优良的经营条件为该区域发展提供有力支撑。从民宿旅游集聚适宜性评价的宏观、中观、微观层面，使用层次分析法和专家咨询法，建立相对全面的民宿旅游集聚适宜性评价体系。

（四）民宿旅游集聚的影响因素与动力机制研究

首先，从专业化分工、竞争与协同、网络创新机制角度分析民宿旅游集聚发展的内源动力机制。其次，从政府政策引导、旅游消费升级驱动、投资资本驱动等角度分析民宿旅游集聚发展的外源动力机制。最后，结合内外部动力机制，构建起民宿旅游集聚发展动力系统模型。

（五）民宿旅游优化发展的政策建议

基于以上研究，民宿旅游业在快速数量发展基础上需要健康、可持续发展，在科学合理发展模式下提出相关政策建议。

第四节 技术路线

本书基于区域发展理论、发展模式和动力机制相关理论基础上对民宿旅游集聚区的集聚特征以及内在机制进行研究，在对研究背景以及国内外研究现状进行梳理的基础上，对民宿消费市场的供需关系。以长三角民宿和莫干山民宿集聚区为案例地分析民宿旅游集聚发展的模式及其适宜性评价，并分内源性和外源性两方面因素解析民宿旅游的集聚机理，最后提出民宿旅游优化发展的政策建议（图 1.2）。

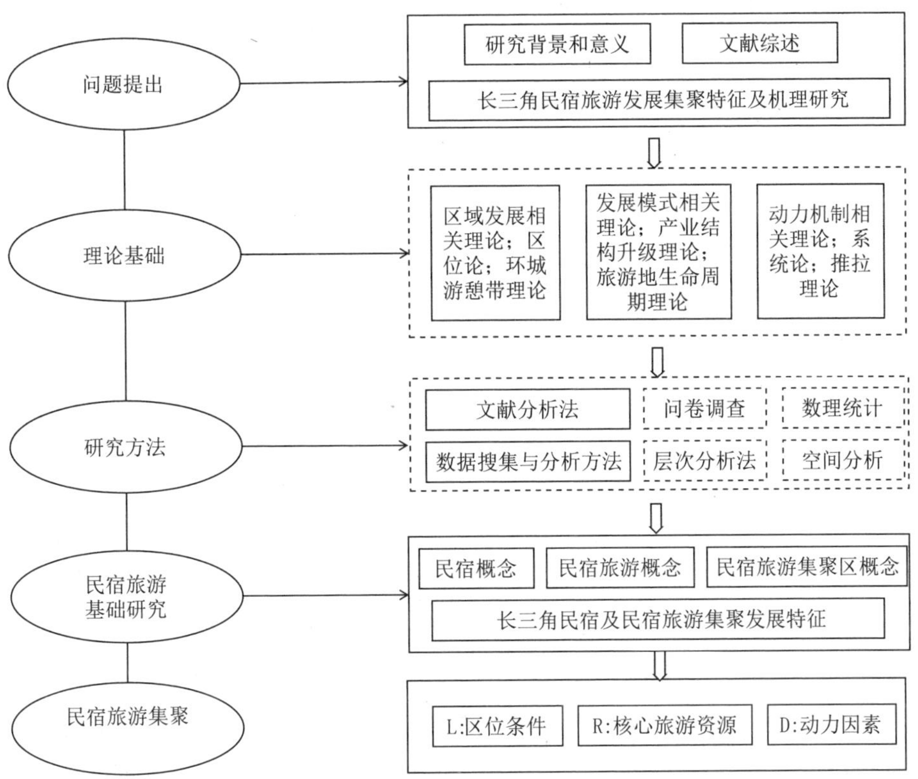

图 1.2 民宿旅游发展集聚特征及机理研究技术路线

Part 2

第二章 民宿研究进展与理论基础

本章主要介绍了目前国内外民宿研究进展和研究依托的理论基础。首先从概念出发，对民宿、民宿旅游、民宿旅游集聚区重新界定，其次梳理国内外现有研究文献，并介绍本研究的理论基础，为后文的展开奠定科学基础。

第一节 概念界定

一、民宿及相关概念的界定

（一）民宿

目前对于民宿定义还没有统一定论。民宿兴起于欧美，以英国 B&B（Bed and Breakfast）为代表，也有用 Homestay、Family Hotel、Family Inn、Guest House、Hostel、pension 等词汇来表示民宿。Alstair.M.M 等将民宿定义为乡村居民将一部分住宅出租给游客并提供其亲近自然、感受乡土特色文化活动的机会，具有浓厚乡土气息的一种乡村体验；Jakie Clarke 认为民宿是一种可以体验旅游环境的住宿产品；Timothy D 认为，民宿是以乡村环境中为依托，为游客提供住宿与餐饮服务的旅舍，旅游者通过入住民宿，可以充分了解当地居民日常生活与特色文化。在我国民宿管理实践中，各个地方政府也对民宿概念进行各自界定。《台湾民宿管理办法》第一章第三条指出，“民宿系指利用自用住宅空闲房间，结合当地人文、自然景观、生态、环境资源及农林渔牧生产活动，以家庭副业方式经营，提供旅客乡野生活之住宿处所”。该办法还依据地段及经营特色对其经营规模进行了严格控制。通常以客房数 5 间以下，且客房总楼地板面积 150 平方米以下为原则。该定义强调民宿来源自用住宅空闲房间，同时经营性质为家庭副业方式，这种方式使得民宿以更独立更自由的经营体制运行，也使得民宿风格更加多样化。

2019 年 7 月 3 日，文化和旅游部发布了《旅游民宿基本要求与评价》行业标准并实施，2022 年 7 月升级为国家标准。行业标准中对旅游民宿定义为利用当地闲置资源，民宿主人参与接待，为游客提供体验当地自然、文化与生产生活方式的小型住宿设施①。《北京市旅游条例》第五十六条中指出，“民宿是指城乡居民利用自己拥有所有权或者使用权的住宅，结合本地人文环境、自然景观、生态资源以及生产、生活方式，为旅游者提供住宿服务的经营场所”。《浙江省人民政府办公厅关于确定民宿范围和条件的指导意见》所指民宿是指“利用城乡居民自有住宅、集体用房或其他配套用房，结合当地人文、自然景观、生态、环境资源及农林牧渔业生产活动，为旅游者休闲度假、体验当地风俗文化提供住宿、餐饮等服务的处所”。《武夷山市民宿管理暂行办法》中指出民宿是指“经营者利用自用住宅空闲房屋，结合当地人文、自然景观、生态环境资源及农林渔牧生产活动，以旅游经营方式，为游客体验乡村生活提供餐饮住宿的接待场所”。

综观国内外民宿定义，虽然表述各不相同，但涉及的主体和内容大同小异。结合我国发展实践，本研究认为民宿概念内涵应包含以下几方面：第一，民宿发展载体是闲置的民间住宅。第二，民宿核心在于所依赖的在地环境。民宿重要吸引力就在于其在地性，浓郁的乡土风情、独特的乡土建筑、淳朴的当地人服务都构成民宿吸引因素。第三，民宿提供的不仅仅是住宿体验，更是生活方式。利用乡村环境，追求乡村意境，超越传统乡村，提供新型生活方式。因此，本文所研究的民宿是指民宿主人或经营者利用自用或租用住

① 注：民宿单幢建筑客房数量应不超过 14 间（套）。

宅的空闲房间，结合当地自然环境、人文景观、生态环境资源或乡村生产和乡村旅游活动，为游客提供休闲住宿及相关生活服务的场所。

（二）相关概念

1. 农家乐

胡先群（1999）认为农家乐是为满足工薪阶层休闲度假的需要，以农民的居家院落为基础，以农村田园风光为背景，集餐饮、娱乐等功能为一体的旅游方式。王兵（1999）认为农家乐是依托景区开展以家庭接待为主，融入一些乡情活动的乡村旅游，即称为民俗旅游的“住农家屋、吃农家饭、干农家活、享农家乐”。田喜洲（2002）认为农家乐概念有狭义与广义之分，狭义的农家乐是指农民利用自家院落所依傍的田园风光、自然景点，以低廉的价格吸引市民前来在农家田园寻求乐趣，体验乡村文化的旅游形式。广义的农家乐以城郊农民家庭为依托，以田园风光和别有情趣的农家生活为特色，吸引市民来此休闲度假、观光娱乐、体验劳作的一种新型旅游活动。

2. 家庭旅馆

孟丽（2003）等指出家庭旅馆是家庭利用闲置的房间向游客提供食宿服务，并让游客感受家庭氛围和当地文化的小型旅馆。渠铭（2009）则强调了家庭旅馆以具有地方特色的家庭房屋为经营场地，在提供食宿服务的同时，可以提供体验式服务，包括当地风土人情、民居建筑，是旅游目的地彰显其吸引力的重要场所。

3. 客栈

龙肖毅（2007）认为，民居客栈是一种以具有地方文化风格特点的家居院落为经营场所，集食、宿、游、娱为一体，让游客体验当地民风民俗、建筑风格、居住方式及家居人情味等人文现象的一种旅游形式。李明龙（2008）认为景区民居客栈是依托于风景名胜区，经民居改造、发展而成，为旅游者提供的住宿设施。具有文化特色古城古镇客栈众多，客栈本身也成为了重要的旅游吸引物。

农家乐、家庭旅馆、客栈等都具有不同于传统酒店的住宿属性，属于非标住宿形态，但属于民宿发展初级形态。在产品提供、居住条件、文化特色方面与真正的民宿相比还有很大提升空间。

二、民宿旅游

目前，国内对于民宿旅游没有统一界定。本文所研究的民宿旅游是指以民宿为载体，以个性化的入住体验和主人生活方式的表达为核心，以民宿周边的自然、人文环境资源为依托，满足旅游者回归自然、释放自我、休闲娱乐诉求的旅行活动。民宿旅游要素构成见图 2.1。

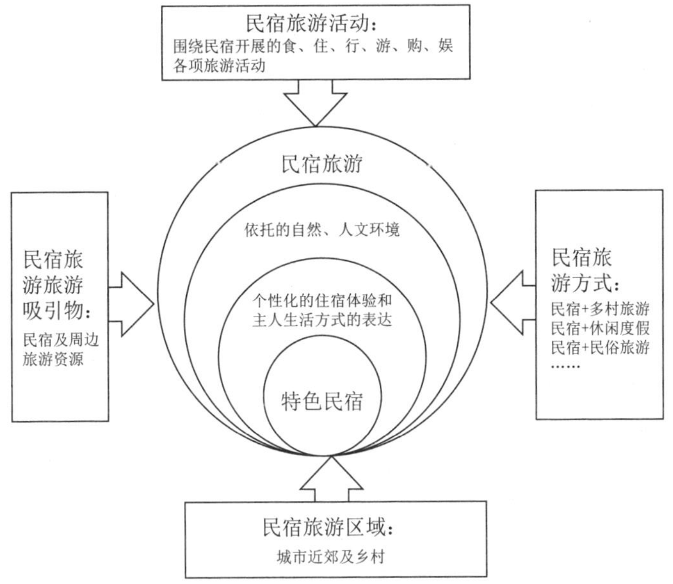

图 2.1 民宿旅游要素构成

三、民宿旅游集聚区

张蕊（2018）指出，农村民宿在成长过程中呈集群式发展形成农村旅游民宿旅游集聚区，农村旅游民宿旅游集聚区是指在农村旅游开发过程中，具有合作或竞争关系的民宿及相关产业或组织在农村这一特定地域空间上相互作用的经济集聚区。

本研究中的民宿旅游集聚区是指在一定区域内由若干民宿及其上下游服务产业链集聚而形成的具有整体市场竞争优势的民宿群落。它通常以“特色

民宿 +”的发展模式，与衍生的旅游产业相结合形成旅游吸引力。

民宿旅游集聚区组成复杂多样。由于民宿旅游产业关联度高，民宿产业链可以由民宿产业核心产业延伸至与旅游影响相关的直接行业和间接行业。民宿旅游集聚区应该由民宿产业核心层、民宿旅游直接影响的要素供应层、为旅游业提供间接支撑和相关辅助层（图 2.2）。

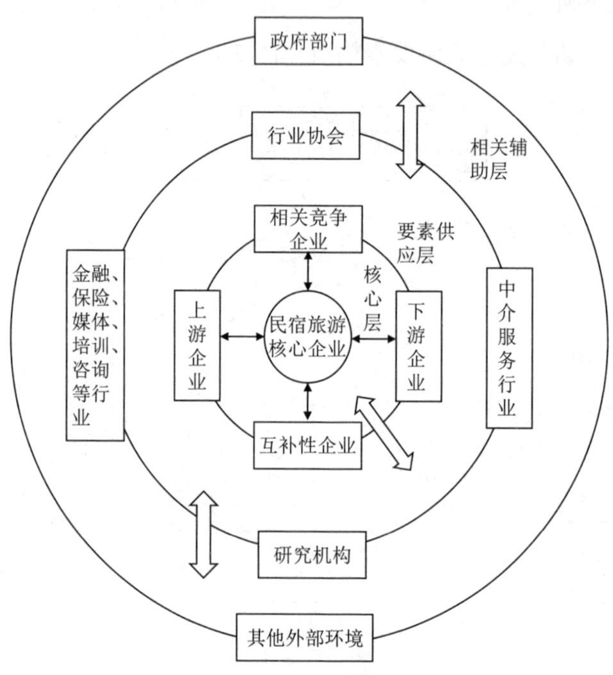

图 2.2　民宿旅游集聚区示意图

（一）核心层

由民宿产业核心资源组成。包括民宿所依托的核心旅游资源，这是民宿旅游集聚区发展赖以生存的基础。核心旅游资源、经营民宿的企业和个人，共同构成民宿产业集聚区的核心企业。

（二）要素供应层

该层主要是围绕民宿旅游者提供食、住、行、游、购、娱等活动的服务型产业的集合，包括旅行社、住宿业、交通运输业、娱乐业、旅游商品销售等旅游相关企业。这些企业是旅游产业链上重要环节，可以为旅游者提供完整的旅游服务，是旅游业主要环节。

（三）相关辅助层

主要是与旅游目的地基础设施、还有为旅游者旅游活动和旅游企业提供支持和保障的有关机构，包括金融、保险、媒体、食品、培训、协会、政府管理部门等。这些机构随着民宿旅游集聚区不断成熟和完善也会不断扩展和增加。

民宿旅游集聚区从规模尺度及行政管辖角度来看，有三个类别：一是大尺度的国家级产业集聚区，关注跨行政区域经济中产业之间的关联，如长三角民宿旅游集聚区、京津冀民宿旅游集聚区等；二是中尺度的城市或县域层面民宿旅游集聚区，强调产业链结构中民宿产业之间的关联程度，如杭州西湖民宿旅游集聚区、莫干山地区民宿旅游集聚区等；三是小尺度的产业园区类型的集聚区，强调企业间的关联程度。本文主要研究的是中尺度的民宿旅游集聚区。

关于“产业集群（industry cluster）”、“产业集聚（industry agglomeration）”、“区域集群（regional cluster）”、“产业区（industry district）”、“产业综合体（industry complex）”等概念，从不同角度对集聚区进行研究。产业集聚区不仅包括企业间相互合作，还包括该产业与地方经济、社会文化、价值观、制度等相互交融。企业集中能够促进相关联行业的集聚发展，有利于劳动力资源共享，有助于信息及技术外溢。产业集聚是产业资本在空间地理范围内的聚集过程。Alfred Marshall（1920）使用产业集聚来描述相同或相关产业在地理空间上的集聚现象。Porte（r 1998）提出旅游业具有明显的集聚效应，适合集群化发展。Jackson J、Murphy P 分析了旅游产业集聚的演变机制，集聚化发展可以提高旅游业竞争力。

可见，民宿旅游作为一种新兴旅游业态，民宿旅游集聚区是旅游产业集聚区的一种新类型。民宿旅游集聚区是旅游集聚区中以民宿非标住宿设施为主体的一种类型，与以度假酒店为主的旅游度假区类旅游产业集聚区以及以商务酒店为主体的旅游产业集聚区有比较大的差异，民宿旅游集聚区更适合乡村地区旅游发展，能够在乡村振兴以及旅游扶贫中发挥大作用。民宿旅游集聚区主要以民宿为主，由于民宿单体规模较小，集聚空间范围可能是一个村落或一个街区范围内，与村落结合紧密，是一种开放的融于社区的旅游发展模式。在成熟的旅游产业集聚区内企业之间已经形成良性互动，集聚区内旅游企业在业务经营、宣传推广、客源共享等方面形成了良好的竞合关系。民宿旅游集聚区也有完整的产业链，但集聚区企业同质性问题突出。

第二节　研究进展

一、国外民宿研究

本文以 Web of Science（WOS）引文数据库为基础，以主题为 homestay OR bed and breakfast OR hostel OR family inn AND tourism 为条件进行文献检索，研究时间为 1999—2018 年，研究学科选定生态学、地理学、旅游学、管理学、社会学，共检索到 146 篇文献。在文献年度分布上，民宿研究缓慢增长，个别年份研究数量突出（图 2.3）。

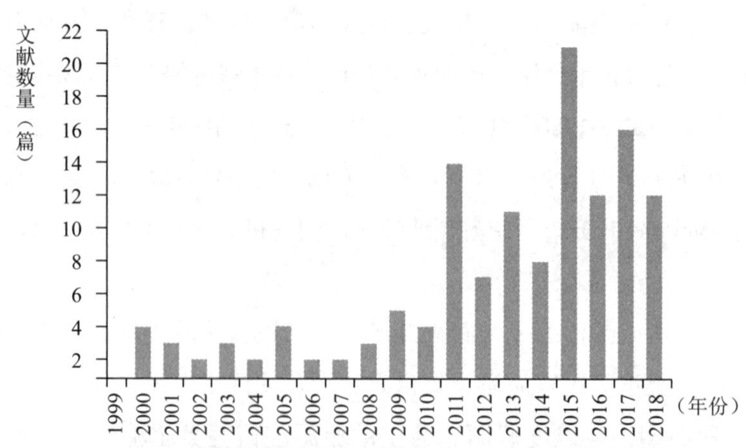

图 2.3　1999—2018 年国外民宿研究文献数量年度分布

通过 Citespace 中高频度关键词的测算反映该领域的研究热点。通过对民宿的研究文献关键词共现分析（表 2.1），出现频率最高的依次是旅游（tourism）、宜人迁移（amenity migration）、迁移（migration）、感知（perception）、模型（model）。研究文献主要集中发表在《Tourism management》《Annals of Tourism Research》《Journal of Rural Studies》《Journal of hospitality management》《Journal of sustainable tourism》《Geo Journal》《Curr issues tour》《Journal of Travel Research》《Progress in human geography》《THESIS》《Asia Pacific Journal of Management》等期刊，研究区域主要集中在美国、英国、澳大利亚、中国、中国台湾等国家和地区。

表 2.1 国外民宿研究高频度关键词

关键词	频次	中心性	年份
tourism	32	0.44	2011
amenity migration	11	0.15	2015
migration	11	0.06	2000
perception	8	0.03	2015
model	7	0.12	2011
place	6	0.02	2015
resident	5	0.00	2017
homestay	5	0.07	2015
behavioral intention	4	0.04	2018
Customer satisfaction	4	0.03	2016
management	4	0.00	2015
community	4	0.06	2011
service quality	4	0.02	2011

（一）民宿定义

Clarke J（1996）认为民宿是指能够体验旅游环境的住宿产品。Timothy D（2009）认为，民宿是建在乡村环境中为游客提供住宿与餐饮服务的旅舍，旅游者通过入住民宿，可了解当地居民的日常生活与当地文化。Dawson C P（1988）指民宿为客人和主人提供了独特体验，选择性更大。尽管民宿在住宿市场的份额太小，不足以构成对酒店业的威胁，但它是一个稳定市场的备选。

（二）民宿营销

国外研究很多是营销领域的研究，包括营销方式的选择，网络的使用等等。Tammie J. Kaufman（1998）提出民宿市场营销技巧包括广告的位置、宣传手册和导游指南的使用以及口碑营销的重要性。Lubetkin M（1999）指出民宿在消费者关注的地方做广告可以提高入住率。So Yon Lee（2003）研究了民宿的营销策略，他指出口碑、协会和小册子是民宿营销的三个主要策略，口碑营销被认为是最成功的营销策略。Miyoung Jeong（2004）探讨了民宿行业网站的重要性，以一个中西部地区民宿网站为例，验证了消费者使用民宿网站消费意向的前置变量，分三组验证民宿网站提供的信息是否让消费者满意并愿意再次使用。Dimitrios Buhalis（1999）对互联网给英国约克市民宿销售带来的优势和发展进行了研究。Simon Hudson（2006）建议民宿经营者利用互联网作为重要营销手段，是增加客源的低成本方法，特别是针对海外客人。相关因素有上网经验、网站效率的度量、问询回应、方便游客预定、游客采用的技术、在线合作伙伴等。Chen H T（2014）从民宿所有者和经营者角度，研究了基于民宿消费行为，构建了技术接受模型，研究民宿所有者和经营者对于民宿网站的使用。Evans N J（1992）探讨了农场依托型住宿业的营销方式，需要积极地宣传住宿业，这意味着许多农场家庭企业与非农业部门的外部代理建立了更密切互动。

（三）民宿经营者

Yu-Chin（Jerrie）Hsieh（2010）针对民宿经营者如何平衡工作和个人生活进行研究，结果显示中国台湾和美国的民宿经营者都能很好地平衡工作和个人生活，但中国台湾具有集体主义文化背景的经营者与美国具有个人主义文化背景的经营者相比，平衡工作和个人生活更加容易，也会获得社会和家人更多的支持。Getz D（2005）研究了旅游和酒店行业家族企业家的成长，在加拿大和丹麦的两项调查中，对家庭企业主生活方式和自主取向进行了四项假设的测试。Lynch P（1998）以女性创业精神为视角，研究了民宿业主中女性创业者主要动机和社会经济变量的影响。Rokhshad Tavakoli（2017）对马来西亚民宿的社会资本研究。重点是民宿提供者和他们的家庭成员之间的社会关系；民宿提供者和其他住宿提供者关系；民宿提供者和社区不参与民宿业务的其他成员关系。采用定性研究，以探讨民宿主人的社会关系。民宿有助于在社区的某些群体中加强社会资本。Norlida Hanim M S（2014）研究马来西亚民宿计划的参与动力和发展影响。民宿计划的参与者受到各种因素的影响，比如他们自己有成为民宿主的愿望，来自社区、家庭和协会的鼓励，以及政府的激励。参与民宿项目的原因是：获得新的经验、获得更好的收入来源、利用闲暇时间、提高个人的技能和兴趣，以及拥有自己的中小企业。在感知方面，民宿经营者认为发展民宿旅游对当地社区有积极的影响。

（四）消费者动机和满意度

Gunasekaran N（2012）民宿已经成为传统酒店的可替代性产品，对无论是在敏感性还是现实性上，游客选择民宿的动机可能与传统的住宿方式不同。Scarinci J（2008）研究了美国民宿客人的住宿动机，研究了美国民宿游客动机、游客满意和游客信息来源的关键因素。

（五）民宿发展的影响

Bhalla P（2016）研究了村民参与民宿计划如何影响印度野生动物保护区内生态旅游目标的态度和行为。Cavanaugh，Bonnie（2011）美国民宿发展为保险公司提供了新的机会。Kontogeorgopoulos N（2015）对民宿旅游与泰国农村住宅商业化进行研究。尽管民宿业对泰国国内旅游市场的重要性日益增强，关于社区参与旅游研究很多，但民宿旅游仍然是一个被忽视的话题。民宿是把双刃剑，民宿成功的社区很多来自价格真实性的减少，对旅游业更大的依赖，经济社会的不均衡。尽管有这样的挑战，社区将为了满足游客对于乡村旅游的好奇继续商业化自己的住宅。

（六）民宿经营管理的研究

Buyeke Ogucha（2015）研究了维多利亚湖肯尼亚旅游线路中民宿设施和服务对于游客满意度的影响。对于民宿游客满意度方面缺乏有形服务因素的研究。民宿要提供足够的服务设施（不一定是高档次的，但要满足功能）。Nuntsu N（2004）采用随机抽样的方法，对南非水牛城的民宿市场中36个民宿经营者进行了电话调查。民宿平均经营年限3.6年，2.1名兼职人员和2.3名全职员工。民宿提供服务设施和丰富多彩的活动，采用多种营销手段，尤其是口碑营销。民宿也面临着一系列问题，缺乏部门关注、缺乏企业创新性和相关技能、政府支持有限、缺乏资金和有序竞争等。民宿想要成功需要把民宿互联网化、获得金融机构的资金支持、降低运营成本、非金融支持和持续的技能提升。Kunjuraman V（2017）通过对马来西亚Dagat村研究发现民宿发展存在的问题，缺乏基础设施、较差的促销活动、缺乏训练有素的人力资源、安全问题、地方领导能力低，缺乏旅游管理经验，导致民宿发展是不可持续的，提出旅游利益相关者间合作的重要性，以实现生态旅游的成功发展。Vallen G（1997）对美国亚利桑那州159个住宿和早餐业务进行79项定量研究，总结了该州民宿发展情况。房间数量、房价、平均工资、营销费用低于行业平均水平，入住率高于行业平均水平。超过三分之一的受访民宿业主认为最有效的是协会提供的网络营销机会。

（七）其他相关研究

Rita A. Pohlmeier（1992）对美国民宿财务可行性进行分析。20世纪80年代中期，在美国经营民宿的数量急剧增加。到1990年，经营民宿的数量估计为12000~15000家。在接下来几年里，民宿预计将继续增长，特别是在不适合发展传统酒店和汽车旅馆的乡村地区会进一步增长。Becken S（2001）主要目的是探讨酒店、民宿、汽车旅馆、青年旅舍、露营地住宿类别之间的能源消耗差异，以及商业规模等因素的影响作用。为每一个类别每年能源消耗和能源强度确立了基准，如每个访客每间夜的能源消耗，评估了新西兰住宿部门总能源消耗情况。Wight P A（1997）对生态旅游住宿系列中供给和需求进行研究，发现生态旅游者对私密的、更冒险的住宿感兴趣，然而目的地住宿设施难以满足其需求。而更具乡土气息、探险式住宿设施，如船舱、牧场、小木屋、客栈和民宿在供给方面有很多的缺口。

二、国内民宿研究

国内对于民宿的研究，早期主要集中在农家乐、家庭旅馆的研究，现正在逐渐被民宿的概念所取代。根据百度指数以民宿为关键词进行查询，2015年开始民宿一词才被广泛提及，到2017年更突出成为热门关注词。通过中国知网（CNKI）可以看出2015年来民宿的学术研究文章数量也呈现逐年上升趋势（图2.4）。

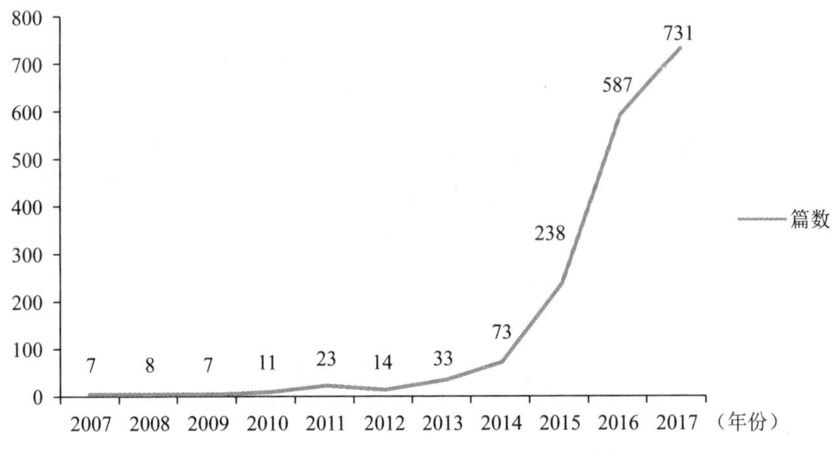

图2.4 2007—2017年民宿文献研究篇数

从研究层面来说，随着民宿的日益火爆，围绕民宿的研究也逐渐成为当今学者关注的重要议题。在国外民宿发展较早，规模和运营管理也发展较为成熟，相应民宿理论研究相对系统和深入，由于文化背景、语言表述、发展背景不同，国外对于民宿英文也有多种表述，以B&B（Bed and Breakfast）为代表，也有用Homestay、Family Hotel、Family Inn、Guest House、Hostel、pension，与国内民宿研究范围还存在一定差异。然而纵观国内研究，理论研究滞后于民宿发展的现实需要，需要进一步深入研究。

本研究以“民宿”为主题词，在中国知网（CNKI）中进行检索，选取

2007—2017 年间文献，共计 1073 篇，其中期刊文章 923 篇，硕士论文 90 篇，其他 60 篇，领域涉及地理学、建筑学、农林经济管理、社会学、应用经济学等十余个领域。通过计量可视化分析，关键词共现网络（图 2.5）发现，乡村旅游、休闲农业的研究与民宿联系密切，更多关注设计、发展、策略等问题，研究拓展领域包括民宿旅游、海岛民宿、传统村落、乡村民宿、台湾民宿等。

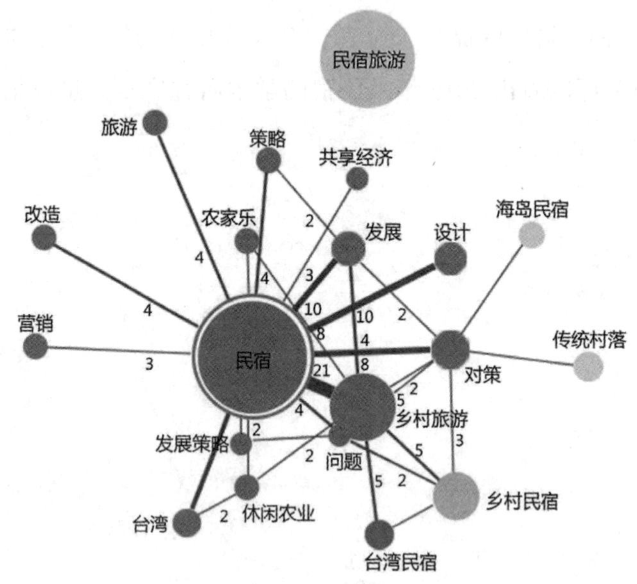

图 2.5　基于关键词共现频率构建民宿文章知识网络图谱（2007—2017 年）

关于研究现状和发展建议类文章多为观点相似，且多为描述类文章，因此对文章进行了二次整理筛选，删除文章内容基本重复的文献，其中从文献发表数量来看，关于民宿研究文献呈逐渐增加的趋势；从研究时间来看，2015 年后研究数量大幅度增加；从研究方法来看，定性为主，定量偏少。

通过对民宿研究文献的总结归纳，国内对于民宿研究主要涵盖以下 7 个研究主题：定义、分类、开发、设计、管理、评价、发展保障。

这七个细分主题涵盖了从“民宿的产生”（民宿开发）到“民宿的好坏”（民宿评价）整个过程，“民宿定义”首先界定了什么是民宿，什么样的住宿设施可以称为民宿，“民宿分类”为民宿开发、设计等奠定基础，民宿开发者和经营者要根据民宿具体类型，进行合理规划设计等，“民宿管理”关注民宿投资、运营和营销推广，“民宿评价”关注对民宿资源、服务内容等评价，提升服务品质，“民宿发展保障”关注民宿健康发展法律法规等（图2.6）。

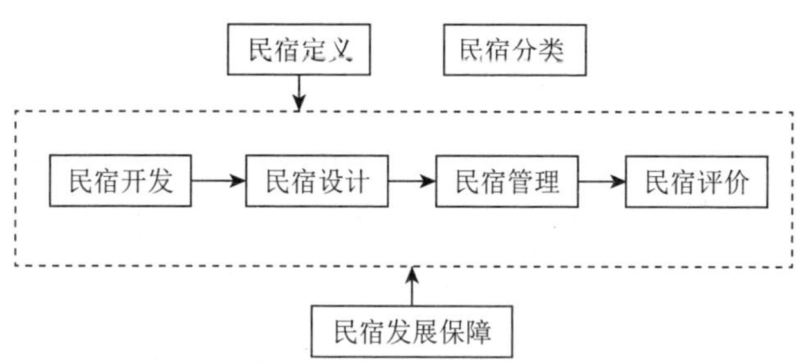

图 2.6　国内民宿研究细分主题及其逻辑框架

（一）民宿定义

认识事物，始于对其的定义，因此对定义研究至关重要。当前国内并没有对民宿定义进行专门研究，被学者引用最多的概念即台湾交通部观光局颁布《民宿管理办法》（2002）中对“民宿”的定义：指利用自用住宅空闲房间，结合当地人文、自然景观、生态、环境资源及农林渔牧生产活动，以家庭副业方式经营，提供旅客乡野生活之住宿处所。该办法还依据地段及经营特色对其经营规模进行了严格控制。该定义强调民宿来源自用住宅空闲房间，同时经营性质为家庭副业方式，这种方式使得民宿以更独立更自由的经营体制运行，也使得民宿风格更加多样化。

大陆地区对民宿定义，更加宽泛，如李德梅等认为，民宿是将其部分私人住所出租给游客，以非主业方式经营的住宿设施，游客不仅能与主人进行某种程度交流，更能感受当地风土人情（李德梅等，2015）。这种宽泛定义，使得一些学者研究民宿相关问题时，将农家乐、客栈、青年旅舍也纳入到民宿范围中来，如张延、代慧茹（2016）。李沛沛、单文君（2017）结合前人观点，将民宿定义为利用自用住宅闲置的房屋，结合当地风土人情，以家庭副业方式开展经营，提供旅客乡野生活和家庭温暖感觉的住宿处所。该定义首先扩大了房屋来源范围，但同时也限定了民宿开办地点是乡野之中。赵菁（2017）从设计角度，通过将民宿与传统酒店对比，较为清晰介绍了民宿的概念，民宿通常是对现有建筑的再次设计，民宿通常会提供生活方式、农家菜、地域文化等体验，民宿本身可能会成为一种旅游吸引物等。

2017 年 8 月 21 日，国家旅游局发布了《旅游民宿基本要求与评价》行业标准，并于 2017 年 10 月 1 日起实施。行业标准中对旅游民宿定义为，利用当地闲置资源，民宿主人参与接待，为游客提供体验当地自然、文化与生产生活方式的小型住宿设施。〔注：民宿单幢建筑客房数量应不超过 14 间（套）〕。

（二）民宿分类

对民宿的分类，不同学者研究角度不同。按照民宿开发者来源将莫干山民宿分为三种：第一种是"洋家乐"，代表为裸心谷和法国山居；第二种是外来开发者开发的民宿，代表为大乐之野；第三种是本地开发者开发的民宿，代表有莫干山居图（俞昌斌，2016）。旅游景区民宿客栈分为：运动休闲型、农业休闲区、传统建筑型和溪边休闲型四种（胡平东，2016）。从建筑风格角度将厦门城镇民宿分为三类：西式或中西合璧建筑、闽南大厝、当代民房（姚欣，2017）。民宿从三个角度分类：第一，基于民宿设置区域可以分为文化体验特色民宿、景观特色民宿、乡野体验民宿和产业特色民宿；第二，根据民宿建筑型式分为，原住民式民宿、欧风民宿闵式民宿和特色民宿；第三，根据民宿资源分为，农业型民宿、生态型民宿、度假型民宿和乡村型民宿（顾翘楚，2016）。民宿分类原则是共同性和差异性原则、科学性与逐级划分元原则，通过文献汇总，基于民宿分类原则，参考不同分类依据，对当前民宿进行了划分：按照经营方式，民宿分为经营者个体经营和合作经营两大类，个体经营又分为主业经营和副业经营两种，合作经营分为"公司 + 农户""农户 + 农户""政府 + 农户""政府 + 公司 + 社区 + 农户"四种模式；依据产品与地域条件，分为海滨民宿、温泉民宿、农园民宿、运动民宿、传统建筑民宿等；按照民宿外观及风格分为欧式民宿、和风民宿、中国传统民居民宿等；按照功能及体验分为，体验农家民宿、体验工艺民宿、体验民俗民宿、体验自然民宿、体验运动民宿；最后还有按照主题特色分类（张延，代慧茹，2016），该研究为以后的民宿分类研究奠定了良好基础。

（三）民宿开发

在民宿开发阶段，通过介绍成都宽窄巷子里的德门仁里精品客栈，总结了影响民宿客栈开发的因素。宏观因素包括丰富的自然资源、人文景观，地区经济发展程度，政府配套政策，微观因素包括选址、附近的客流量等（哈诺，2017）。以厦门 4 个民宿旅游集聚区为例，从民宿景观设计角度，研究景观自然度、景观偏好及行为意图之间关系。结果表明，相比中景和近景，民宿远景会显著影响游客的景观偏好和行为选择，其中自然类景观对游客吸引力更强，因此民宿在选址设计环节，选址非常重要，民宿在依山傍水的地方，更能吸引游客（黄杰龙等，2015）。采用调查问卷方式，检验影响游客再宿意愿的影响因素，研究发现，民宿游客对民宿产品特色的满意度、游客对民宿产品服务及附加服务满意度与游客再宿意愿有较大的相关性，进而提出相应开发建议（马桂玲、马锦义，2016）。

在民宿类型中，从研究数量上来看注重乡村民宿开发研究，尤其是少数民族乡村民宿研究。如吴亚平等以贵州省多个少数民族乡村旅游点为例，通过深入调查方式，总结提出少数民族文化资源禀赋、区位交通、传统产业及人的因素是民族村寨民宿业发展基础，也是判断该村寨能否发展民宿业的重要依据，最后提出文化核心价值、民居改造与保留、商业模式、供给体系及市场营销的设计和安排，是少数民族民宿业能否取得成功的关键因素（吴亚平等，2016）。李忠斌、刘阿丽（2016）同样以武陵山区利川特色村寨为例，结合发展现状和发展优势，建议采用“民宿 +”发展思路，既可以有效避免产业同质化，解决过于单一产品结构问题，又可以充分发挥民族文化资源优势，其具体发展路径为“民宿”+ 自然生态，“民宿”+ 民风民俗；“民宿”+ 村寨科考，“民宿”+ 运动休闲，“民宿”+ 健康养老，以期为其他民族地区特色村寨产业开发提供新的路径选择。闵忠荣、洪亮（2017）结合江西省婺源县西冲传统村落案例，提出从保护分区、用地布局、产业发展、空间改造和公众参与五个方面民宿开发规划策略。

（四）民宿设计

民宿近年来能够得到游客的喜爱，很大程度上就是因为民宿比一般传统酒店，更能感受到“家”的温馨氛围，让游客能够深入体验当地文化。因此民宿作为载体，必须由设计师结合环境、文化等因素进行设计和改造，民宿是否成功，设计具有重要作用。当前国内关于民宿设计研究文献较多，从不同国家和地域层面，认为各国不同文化造就了多样的民宿风貌，民宿设计要遵循特定原则和理念（王明泰，2015）。民宿景观设计会对游客选择的影响，结果表明宽敞、舒适且安全自然的户外环境更能得到游客青睐，因此在景观材料选择中尽可能选择自然类材料，同时注重近景、中景与远景组合搭配，贴近游客偏好（黄杰龙等，2015）。张兴建从建筑外立面、客房、餐厅、院落、户外公共空间景观几个方面，具体介绍了设计的关键点和设计原则（张兴建，2017）。丁源（2015）分析了台湾民宿设计风格和特点，归结为简约主义，小而精，简单明丽的装饰色彩和细心周到室内细节等特点，以期对大陆民宿设计起借鉴作用。钱敏（2016）以舟山市海岛民宿为例，介绍了民宿设计的本土化与人情化理念。姚欣（2017）进行了城镇民宿设计研究，以厦门地区为例，根据不同建筑类型，提出相应的室内外设计改建意见。王英子（2017）通过对双公山居功能、空间序列、本土元素、人情化四个方面进行分析，探讨民宿设计的本源。唐兴荣（2017）分析了城镇消费者的心理需求，提出农业村镇民宿空间设计中必须赋予能够引起文化共鸣的“乡土”和“田园”感觉，满足消费者文化体验，建立起“乡土文化”的价值共识，并详细介绍了村镇民宿设计可从建筑形态设计、空间功能设计、空间陈设设计和民宿衍生产品设计四个方面构建乡土文化。为探索乡土文化如何通过民宿回归与构建，以莫干山民宿为例进行研究，结果表明可通过重组当地物质文化要素，包括房屋、家具、生产用具等，注重非物质文化在民宿中展现与传承，可营造民宿的乡土文化氛围（张希、杨雅茜，2017）。民宿要体现人文情怀，在设计方面要遵循生态注重环保、民宿设计要彰显地域特色和文化特点、室内设计要风格独特而有温情（王小林，2017）。民宿在设计方面的发展趋势：设计整合化、功能空间多样化、设计模式多元化、设计形式特色化（赵菁，2017）。

（五）民宿管理

民宿投资。赵凌玲（2015）分析了民间资本运营与乡村旅游住宿业发展之间关系。阮雯（2016）以杭州为例进行了民宿发展与政府行为分析研究，民宿发展不仅受时代背景和自身发展的原因，但政府行为也是其发展的重要推动力量，其中在投资管理方面，杭州政府鼓励社会工商资本开发经营民宿，使得民宿投资主体呈现多元化发展模式。罗施贤（2017）等以四川民宿为例，探索了乡土民宿发展的新模式，如众筹模式、返乡模式、政府引导与示范模式、招商模式、农村社区模式和民宿带动区域发展模式。

民宿运营。从经营成本角度，民宿经营过程中应该注意避免成本误区，如房租、装修和人工成本的核算问题，为了更好地控制民宿经营成本，应该进行合理全面成本预算，如成本均摊、估算装修回收期、装修材料选择、合理的价格体系、制作成本预算表、做好人群定位等（唐晓晨，2016）。民宿酒店化经营有利有弊，民宿酒店化指将传统民宿采用酒店管理模式运营，通过服务标准化和经营规模化的管理，实现经济效益最大化（程琦，2016）。通过游客对民宿原真性体验研究发现，无论是文化真实性和情感真实性，都依赖民宿经营者与游客之间真诚互动（李超然、张超，2016）。乡村民宿经营者应该具备环保意识，保护民宿相关资源，同时提出经营者应该积极培育经营管理能力，从而提升民宿竞争优势（胡敏，2007）。通过研究台湾民宿产业发展，大陆乡村旅游可以学习台湾民宿发展的优秀经验，依靠产品创新、提升品质和塑造吸引力等做法来提升大陆乡村旅游的健康发展（曾磊等，2009）。

民宿营销。吴玮（2015）对来台湾旅游消费群体进行了分析，在此基础上介绍了以消费者为导向的台湾民宿业数字化营销策略，具体表现在，科学性与艺术性并重的“消费者导向”策略核心，综合立体数字化营销策略。通过分析台湾民宿业网络推广的优劣势，结合当前台湾民宿业网络推广渠道等现状，提出网络推广改进建议，最后希望能从台湾民宿品牌网络推广中学习和借鉴（葛姝、赖红波，2015）。吴亚平（2016）等在智慧旅游视角下研究了贵州黎平县滚正乡村民宿业营销策略，营销方式包括：建立不同微信群进行讨论和交流，微信朋友圈制造话题转发分享，在微信公众号撰写推送文章提升该地民宿知名度，建立该村微博，推出民宿热点话题，另外可以选择一些付费数字媒体，推荐宣传民宿。尽管该项研究是基于单个乡村的营销策略，但是对于其他地区乡村民宿营销推广工作具有较好借鉴意义。

（六）民宿评价

通过问卷形式探讨民宿经营成功的核心资源，研究发现经营者、特色乡村风情、适中的价格和优越的区位是影响民宿经营的重要因素，其中主要竞争资源是经营者和特色乡村风情（胡敏，2007）。民宿资源评价可以从基础设施、服务品质、资源特色、与当地联系4个大类，24项指标构建指标体系，并以宁波市民宿为例，对该评价体系加以验证，结果表明是一条可应用型体系（李德梅等，2015）。通过该项研究首次将层次分析法和模糊综合评价法结合运用在民宿资源评价中，尽管结果具有一定的主观性，但已经实现了定性分析向定量分析转变，未来可持续改进。柯厅敏（2016）以问卷形式，分析了影响温州乡村民宿顾客满意度和再购买意向的因素。关于影响因素类研究，如果通过调查问卷形式，研究者只能事先设定好有哪些因素，如该文中影响乡村民宿顾客满意度因素包括环境条件、交通条件、配套设施与服务、设施设备、服务质量、价格合理六项，对于研究中提及到的影响因素，但有可能也是影响因素的时候，研究就具有一定局限性。通过对去哪儿网上的民宿评论，从房源、环境、房东、心情四个方面进行内容分析，共享经济下民宿行业发展四点建议，重视消费者体验、加强民宿环境建设、打造品牌和设立监管机制（李彬彬、程子赫，2017）。通过研究携程网上顾客抱怨的在线评论，研究表明，顾客抱怨的问题主要表现在对民宿设施设备、经营服务、总体评价和安全卫生等几个方面。差评往往比好评更能真实反映顾客体验，因此从顾客抱怨的角度，运用内容分析法对携程网上关于厦门鼓浪屿民宿顾客抱怨信息进行分析（皮常玲、郑向敏，2017）。本次研究中，选取厦门鼓浪屿15家民宿的抱怨信息，因此在代表性上具有一定局限性。为了较为全面分析杭州西湖周边民宿的质量现状，构建出民宿服务质量分析体系，以来自携程网点50条评论数据对分析体系进行验证完善，最终确定总评价，设施设备和服务作为分析体系的三大类一级指标，涵盖 19 个小类，基本涵盖了影响民宿质量各个要素，然后提出民宿服务提升策略（李沛沛、单文君，2017）。通过 Airbnb 网站上收集了关于北京和台湾民宿评价信息，通过内容分析法，对比两地民宿在位置选择、空间设计、房东特征、品牌管理和游客忠诚方面的差异，并对北京民宿发展提出建议（李燕琴等，2017）。2017 年 8 月 21 日，国家旅游局发布的《旅游民宿基本要求与评价》中根据接待设施与服务品质将民宿划分为两种等级，分别为金宿级、银宿级。金宿级为高等级，银宿级为普通等级。

（七）民宿法律保障

民宿健康发展，需要法律保障。从民宿产业发展的法律规则角度出发，为保证民宿产业健康发展需要完善地方法律法规，针对性地加强政府监管，制定与各地相符合的民宿标准，明确市场准入机制，发挥好民宿行业组织和社区组织监管作用（孙新见、柯冬英，2016）。民宿依法申请困难、民宿标准界定困难、民宿监督执法困难、游客投诉处理困难，这些问题亟待解决（潘颖颖，2013）。戴丽霞（2016）研究了海南乡村民宿的法律监管问题，发现当前民宿在监管经营主体、民宿监管主体、违法经营惩罚机制方面存在的问题，通过参考法国、日本等成熟地区民宿法律和管理机制，指明海南乡村民宿完善意见。以杭州民宿为例，分析政府行为对民宿发展影响，结果发现政府在推动民宿产业发展方面，政府处于主导地位，注重政策奖励、资金引进、外部环境营造问题，但在立法、行政审批等方面却制约了民宿进一步发展（阮雯，2016）。高伟雯等（2015）通过实地考察，从游客感知角度，查找海岛民宿经营管理过程中关于旅游安全的问题，研究表明，游客满意度最低的是餐饮安全，游客群体特征与游客实际安全隐患感知程度密切相关；安全隐患主要的外在因素是旅游目的地自身发展还处于初级阶段，政府管理不到位等。

（八）其他相关研究

熊国铭（2016）通过对供应链视角下民宿集群发展状况进行研究，对民宿集群内部存在问题进行了探讨；陈佳洁（2017）等以浙江省为例，研究了乡村旅游目的地品牌形象构建的影响因素以及民宿集群对于品牌形象产生影响；李倩等（2017）根据承德市民宿产业集群的发展实际情况，对民宿产业集群进行分类。在国内民宿发展上，实践走在了理论研究之前，而对于涉及民宿发展整体分布情况和空间格局研究尚不多见。

三、文献综述总结与评价

通过对国内外民宿研究文献的总结归纳，民宿一直是国内外学者们关注的问题，也取得了丰硕的成果。国内外研究主要具有如下四个方面特点：第一，全面涵盖了各细分研究主题，民宿活动从“开发”到“评价”各个环节都已涉及，并形成了目前研究的主要框架体系；第二，从文献研究中各个主题的文献数量来看，开发、设计、管理和评价构成了民宿研究主体，开发、设计和管理对于民宿成功与否至关重要，而评价正是检验民宿成功的重要渠道；第三，民宿作为一种新兴住宿体验，一些研究主题会强调民宿与一般传统酒店的不同之处，如在开发、设计环节，而在管理、评价等方面会借鉴基于传统酒店相关理论；第四，关于民宿理论研究尚处于发展构建阶段。

现有研究存在如下主要问题：其一，民宿作为国内近几年快速兴起的住宿形式，不同专业背景的学者从自身学科领域出发进行，与民宿旅游相结合开展相关研究，使得研究视角多样、成果丰富，研究主题过于分散、研究的体系不完备，系统性较差；其二，大量研究关注民宿活动现象本身，及所研究区域民宿现状进行描述，导致现有研究缺乏理论基础和理论视角；其三，目前研究还没有涉及对于民宿空间合理分布的研究，民宿快速集聚发展特征和影响研究也较为欠缺；其四，民宿研究方法还集中在定性研究，对于民宿研究中问卷设计、样本选择、定量研究有待进一步完善。

第三节 理论基础

一、区位发展相关理论

（一）区位论

区位论是研究经济行为的空间选择及空间内经济活动的组合理论，是研究经济活动最优的空间理论。工业革命后，经济快速发展，要想在竞争中获得生存要选择合适的位置和空间，于是有学者开始关注生产区位。区位论兴起于 18 世纪，但是 19 世纪中期到 20 世纪中期是区位论经典理论形成时期，主要代表理论有农业区位论、工业区位论、市场区位论和中心地理论。

农业区位理论的研究者是德国经济学家杜能 1826 年的《孤立国》，他指出不同地区农产品地租是由不同城市距离远近的运费决定。租金是生产地点和市场之间距离的函数。随着与市场距离的增加，运价增加，农产品地租下降。当达到一定距离时，就会让位于土地租金较高的另一种农产品，土地利用类型也会随之改变（图 2.7）。

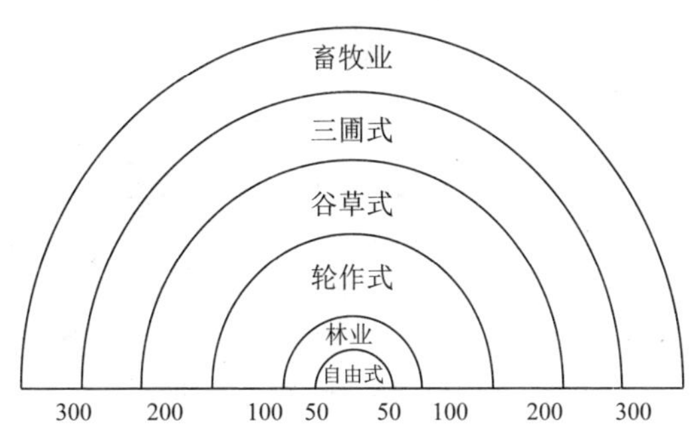

图 2.7 杜能“孤立国”同心圆状农业带（单位：km）

来源：石虹、曹钢跃，浅谈杜能农业区位论对现代土地利用的影响［J］. 山西教育学院学报，2000（2）.

韦伯《工业区位理论》中提出运费、劳动力、集聚是重要的区位因子。他认为运费是工业的区位选择决定性因素，三个区位因子指向形成最小费用点，决定工业布局，形成了工业区位体系。1940 年廖什《经济空间秩序》提出了市场区位论，他认为根据市场需求，认为最佳选址既不是最小成本点，也不是最大收益点，而是收益与支出之差的最大收益点，即最大利润点。1933 年克里斯塔勒撰写《德国南部中心地原理》建立了中心地理论。他认为区域布局具有一定的层级等级，城市是中心地、是服务中心，根据所提供的服务级别不同，各个中心地之间形成了具有规律性和等级性均匀分布的整体（图 2.8）。

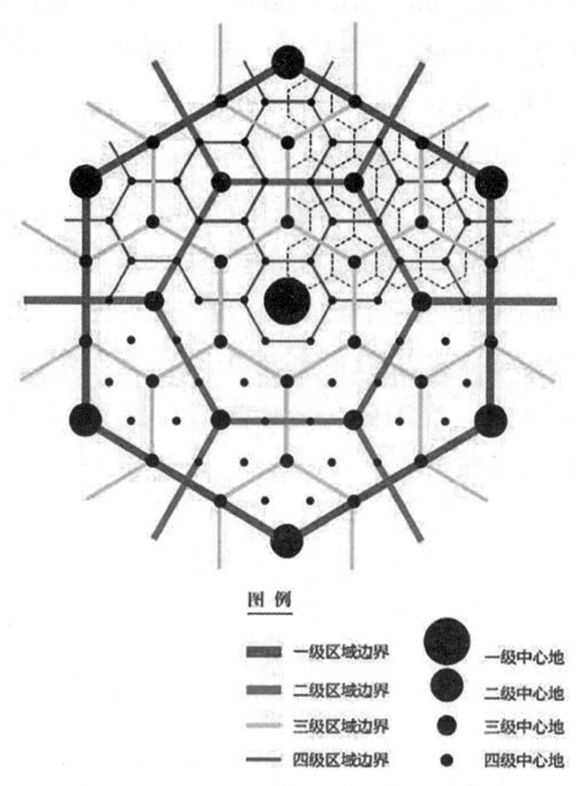

图 2.8 市场原则基础上中心地理论系统

来源：沃尔特·克里斯塔勒，德国南部中心地原理［M］. 北京：商务印书馆，2010.

中心地理论是服务型企业区位论的基础理论之一，服务业区位论认为，服务企业在区位选择时，主要考虑是目标市场规模、城市人口规模和消费能力、竞争对手数量和规模等（方远平、闫小培，2008）。服务业在空间上也具有显著集聚特征，同类型企业和异类型企业都有可能在大城市周边进行集聚，集聚的目的主要是合作便利和人才优势（王勇、杜德斌，2007）。服务业的集聚遵循利益指向和劳动力指向原则，通过集聚获取相关利益（李小建等，2006）。

民宿旅游集聚的区位选择是民宿旅游集聚发展的第一步，至关重要。不仅要合理控制投资成本，方便消费者消费，还要追求经济效益最优化。民宿旅游集聚区位选择要综合考虑自然环境、经济环境、社会环境等诸多外部因素，也要考虑企业运营条件、人力资源情况等内部因素，需要结合现代区位论进行合理的空间区位选择。因此，区位论对于研究民宿旅游集聚空间分布、集聚形成都具有重要的理论指导意义。

（二）环城游憩带理论

国内学者吴必虎教授首次提出环城游憩带理论（1998），指出：这种休闲度假方式，主要是城市居民，以及带动一定数量的外来游客参与，娱乐设施和休闲用地支持这样的活动，除了部分发生在城市的内部空间，更多的延伸到城市的郊区，它出现在城市周边，靠近城市，与中心城市有着便利的交通联系，具有观光、休闲、度假、娱乐、休闲、体育、教育等多种功能。其中，星期六去，在那里住一晚，周日返程式的短途旅行被称为“一夜游模式”，这种游憩活动空间称为环城游憩带（ReBAM，Re-creational Belt Around Metropolis）。ReBAM 区位的形成往往是投资者和旅游者在地租和旅游成本双向作用下的一种妥协。因为离城市越远，差价租金越低，投资者的资金压力就越小；然而，距离城市越远，旅游成本越高，旅游意愿和实际出行率越低，最终在合适的位置形成一个休闲区域。ReBAM 的区位有时会超出过城市边界，到达到周边省市（吴必虎，2001）。

环城游憩带理论对于认识民宿旅游集聚在城市郊区的形成和布局有重要指导意义，为本文对民宿旅游集聚在城市郊区的空间分布和布局优化分析提供了重要的理论依据。

二、发展模式相关理论

（一）“点—轴系统”理论

“点—轴系统”理论是1984年由陆大道提出，对于研究区域发展战略、区域旅游开发模式具有重要意义。在1995年出版的《区域发展及其空间结构》中详细阐释了点—轴扩散理论。不同发展阶段空间结构具有不同的发展特征，如“点—轴渐进式扩散”“点—轴集聚区”“发展轴”等（图2.9）。陆大道认为点—轴核心是在区域空间范围内，社会经济客体之间相互作用，小范围点集聚，基础设施将点连接形成轴，从而形成空间网络结构体系（陆大道，1998）（图2.9）。

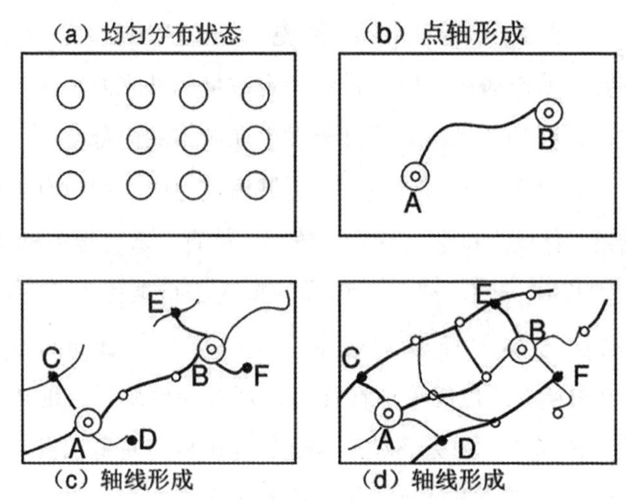

图2.9 点轴渐进式扩散模式

来源：陆大道.区域发展及其空间结构［M］.北京：科学出版社，1995.

石培基、李国柱（2003）利用“点—轴”系统理论分析西北地区旅游资源空间分布和开发布局，认为“点—轴”渐进扩散式开发是西北旅游业持续发展的重要路径。汪德根等（2005）对通过“点—轴”理论的旅游地系统空间结构演变，分析了“点”“轴”“面”相结合的“板块旅游”空间结构的形成过程。卞显红（2006）旅游点—轴渐进扩散理论进行了系统阐述，并对区域旅游点—轴开发模式、区域旅游发展的重要意义及长江三角洲区域旅游“点—轴系统”进行了分析。通过点—轴渐进扩散，会形成旅游点—旅游轴—旅游集聚区（旅游圈）的空间结构。马勇、李玺等（2004）研究发现，旅游网状形态阶段是区域旅游空间结构演化的一个更高阶段。

民宿旅游集聚发展与区域发展有很强的关联性，民宿的空间布局最初可能只是在一些点上开始，随后可能会沿着景区周边或者交通干线上扩展延伸，最终可能会发展为民宿旅游集聚区。

（二）旅游地生命周期理论

到目前为止，在旅游地生命周期理论中，普通采用的是巴特勒（Butler）的观点。巴特勒在代表作《旅游地生命周期概述》中，采用产品生命周期模型来描述旅游目的地的演化过程，提出旅游目的地生命周期理论，详细构建了旅游地演化的探索阶段、参与阶段、发展阶段、巩固阶段、停滞阶段、衰落或复苏阶段六阶段模型（图 2.10 和表 2.2）。

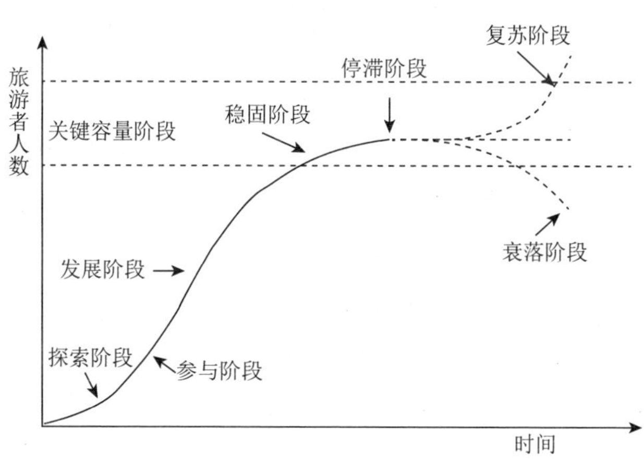

图 2.10 旅游地生命周期理论

来源：Butler，1980

表 2.2　旅游地生命周期各阶段的特征

阶段	特征
探索阶段	少量游客或探险者光顾；没有公共设施；存在自然或文化特色资源
参与阶段	开始出现旅游季节性和旅游宣传广告；准确的客源市场开始出现；旅游公共设施开始由政府投资或当地居民提供
发展阶段	外来力量开始影响旅游业发展；旅游人数增大，旺季旅游人数超过当地人口数量；宣传促销力度增大；客源市场更加明确；旅游设施得到发展，人造景点开始出现
巩固阶段	旅游业成为当地经济的重要组成部分；旅游发展速度减缓；利用广告宣传开拓新的市场；当地居民对旅游业认知清晰
停滞阶段	旅游者数量及旅游容量达到峰值；旅游地形象已固化并广泛认知，不再时兴；旅游设施的供给逐渐减少并转手率高；开始向周边地区扩散发展
衰落阶段	旅游者被其他旅游地吸引；旅游设施逐渐被非旅游设施取代；旅游投资开始撤出；旅游地变成旅游贫民区或没有了旅游活动
复苏阶段	采用适当措施，重新建立旅游吸引物、改善环境等，实现不同程度的复兴

来源：吴剑豪 . 旅游地生命周期分析与调控［D］. 福建师范大学，2008. 作者有调整 .

民宿旅游集聚发展模式和发展阶段的研究同样适用于旅游地生命周期理论来解释，无论是云南大理丽江、浙江莫干山等民宿旅游集聚区，从其兴起到繁荣发展有其相应的发展特征，同一个大区域的不同民宿旅游集聚区所处的发展阶段也会不尽相同，其发展特征与旅游地生命周期的发展息息相关。因此，旅游地生命周期理论是研究长三角民宿旅游集聚区发展的重要理论基础。

三、发展机制相关理论

（一）系统论

20 世纪 20 年代系统论被提出。贝塔朗菲提出系统作为一个统一的整体，由各种相互关联、相互影响的因素组成，系统是指在一定关系中相互关联、受周围环境影响各个组成部分的总和。系统是一个有机整体，涵盖系统、要素、结构和功能四个方面，由结构上关联并具有一定功能的诸多元素组成。钱学森认为系统是一个由若干部分组成的有机统一整体，这些部分相互关联、相互依存，但系统的维度更大，作为另一个系统的一部分，是一个包含更大范围的系统（魏宏森，2013）。系统论具有逻辑性与数学性。每个系统是一个有机整体，系统相关联的元素，每个元素都有一个特定的功能和相互影响的元素形成一个统一的整体。系统的整体功能是实现一个单一情况下无法由每个元素实现的新的具体功能，具有整体元素之和大于整体之和的综合效果。系统的差异性是系统发展演变的前提和基础，差异性是系统或内部元素保持个体性的状态和趋势，合作性是系统或内部元素之间合作性和群体性的状态和趋势。在差异与协调之间找到最佳平衡点，使系统朝着有序的方向发展。

民宿旅游集聚发展同样适应于系统论，不能单纯对民宿本身建筑和住宿设施进行研究，而是围绕民宿旅游集聚系统全面研究其发展动力。民宿旅游集聚发展动力系统是由旅游地、景区、社区、政府、旅游者等共同组成，系统内每个要素都影响着整个系统的良好运作。

（二）自组织理论

普利高津（1997）最早准确地提出自组织”的概念。1983 年哈肯将“自组织”定义为在没有外界干涉下，一个系统可以实现时空或功能结构建立。竞争是协同的基本前提条件，系统发展的动力来自竞争。只要事物之间存在差异，那么事物内部的子系统之间就会产生竞争。事物发展的不平衡是竞争的基础。竞争与协同是系统发展的动力。系统内部的竞争和协同相互作用构成自组织系统发展的动力。来自子系统之间的竞争使系统处于非均衡状态。在非均衡条件下，各子系统的某些发展趋势被组合放大，占据主导地位，控制整个系统的进化。他组织方式都会与自组织相对应，以自组织发展为基础。自组织与他组织结合会产生更新、更高级的组织形态，渗透在经济社会发展的各个领域（表 2.3）。

表 2.3 组织、非组织、自组织和他组织概念关系

一级概念	组织（有序化、结构化）		非或无组织（无序化、混乱化）	
含义	事物朝有序、结构化方向演化的过程		事物朝无序、结构瓦解方向演化的过程	
二级概念	自组织	他组织	自无序	他无序
含义	组织力来自事物内部的组织过程	组织力来自事物外部的组织过程	非组织作用来自事物内部的无序过程	非组织作用来自事物外部的无序过程

来源：李志平 . 现代服务业集聚区形成和发展的动力机制研究——以上海现代服务业集聚区形成和发展为例［D］. 同济大学，2018.

这种自组织与他组织的关系表现在民宿旅游集聚发展过程中，也正是产业集聚区发展自组织动力与政府等外力作用的关系。民宿旅游集聚发展机理研究包括内源动力因素和外源动力因素，是自组织和他组织作用共同促进的结果，因此自组织理论对于研究民宿旅游发展机理具有很大的借鉴意义。

四、其他相关理论

（一）资源禀赋理论

资源禀赋理论是在大卫·李嘉图（David Ricardo）相对优势模型的基础上发展而成的。相对优势又称“比较优势”，在经济学中原指某一个人、生产商、公司或国家地区能够以小于竞争对手的成本提供商品或服务，那其将具有相对优势或比较优势，即能够使用更少的资源进行生产交易，进而从中获得额外收益。比较优势理论引申到国际贸易中以后，便得到了广泛应用，成为国际贸易理论的主要准则。即如果一国的几种商品在生产过程中成本方面在国际上处于劣势地位，那么继续比较后，发现相对而言劣势较小的产品或服务，也就是相对优势。

大卫·李嘉图的相对优势模型发现，当其他因素不存在而劳动力是唯一的生产要素时，由于各个国家的生产技术水平即生产效率存在差异，因而各个国家会在不同的商品或劳务上具有相对优势。他的相对优势理论在分析国际贸易时给出的假定前提是，不同国家生产商品所需要的劳动时间不同，或

者说用同样时间的劳动可以生产出不同数量的商品。随后，著名的经济学家伊·菲·赫克歇尔（Eli F Heckscher，1939）和他的学生贝蒂·俄林（Bertil Ohlin，1977）在此基础之上提出了新古典贸易理论，其中资源禀赋理论是最重要的部分，也称为赫克歇尔–俄林理论、简称 H–O 定理。根据理论，赫克歇尔和俄林认为国际贸易过程中，各国投入的并不像大卫·李嘉图的相对优势模型所展示的那样，只有劳动力这一唯一生产要素，而是有投入资金、人力、技术、生产材料等多种要素，才能进行基本的生产。各个国家生产的产品价格一定是有区别的，如果能够生产某一种产品的技术水平没有差别，那么价格的差别就是由于生产要素成本的不同，进一步来看就是要素成本的价格不同，因为地理位置、自然资源的不同，生产要素富足程度有所区别，这就是禀赋差异，由此产生的价格差异导致了国际贸易和国际分工。这种理论从多种要素成本差异视角解释国际贸易发生的原因，改进的李嘉图比较优势模型中只有劳动力要素的局限，将贸易理论发展向前推进了一步。

资源禀赋理论建立在经济固定化、简单化和抽象化的模型基础之上，一般有广义和狭义之分。狭义的资源禀赋理论认为，一国出口的应是使用本国相对丰裕生产要素生产的产品，进口的应是使用本国相对稀缺生产要素生产的产品。各国的土地、劳动力、资本等要素禀赋不同，引起了要素比率和产品价格上的差异，有利于一方将其产品输往另一方，从另一国换回相应商品，这对双方有益，由此产生的价格差异导致了国际贸易和国际分工。各国产品的出口等于生产要素出口，在自由贸易条件下，生产要素和产品价格在国际间有逐步平衡的倾向。广义的生产要素禀赋理论指出，当国际贸易使得参加贸易的国家在商品的市场价格、生产商品的生产要素的价格相等的情况下，两国生产同一产品的技术水平相等（或生产同一产品的技术密集度相同）的情况下，国际贸易取决于各国生产要素的禀赋。各国的生产结构表现为，每个国家专门生产密集使用本国具有相对禀赋优势的生产要素的商品（其实细品，可以理解为每个国家会专门生产那种在生产要素上占据优势的产品，比如印度的 IT 技术资源禀赋下，其外包 IT 服务产业发展迅猛、东南亚人力资源价格占据资源禀赋优势，因此外包工厂、传统制造业产业得以发展）。生产要素禀赋论假定，生产要素在各部门转移时，增加生产的某种产品的机会成本保持不变。

俄林在要素禀赋理论中沿袭了西方经济学的概念，将生产要素定义为生产过程中的各种投入。主要列出的有三种生产要素——劳动（L）、资本（K）、土地（T），并且对理论涉及的三个指标做了具体描述：要素丰裕度是指一国内部不同生产要素之间的相对比例。通常所谓的劳动丰裕型国家，是指一个国家的劳动要素相对资本要素的更加丰裕，或者说劳动要素与资本要素的比值较高，从供给角度直接影响要素在一国内部上的价格。因此，要素丰裕度可通过要素价格反映出来，资本价格用利息率表示，劳动价格用工资表示。一国供给相对丰裕的要素价格较低，反之较高。要素密集度是指产品在生产过程中使用的不同要素之间的相对比例，它反映出不同产品的技术特征，影响到对不同生产要素的需求。贸易的首要条件是某些商品在某一地区生产要比在别的地区便宜。在每一个地区，出口品中包含着该地区拥有的比其他地区较便宜的相对大量的生产要素，而进口别的地区能较便宜地生产的商品。1948 年，美国经济学家保罗·萨谬尔森在 H–O 定理的基础上，得出了要素价格均等化的命题，并对此进行了论证。在 H–O 定理的基础上进一步发展被成为 H–O–S 定理。他认为在一国内部要素供给不变的条件下，国际贸易能改变一国对生产要素的需求，从而改变不同要素之间的相对价格，影响要素所有者的收入。国际贸易直接改变一国内部的要素价格，最终会导致不同国家之间同样的生产要素价格走向均等。

资源禀赋理论应用到乡村民宿发展的研究中，主要包括以下方面：①城乡环境之间的差异性和互补性，乡村民宿发展地区因为拥有较好的自然生态环境，作为一种生态消费产品，吸引着城市消费人口的前往；②乡村民宿建设因为处于在不同地区，所依托的自然环境和社会经济条件有所不同，也存在乡村民宿发展依托的重大旅游设施，如高级别景区、名镇名村等，因此在建设分担成本、客源基础、综合吸引力方面存在较大差异，进而导致乡村民宿在后续的发展速度、发展规模和产品策略制定上，都会表现出较大差异。

（二）产业发展理论

民宿作为一种新兴业态，同样具有发展规律、发展周期、影响因素、产业聚集与扩散等一般特征。产业发展规律主要是指产业在形成、成长、成熟、衰退等不同发展阶段需要具备哪些条件和环境，采取哪些政策措施。例如，一个新兴产业的诞生往往始于一项新的发明和创造，这取决于政府和企业在研发方面支持的政策和战略。一个产业在不同的发展阶段会有不同的发展规律。同时，处于同一发展阶段的不同产业也会有不同的发展规律。所以，只有深入研究产业发展现律才能增强产业发展的竞争能力，才能更好地促进产业的发展，进而促进整个国民经济的发展。

民宿的发展同样遵循竞争优势与比较优势的理论内涵。根据现有的经济理论研究，关于产业发展产业存在两种路径：一是塑造竞争优势，二是发挥比较优势。

（1）塑造竞争优势。产业发展理论的核心就是通过培养内生比较优势来塑造竞争优势。因此，对于一个国家、一个产业来说，何种产业需要重点发展、何种产业需要大力扶植是塑造竞争优势的关键所在。基于此，约瑟夫·熊彼特、弗里德里希·李斯特、保罗·克鲁格曼及波特都为塑造竞争优势的产业发展理论做出了重要贡献。熊彼特的创新理论对于产业发展具有重要意义，熊彼特在《经济发展理论中》中提出，创新是经济发展的主要源泉。熊彼特主张的是广泛的通过创新来塑造内生比较优势，在此基础上进而形成竞争优势。与熊彼特的广泛创新不同的是，李斯特主张的是幼稚产业保护论，他认为应当对一些正处在发展上升期的重要战略性产业进行保护，即对于保护对象具有竞争关系的国外进口商课收较高关税，他的这种理论与克鲁格曼的战略贸易论比较相似，都是通过对某类产业进行扶植的方式来塑造竞争优势。波特认为若想长期实现建立强大的竞争优势，就要选择创造产业发展的有利条件以实现竞争优势，这也就是他提出的国家竞争论。

（2）发挥比较优势。与塑造竞争优势不同，该理论主要研究外生比较优势如何对产业发展产生促进作用。其中主要代表理论包括赫克歇尔和俄林的要素禀赋理论以及林毅大的新结构经济理论。赫克歇尔和俄林要素禀赋理论的主要观点就是国家应当顺应其要素禀赋，出口富裕要素生产的产品，进口稀缺要素生产的产品，以此通过发挥比较优势来使本国产业更加兴盛。林毅夫的新结构经济理论主要研究如何选择随禀赋结构升级而动态地发挥比较优势。林毅夫始终认为，对于既定的比较优势应当顺应，政府不应过多干预经济，而是为外生比较优势能够良好发挥提供有利的条件。

民宿的发展，从资源支撑方面来看，受到资源禀赋的比较优势的影响，在乡村民宿发展过程中，由于民宿产品（包括设施、服务供给等方面）之间的同质性存在较大的可能，因此要实现自身利益的最大化，必须不断地通过创新来突出自身的比较优势。这种竞争优势的获取包括采用富有文化内涵的设计、融合多样化的自然人文环境、突出民宿的服务管理水平、建立富有竞争性的民宿主题产品等多重方面，有技术升级、产品升级、管理升级等多个途径。

（三）产业转型升级理论

民宿发展具有明显的代际转换特点，与其他制造业相比，其迭代速度相对较快，从传统的农家乐、到农事体验再到乡村民宿的发展历程，充分表现出随着城市化发展、休闲旅游消费需求升级下这种产业升级的发展规律。产业的升级转型并非淘汰传统产业，转而一味发展新兴产业，发展新兴产业是产业转型升级的重要途径。实际上，产业结构转型升级的“转型”核心是转变经济增长的“类型”，即从高投入、高消耗、高污染、低产出、低质量、低效率向低投入、低消耗、低污染、高产出、高质量、高效率转变，从粗放型到集约型，而不是简单的转行业。产业转型与转行业之间没有必然的联系，如果改变一个行业，可能无法转型；如果想转型，可能不需要改变一个行业。产业结构转型升级中的“升级”，包括产业间的升级，如从第一产业的主导地位逐步演变为第二产业和第三产业在整个产业结构中的主导地位；还包括产业升级，即一个产业的加工和再加工程度逐步深化，实现技术集约化，不断提高生产效率。只有正确理解产业结构转型升级的内涵，才能避免实践中的偏差。

20 世纪 40 年代初，配第 · 克拉克在《经济进步的条件》提出了克拉克定理：随着经济水平以及国民人均收入水平的不断提高，劳动力开始从第一产业向第二产业转移，然后再从第二产业向第三产业转移。克拉克定理就是产业结构升级理论的来源。克拉克所提及的三次产业中，第一产业为农业，第二产业为制造业，第三产业为服务业，但随着时间的推移，与各国经济不断地发展，对于产业结构的划分，各个国家都有所不同。因此，经过长期的发展与完善，产业结构理论在内容上与克拉克定理有所不同。在产业结构理论中，有关“克拉克”定理的部分是这样阐述的：随着经济水平的不断提高，第一产业国民收入与劳动力占比相对减少，第二产业国民收入与劳动力占比相对增加，随着经济的进一步发展，第三产业国民收入占比与劳动力占比也随之开始增加。

从总体上看，民宿发展一方面与社会经济发展的阶段性变化相伴而生，另一方面，民宿也经历着不断的迭代升级，从简单的餐饮到充满自然人文气息的民宿产品，从空间的视角来观察，民宿发展既具有初期的模仿性，又有成长后的乡土个性。早期民宿的发展，对后发地区带来影响，以模仿学习方式起步，而后依据本土资源进一步创新，成长为具有区域特色的新的乡村民宿发展模式。

本章小结

中国大陆地区民宿发展背景具有特殊性，地域广、人口文化水平不高，决定了民宿发展模式与配置的空间差异性，出现了如何优化民宿服务质量与管理模式等科学问题。大陆目前民宿研究议题尚处于探索阶段，研究议题的深入性、针对性以及实践联系都较弱。国际乡村旅游目的地的民宿业起步较早，积累了一定的发展经验。基于旅游目的地的中宏观视角，深入研究这类目的地国家的民宿典型发展模式、时代特征、成功经验等，结合大陆民宿现阶段的客观发展情况，扎根实际案例和研究情境进行民宿本体的科学探索，深入比较不同民宿案例，从学理上建构民宿发展的基础阐释理论，实现中国民宿的国际接轨。

Part 3

第三章　国内外民宿发展现状

第一节　国外民宿发展现状

一、英国民宿发展现状

（一）英国民宿起源与发展

英国人从工业革命后期开始就有每年定期到乡村度假的习惯。19 世纪 60 年代初，英国乡村农民开始经营民宿，可以增加家庭收入。大多数民宿所出租的房间，是房屋主人的子女外出工作或读书而闲置的房间。民宿主要以 B&B（Bed and Breakfast）的方式经营，以家庭经营方式展开。英国民宿与青年旅舍和旅社不同，主人会提供更多的旅行服务，可以带游客去体验乡村生活，享受乡村旅游乐趣。

1968 年，英国政府颁布了乡村法案，规定土地拥有者有义务保护英国农业历史遗产，如不得破坏田埂、骑马道的现状，很多观光游憩步道系统得以保留。英国在 1983 年成立“农场假日协会”，政府旅游观光和农业主管部门支该协会发展。该协会对民宿进行分级，其会员必须是在协会登记，并取得农渔粮食部认证备案的民宿经营者，并且其服务达到规定水平。

英国观光局制定民宿审查标准，分别是注册（Listed），1 冠（1–Crown）、2 冠（2–Crown）、3 冠（3–Crown）4 个级别，每年观光局以匿名方式进行不定期查核。这种审查开始以硬件作为主要评价标准，近年来也开始对软件条件重视，包括地毯、窗帘材质及房间色调、服务等。

英国民宿主管部门制定了各种法规规范民宿的经营。比如，要求民宿要具有必要防火设施，客房房间需安装防火门；民宿需要取得特定许可后才可以出售酒精类饮料；民宿必须提供来源安全可靠的饮食。民宿经营者所设定的容客量超过6人者，在卫生条件上的限制条件将更为严格，税负也更重。政府提供民宿经营咨询及相关培训课程服务，内容涵盖民宿接待设施、民宿旅游者营销、乡村生态环境的保护等。

（二）典型案例

英国拜伯里小镇——以文化遗产为吸引力的乡村民宿

英国拜伯里小镇（Bibury）位于英格兰西南部科茨沃尔德地区格洛斯特郡，被英国著名的画家米勒誉为英格兰最美的村庄，美景与村外的田园风光融为一体，保留着拥有四百多年历史的英式古老村庄和建筑，是英国乡村的典型代表。拜伯里以其特有的传统建筑遗存、小镇风貌、乡村情境均透露着质朴和浓郁的乡村气息和文化气息，浓厚的地域历史资源，带动了乡村民宿产业的发展。随处可见悬挂着的“B&B”，为来此旅游的乡村民宿游客提供食宿服务。

拜伯里乡村民宿发展主要以本地居民自主经营模式为主，本地居民利用自家住宅为来此旅游的游客提供住宿、餐饮和娱乐服务。乡村民宿的经营形式以其经济方便、亲切舒适的样式风格来吸引更多的游客，游客对该地乡村民宿娱乐项目接受程度较高，游客消费满意度高，形成了良好有序的经济运营模式。乡村民宿为当地居民创造了就业机会和经济收入，打造出了良性共赢循环发展模式。

二、法国民宿发展现状

20世纪50年代，“二战”后法国百废待兴，农村人口向城市急剧转移，很多农村房屋闲置。1936年起，法国推行15天法定休假日制度，迎合了在资金预算有限的情况下城市工作者到乡村农舍的度假需求。1951年，法国首家乡村民宿开业。现在，法国是继美国之后，Airbnb 在全球范围内第二大市场，每年近 40 万人在网站上发布法国住房通知。2018 年该平台称它提供的巴黎民宿租赁信息超过 6 万条，巴黎已成为 Airbnb 平台上房源排名全球第一的城市。

法国民宿特点：业主非农化。法国民宿业主主要是城市人，农民只占到 1/4。许多业主为了寻求更舒适的生活环境，离开城市到乡村，开办民宿；政府补贴。民宿业主只要保证民宿经营不少于 10 年，地方政府会为其提供乡村建筑整修翻建补贴。保护乡村遗产。法国民宿的发展，使得很多濒临倒塌和损毁乡村建筑得到保护。民宿的经营，提高了乡村建筑的使用价值，使得乡村遗产得以保护和传承。客源高端化。民宿的主要客源来自社会地位比较高的人群，近半数是政府、企业高管和自由职业者，一般职员仅占 18%。

1955 年，法国民宿联合会成立，印发第一本《民宿指南》共收录了 146 家民宿内容。法国民宿联合会是世界规模最大的民宿行业组织，相关员工 600 余人，管理 56000 家民宿经营者，提供咨询与培训等服务，负责民宿质量的检查监督等工作。

联合会对于法国民宿实施从一支稻穗到五只稻穗等级认证（图 3.1）。要求民宿满足面积、设备、卫生、环境等相关要求。

法国政府规定民宿房间数量不得超过 6 间，必须在符合消防、建筑及食品卫生等安全要求基础上才可申请设立，而且要求为旅客办理相关保险。2000 年以后，法国政府修订民宿法，规定民宿房间不得多于 5 间，如果数量超过此规定则视为旅馆管理。

图 3.1　法国民宿联合会标志及等级认证标识

三、日本民宿发展现状

（一）日本民宿起源与发展

日本民宿旅游是在经济增长基础上发展起来的，1959—1960 年夏季避暑旅游和冬季滑雪运动非常盛行，酒店住宿已经不能满足游客的住宿需求，洋式民宿开始兴起。这些民宿多位于滑雪、登山、避暑旅游地。一些农场也开始以副业经营方式提供住宿服务，农场旅舍也开始兴起。民宿的游客不再仅仅是运动爱好者，更多旅游者开始选择民宿这种住宿形式。日本民宿自此开始快速发展。1997 年出版的《全国民宿》显示，1970 年日本民宿曾达到 2 万余家。1997 就已经有了 700 多家民宿村。民宿村就是因民宿集中而有具有特色形成的村落（张英，2009）。民宿村就是民宿集聚区的表现形式。

日本民宿通常提供住宿和两餐（早餐和晚餐）。日本民宿很多都是传统日式木造房屋，内部以传统榻榻米和式通铺为主，非常具有日本特色。日本民宿的价格也较为亲民。房屋设施和设备非常注重卫生性和安全性。服务具有人情味，具有家庭温馨和亲切。民宿主人还会提供导游服务，将自己对于当地文化和景观的理解传达给游客。

日本民宿并非随意开办，而是官方授权委托民间财团法人，然后由其进行辅导、审核、认证及注册登记。日本民宿在民宿立法方面参考欧洲模式，采用许可制，名为“体验民宿”。乡村体验是乡村民宿的特色和卖点。日本民宿分为洋式民宿（Pension）和和式民宿（Minsuku）。洋式民宿经营者一般是白领阶级，全年营业。和式民宿分为公营、农民经营、农协（农会）经营、准供应及第三部门（公、民营单位合资）经营 5 种形式，即可以主业经营也可以副业方式经营。日本的民宿都要取得营业执照才可以经营，禁止非法经营。日本民宿管理重视法律治理、安全风险防控及环境保护。

追求乡野田园原生态农耕文化是日本文化之源，随着日本老龄化进程的加快，基础设施建设呈现出现老旧，伴随着日本实施乡村振兴和农业观光旅游产业发展。同时在日本乡村民宿设计上民宿力争保留其乡村建筑的本真风貌，从而将其外在因素对乡村建设影响降到最低，使其保留原本真实的自然风貌。日本民宿设计注重“艳”和“寂”，很好地将民宿的建筑风格与周边环境设施恰到好处地融为一体，将民宿与周边环境的意境融会贯通到民宿的空间设计中，旨在将民宿从“功能空间”走向“意境空间”从而给世人带来纯正的风俗世态和人情世故。而且，伊根町注重产品的创意。日本的文化传承素来在创新上不断突破，真正实现乡村民宿借住新的平台，汲取新的灵感，因而日本乡村民宿在其空间设计上，保留传统文化的同时，也在不断地推陈出新，不断地适应着民宿市场的变化，为游客提供最为优质舒适的住宿服务。

（二）典型案例

1. 轻井泽民宿度假区

轻井泽被称为东京后花园，位于长野县东南部，四周被浅间山、鼻曲山、碓冰岭等山峰环绕，是地处海拔 1000 米的高原。距离东京 130 千米，东京乘坐新干线到达时间为 70 分钟。日本轻井泽是江户时期的驿站，位于京都到东京必经之地中山道，继加拿大传教士肖恩后，吸引很多外国人前来，19 世纪末期开始作为日本有代表性的避暑胜地发展至今。轻井泽知名景点有白丝瀑布、浅间山、盐泽湖、汤川等。轻井泽最佳旅行季节是夏季，轻井泽气温要比东京低 5~10℃，平均 20~25℃，10 月至 11 月则是欣赏红叶的最佳时期，到了冬季轻井泽阳光充足，适合滑雪和泡温泉。

从 19 世纪末，轻井泽就已经是日本最著名的避暑胜地和豪华别墅区。轻井泽占地 164 平方千米，根据不同区域进行了主题划分，新轻井泽就是文化艺术、现代行政中心；中轻井泽以温泉主城，著名的星野集团虹夕诺雅高端酒店坐落在此；南轻井泽则集聚了休闲运动系列产业；盐泽湖区域和信浓追分区域，主要是亲子客人、文艺青年等客人。轻井泽内有三条主干道，通过步行和自行车可以到达镇内历史建筑、自然景观等景点。

轻井泽地区住宿业态多样化，有主打高端度假的温泉度假，也有休闲木屋、民宿等高性价比的住宿形式。根据轻井泽观光协会官网（Karuizawa Official Travel Guide）查询，搜到轻井泽地区民宿 45 家，单体民宿客房数一般在 9 间或 10 间，容纳人数 20~40 人。

民宿分布在风景优美、交通便利、周围配套设施齐全的地方。轻井泽地区的民宿主要是依托轻井泽这个知名度假目的地。在民宿设计上沿用传统日式建筑风格，营造特色乡村氛围。在民宿产品开发商，注重乡村体验和创意产品开发、游客配套服务。轻井泽民宿进行分类筛选时设置了到车站、便利店、超市、旅游景区、餐饮地均5分钟以内，可见轻井泽民宿交通都相对便利。一宿两餐的价格有3000日元以下，3000~5000日元，5000~10000日元，10000~15000日元，15000~20000日元，20000~25000日元，25000~30000日元，30000日元以上几个标准。

2. 白川乡合掌村民宿村

白川乡合掌村民宿村就是指大野郡白川村，位于日本岐阜县西北部飞驒地区。合掌造是日本独特的民宅建筑形式，用茅草将木屋顶完全覆盖。屋顶是人字形，很像人的双手合十，因此被称做“合掌”。合掌造这种建筑方式在建造过程中完全通过类似榫卯的构造及草绳连接，不使用任何钉子固定，但却非常坚固。这种人字形屋顶因为采用斜坡结构可以让雨水和积雪很容易滑落，让寒地多雨雪的白川乡房屋不会被大雪压塌。这里被认定为世界文化遗产。

合掌村村民通过自发成立的“白川乡合掌村集落自然保护协会”，制定并遵守白川乡《住民宪法》，要求合掌村内不允许贩卖、不允许出租、不允许毁坏建筑设施、耕地土地、树木等。合掌村内现在有114座合掌造建筑，一些房屋和院落被改造成为民俗博物馆，展示农业生产生活工具和生活场景，一些房屋被用做饮食店、旅游纪念品店，其中有21栋用于民宿设施（图3.2）。1973年前后，白川乡开始了民宿的营业项目。在世界文化遗产地内经营民宿具有严格要求，不改变建筑外形，对室内进行改造。民宿室内设计非常简单，一般只有5~6间和式客房，房与房之间用活动模板相隔。民宿餐食主要是白川乡特色食物，飞驒牛肉、自家山野菜等。白川乡还非常重视旅游观光和农业生产融合发展，水稻、养蚕、花卉、水果种植等农副业生产，也作为旅游观光和体验项目。还有一些特色传统节日如“浊酒节”，能够让游客更加体验到乡土特色。

合掌村民宿的运营既保护了该地地域文化和原生态资源，又将世界文化遗产以更生动的方式呈现出来，对于我国如何利用传统古村落发展乡村旅游发展具有非常重要借鉴意义。

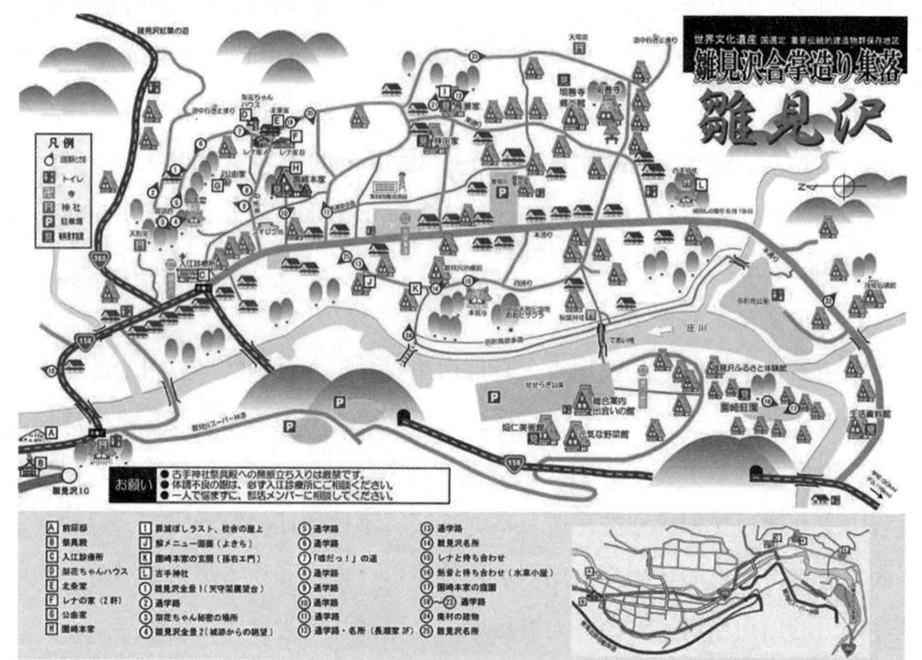

图 3.2　合掌村民宿分布

来源：张英，从民宿看本人的文化意识［J］. 中国社会科学院学报，2009（5）.

3. 最美乡村——日本伊根町

日本伊根町位于京都丹后半岛东北角海湾，是与朝鲜半岛隔海相望的美丽小渔村，小村住户以当地世代居住的渔民为主，渔村沿着伊根湾依山傍水而建，渔村延绵近 5 千米，被评为全日本 18 个最美乡村之一。始建于江户时代的渔村，仍然保留着 230 多栋在日本已经绝迹的古老舟屋，舟屋以海湾连体建造，一般分为两层，楼上居住舟屋主人及其一家，楼下则停放可直接出海的渔船，现代为了适应旅游市场的需要，为游客提供网上预订服务。

伊根町不仅仅保留着舟屋群这样的古建筑遗产，更传承着“同等一荣”的文化传承，这源自当地渔业生产活动，渔民合力拉网、卸鱼和每年 7 月 28 日举行祭祀时渔民所喊的号子，意味着“大家共同生活在这里，必须抱团、互助、共存”，实现“携手合作、繁荣均等”，产生了对美好生活的追求和生活的态度，也是传承团结合作共同战胜自然的生存理念。伊根町的乡村民宿为游客提供了不同类型的选择，并通过预订官网可以查看相关民宿的简介，能实时查看预订民宿的相关住宿情况。冬季的伊根町更受游客的欢迎，需提前两个月预订，民宿以舟屋改造而成，为游客提供温泉服务。伊根町一楼餐厅与海相连，为游客提供餐饮服务，听着海声、望着大海、品着美食，是一次美妙的享受；二楼则为游客提供住宿服务，分为卧室、客厅温泉休息区，为游客提供设备齐全的优质住宿服务。

伊根町在发展过程中格外注重乡村文化传承。日本民宿在开发中，很多建筑都以传承和保留着传统的古建筑和古风貌，其民宿建筑风格和修筑方式上更为注重对其修旧和保护，并积极提倡对古建筑给予合理的保护和利用，赋予其古建筑新功能。特别是“日式风格”建筑，日本文化的“雅”，以其小而精、崇尚自然为万物之灵，这种文化追求使得日本乡村民宿呈现出小型化、标准化、多功能化的产品建设与设计风格，从而使日本乡村民宿更具有极具地域特色。

第二节　中国民宿发展现状

一、中国台湾民宿发展现状

中国台湾民宿产业发展始于20世纪80年代，最初经营模式是学习日本。1981年左右台湾南部垦丁公园是最早的民宿集聚地。当时旅游观光逐渐盛行，很多游客到垦丁公园附近游玩，由于周边宾馆酒店接待能力有限，当地居民便将家中闲置房屋进行出租并收取一定金额的清洁费。游客解决了住宿问题，当地居民增加了收入，因此很多居民开始修缮自己的房屋，用于接待游客。阿里山作为知名的旅游目的地，吸引大量国内外游客前往，邻近居民居住的丰山地区，也成为台湾民宿发展的重要起源地。

20世纪90年代，台湾农业由耕作型向休闲农业转型，民宿这种新型休闲农业度假方式流行起来。2001年台湾双休日制度实施，休闲时间增加，台湾民众旅游得到极大发展，由于乡村服务有限，民宿成为促进乡村消费的重要方式和载体。台湾对于民宿有明确规定并有相关法律保障。

（一）台湾民宿发展历程

1. 起始发展阶段（1980—2000年）

1980年左右，台湾民宿最早在垦丁国家公园大规模发展起来，随后是阿里山的丰山一带、台北县瑞芳镇九份地区、南投县鹿谷乡产茶区和溪头地区、外岛的澎湖、宜兰休闲农业区及至全台湾各地。最初是旅游度假区住宿供应不足，以及登山旅游者借助山区房舍，因此有空闲房屋的人家就开始开办民宿。最初民宿就是满足简单的住宿需求，没有餐饮及其他服务。1991年台湾原住民行政局辅导原住民利用空闲房屋与当地特有环境经营民宿，增加原住民收入。而在非原住民地区，如风景区、国家公园及各旅游景点也有人将空置房屋改建或以新建楼房用来开办民宿。同时，台湾鼓励传统农业向观光农业转型，并出台相关鼓励政策，进而促进了民宿业发展。民宿因为价格适中深受旅游者喜爱，成为台湾乡村旅游中的新兴产业。但此阶段民宿管理制度不完善，经营水平良莠不齐，很难保证旅游者权益。

2. 快速发展阶段（2001—2006年）

2001年12月12日台湾颁布《民宿管理办法》，对民宿产业进行了明确的规范。通过法律法规，引导台湾民宿产业合法化，提升民宿服务质量。民宿产业逐渐成为乡村旅游业和休闲农业的重要组成部分。民宿能够很好地满足周末度假和乡村休憩的需求，此阶段民宿数量迅速增加，合法民宿的数量从2002年的40家发展到2006年的1700余家，民宿产业进入快速发展期。

3. 成熟发展阶段（2007年以后）

台湾民宿从此阶段开始，注重创意和美学元素与自然环境的融合，使得民宿越来越向主题化方向发展，从硬件设施到软件服务都进一步提升，2007年年底已有2300家民宿，数量稳步增长，到2018年8月已经达到8875家。台湾民宿已经成为中国民宿发展的标杆和典范，为大陆发展民宿业提供了学习样板。

（二）台湾民宿分布

根据台湾交通观光局数据显示，截至2018年8月，台湾合法民宿达到8236家，未合法民宿639家，总计8875家（图3.3）。台湾民宿主要集中分布在宜兰县、南投县、屏东县、台东县、花莲县、澎湖县，也有集中在各县市特定区域的现象，具有空间集聚特征，很多已经形成民宿村或民宿群。

休闲农业发达地区是主要集聚区，东部的宜兰县、花莲县及台东县，休闲农业比较发达，风景优美，游客可参与程度高，因此民宿业也发展较快。

同一县市范围内，不同旅游资源周边也是民宿集聚区。比如，新北市瑞芳区以采矿文化为旅游资源，集聚了新北市50%以上数量的民宿。南投县以仁爱乡、埔里镇和鹿谷乡集中，三个地区民宿数量占该县60%以上。这些地区拥有台湾著名的风景名胜区和知名景区，每年吸引大量游客前往，因此民宿数量众多。

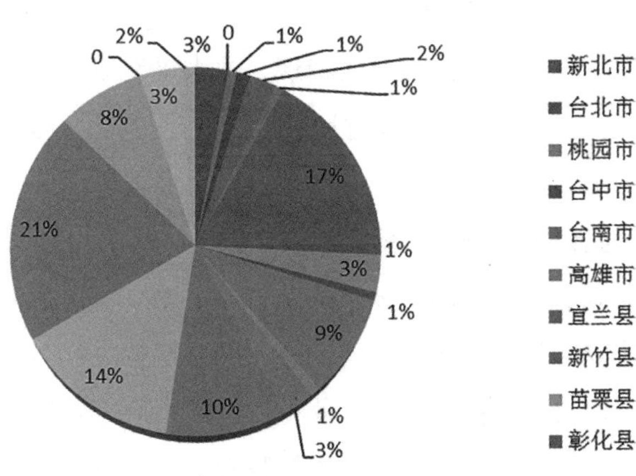

图3.3 台湾民宿各市县分布

（三）台湾民宿类型

台湾民宿因自然、人文、产业条件不同，在自然景观、主题风格、餐饮文化、服务模式、营销手段等方面各具特色。学术界对于民宿有不同的分类，郑诗华（1992）将民宿分为农园民宿、传统建筑民宿、海滨民宿、西洋农庄民宿、温泉民宿、运动民宿、料理民宿；郑健雄（2001）将民宿氛围农园体验民宿、海滨民宿、欧式民宿、养生民宿；周琼（2013）根据民宿主人创意主题分为家庭温馨主题、怀旧复古主题、田园乡村主题、原住民风情主题、异国风情主题、人文艺术主题等；根据地方特色分为南洋异国休闲风主题、矿山小镇怀旧主题、田园乡村主题、客家风情主题等。

（四）台湾民宿管理

根据台湾交通观光局《民宿管理办法》的规定，民宿经营采用核准制，需要向县市政府观光单位申请，但不需要办理营利事业登记证。县市政府观光部门受理民宿申请后，先审查其书面文件，再以书面审查或实地勘察方式，请建管、消防、地政等相关单位共同审查。通过相关审查后通知缴费，并发给申请者“民宿登记证”及专用标识。民宿经营者需要投保公共意外责任险。取得合法经营民宿许可后，政府网站会予以链接显示，政府主动协助其进行宣传，强化经营管理。合法民宿可以加入公务人员国民旅游卡的刷卡特约商家。

（五）典型案例

台湾南投竹山镇——互利共生的复兴小镇

台湾南投县竹山镇地处南投县西南偶，浊水溪南岸、清水溪东岸，素有“前山第一城”之称。竹山镇作为南投五镇之一，因其山丘多山竹而闻名，但受到传统文化消失、经济产业转移、“9·21”大地震等因素的影响，这个曾经拥有传统制竹文化与产业的村落逐渐走向没落。2005 年，何培钧在竹山镇买下几间破旧的老建筑，创建“天空的院子”主题乡村民宿，试图通过运用商业方法解决传统文化建筑物的保留问题，同时把解决社会问题的方法拓展到整个乡镇传统建筑的保护之中。这使得竹山镇由原来几乎无人观光一跃而成为重要的旅游项目，成为都市居民度假与青年人的创业地。竹山乡村民宿也逐步形成乡村民宿文旅产业基地，带动了整个南投镇的复兴与发展。

实现传统与现代衔接的可持续关系。竹山镇天空院子和小镇文创作为参与竹山生活服务的企业，为来此旅游的外来游客提供各种让竹山乡村经济发展的各项商业开发和营销方案。在天空院子的商业运营模式下，传统乡村院落保护与乡村民宿开发之间存在良好的互利共生关系，即在天空院子住一晚则会为传统院落的保护做一份贡献，使小镇经济发展、乡村传统院落保护、乡村民宿开发、游客入住之间存在着良好互利共生关系，小镇乡村民宿开发则更能让小镇传统文化能够得到延续与保护。竹山镇乡村民宿的开发核心在于充分挖掘地域特色资源文化，在资源保护与乡村民宿开发之间形成良好循环机制与利益协同机制，进而为保障小镇文创公司发展搭建良好的发展平台。竹山镇乡村民宿的开发是建立在对传统村落的保护基础之上的，通过对传统村落历史和文化价值的保护和有效的挖掘，使传统文化所蕴含的内在精神价值得到更进一步的彰显与传承。竹山镇在乡村民宿建设中坚持着人本理念、充分尊重原住居民的生活习惯，为乡村原住居民的生存、发展需求提供保障措施。

以保护“传统”为基准的现代化运营模式。何培钧及其团队在初步达到乡村民宿保护传统乡村目的后，通过开展“幸福脚步便当”和“以工换宿”的方式，以达到游客向周边社区辐射，进而促进周边社区经济发展的目标。“幸福脚步便当”即游客带一个便当，在周边社区欣赏优美风景、拓展旅游时间与空间的同时，到一个定点拆开便当，便会对当地周边社区去认知和了解，与此同时售卖便当的一部分钱会反馈给当地社区，用以维护乡村古道，从而在实现乡村留客、促进社区宣传，修复乡村古道的发展目标。在运营模式上也采取“以工换宿”的新型方式，特邀青年大学生或有社会责任感的青年居民来小镇度假，将其低价无人居住的空房整理后为年轻人提供住宿，而年轻人可以选择一个自己所感兴趣的或想要关注的社区议题，发挥自己的特长而做一些事。这既有效地让小镇空闲的房屋得到有效的利用，也能够积极地吸引外界专业人才流入到竹山小镇。部分跨国换宿生为其进行产品的升级改造、微电影宣传、网页设计、老建筑改造等，通过以工换宿和小镇文创平台来分享竹山镇，有效地丰富了竹山的文化业态，激发了其发展潜力、提高乡村民宿的入住率，从而促进了竹山老宅老镇的重生和小镇文旅行业的发展。

引流回乡的新生动力。在主客观条件影响下，选择一个更好的工作，拥有更多的就业机会，几乎成为乡村居民前往城市的最重要的原因。同时社会上也蔓延着当代年轻人回到乡下则往往被认作为工作能力不足，或者失去其他工作机会，才回到乡村的传统思想观念，这就使得很多乡镇原住居民老人并不希望当代年轻人回到自己的家乡。然而在竹山镇，青年回乡则成为一种主流成为一种时尚更成为一种趋势。小镇的复兴改变了当地居民的自信心，也让更多的原住居民尤其是年轻人意识到乡村资源的价值所在，从而选择回乡创业。

二、大陆地区民宿发展

（一）大陆民宿的发展情况

中国大陆民宿不同于中国台湾、日本民宿。大陆的民宿市场发展还处于初级阶段，民宿不仅有农家乐，还包括个人出租的闲置民居，如市区单元房等。20世纪80年代末，国内民宿开始发展，多为当地农民自发创办。2003年，"家庭旅馆"概念引入。2010年，民宿形式得到更多关注。2015年，我国民宿行业市场规模已达200亿元人民币。2015年11月23日，国务院网站发布《关于加快发展生活性服务业促进消费升级的指导意见》，首次提出"积极发展客栈民宿、短租公寓、长租公寓等细分业态"。2016年3月出台《关于促进绿色消费的指导意见》，提出持续发展共享经济，鼓励个人将闲置资源有效利用，有序发展民宿出租。在这样的背景下，国内民宿发展迅速。目前，民宿集群最发达的三个地区分别为：滇西北、浙闽粤、长三角。其中，民宿分布较多的城市中，有以北京、夏门、成都、杭州为代表的大型旅游城市，以丽江、大理、嘉兴为代表的古城古镇旅游城市，秦皇岛、黄山附近的知名旅游景区城市，上饶、湖州等为代表的乡村旅游地区。

据迈点网的数据显示，2014年，我国大陆客栈民宿仅有3万家，到2015年年末已经演变为4.3万家。截至2016年年末，我国大陆客栈民宿的总数已经达到了5.4万家。仅仅两年的时间，我国的客栈民宿数量涨幅就已达到近78%。

随着互联网的迅速发展和分享经济概念的传播，已经有越来越多的人借助在线短租平台将房源分享出去，形成家庭式民宿。民宿借助互联网的力量发展更为迅速，但同时，民宿发展不平衡和良莠不齐的问题日益突出。特别是经营准人、监管、经营方式、服务规范和安全保障等方面仍存在许多问题，不少经营户卫生、安全状况堪忧，环境污染问题突出，制约着民宿的可持续发展。

2012年以后，中国旅游度假需求增长迅速，大众出行主体由商务出行转向个人旅游，居民对于民宿等个性化主题酒店需求大幅增加，民宿市场快速进入爆发式增长期。统计数据显示，截至2015年，国内民宿企业已达4万多家，从业人员近90万人，市场规模逾百亿元，民宿正成为新的投资热点。在国内，从地域上看，长三角和东部沿海地区的民宿业最为领先，这离不开旅游度假市场的成熟以及丰富的旅游资源（水乡、古镇、城市风光等）。民宿一方面还将随着现有的热门旅游景区的客流量增加而继续扩张，另一方面将伴随新的旅游资源的开发而诞生。与此同时，民宿的曝光度与关注度也在不断提升。

伴随着乡村旅游新风尚，乡村民宿产业迎来高速发展期。确定一个旅游目的地后，一家舒适有特色的民宿成为吸引游客的新亮点。2017年，国家旅游局首次公布并实施了《旅游民宿基本要求与评价》，引导民宿发展进入规范化、标准化时代；2020年，《乡村民宿服务质量规范》实施，规定了乡村民宿的术语和定义、基本要求、设施设备等；2022年7月，文化和旅游部等10部门联合印发《关于促进乡村民宿高质量发展的指导意见》，更是总结提炼近年来各地在发展乡村民宿方面积累的有益经验和做法，进一步加强引导、放宽准入、完善政策、优化环境，以推动形成高质量产业链条和高水平供需动态平衡。

（二）大陆乡村民宿发展特点

第一，坚守“传统化”文化内核。不同于城市住宿业，乡村民宿的灵魂在于地域特色传承的“传统文化”。不同地域的建筑蕴藏了丰富多元的地域特色文化，是地方文化遗产有形的体现，乡村建筑与乡村空间格局的保护，对乡村社会经济发展有着极为重要的作用与价值。在城市化快速推进的时代，传统的乡村建筑面临着被现代化建筑取代的风险，在乡村民宿开发中应该坚持保护地域特色建筑，可以确保地域特色文化传承的可持续，不断增强乡村文化魅力，加入新的创新性文化元素，构建多元化的地方特色民宿文化。

随着游客对酒店住宿环境的厌倦，体验多元化的住宿形态、获得全新的旅游住宿体验成为越来越多游客住宿选择，大众化的住宿方式和旅游路线逐渐被日益新颖个性化的旅游体验代替。民宿市场产品更为注重多元产品体系的开发建设，通过对乡村旅游资源的整合开发，打造多元化的乡村民宿市场产品，积极拓宽乡村民宿收入渠道，不断提升乡村民宿的营利空间。通过对乡村农牧业体验、乡村传统工艺品制作、民俗文化体验等多元化乡村民宿产品体系，可以满足不同类型游客对民宿的需求。未来乡村民宿市场开发中向个性化、主题化、定制化的方向发展空间较大。

第二，提供多元化住宿体验。乡村民宿市场外部机制的引入，为乡村民宿企业树立了一个发展的竞争机制，使企业具有一定市场危机意识，充分激发企业发展的内生动力。同时，外部机制的引入，也为乡村民宿带来优质的资源平台、先进的发展理念和模式、优秀的规划与运营指导方案、乡村民宿品质的控制、新的营销和市场推广机制，这提升乡村民宿开发的品牌集聚效应和市场吸引力。外部机制的引入在为乡村民宿开发提供智力支持的同时，也在不断推动乡村民宿发展理念与发展模式的更新，促进乡村民宿产业的良性发展。

乡村民宿内部机制主要是乡村民宿经营者自身的经营模式，主要以乡村民宿在实践运营中的管理机制、调控机制和激励机制。乡村民宿在实践经营中应该建立较为完善的管理机制，实现对服务人员、服务标准、客人信息、消防等管理机制；内部控制机制主要是风险与质量的控制，通过对风险和质量的把控将实现乡村民宿运营高效与安全，确保乡村民宿的品质；激励机制主要是指相关人员的薪酬和福利待遇方面，良好的激励机制将激发其对工作的热情和对乡村民宿的忠诚度，降低乡村民宿运营成本、提高乡村民宿运营效益。

第三，引“外”善“内”的机制建设。乡村民宿市场外部机制的引入，为乡村民宿企业打开了竞争机制建设的思路，使企业具有一定市场危机意识，充分激发企业发展的内生动力。未来乡村产业的开发需要将乡村生产、乡村生活、乡村生态有效地结合，提升乡村产品的文化附加值，并通过新的发展理念、全新的经营模式、先进的制作工艺、时尚的产品体系来赢得市场，获得市场占有率。乡村民宿产业体系的形成，要优化乡村特色产业发展的环境，构建适合乡村特色产业发展需要和未来发展方向的乡村经济合作组织；培育乡村产业发展市场，打造地域知名民宿产品；积极构建乡村民宿发展需要的社会经济服务体系。以其有效政策激励措施、良好的产业投入机制和高效的人才吸引机制来促进乡村民宿产业的转型升级。

第四，提供公共产品支持。乡村民宿的开发需要依托公共产品的支持，政府对乡村民宿支持主要集中在对乡村民宿硬件的投资和软件的投资。硬件的投资主要集中在对乡村民宿基础设施的投资，政府通过大量的投资提供公共产品支持以改善乡村民宿的道路设施、增设公共交通、整治乡村景观，把乡村打造成景色优美、环境适宜、生态宜居的美丽乡村。软件投资环境则是营造一个适宜的政策环境，通过积极有效地与各部门联动、配套设施建设、营业执照办理、协会管理、媒体报道营销等，通过政府层面的支持形成良好的整治民宿发展氛围，进而将有效地孕育区域乡村民宿集群。地方政府对乡村民宿的支持，在促进乡村经济发展的同时，能够有效地解决农村闲置房的问题，提高农村现有的闲置土地和房屋的利用率，使资源合理有效地配置使用。地方政府支持有助于提高乡村民宿建设等级、建设水准，从而有效地吸引游客，为其他乡村民宿的发展发挥示范引领作用，促进乡村经济的发展，优化乡村产业结构，促进乡村资源得到有效合理配置。

（三）典型案例

1. 乡村民宿发展典范——浙江莫干山民宿生态圈

莫干山乡村民宿源起于 2007 年南非商人高天成本着生态环保的理念改造的“三九坞乡村休闲会所”，形成了莫干山最早的“洋家乐”。“三九坞”通过聘请村里人做“管家”，积极培训打工农妇，打造了以本村居民绿色生态产品为经营基础的乡村民宿。2009 年，高天成再度投资 2 亿元兴建“裸心谷生态度假区”，倡导自然生态环保的“裸”生活。2011 年年底，法国商人司徒夫投资 5000 万元兴建法式农庄——“莫干山法式山居”，打造法式浪漫生活情调，成为莫干山环保匠心。2011 年，莫干山民宿接待游客 5 万多人次，形成了中国乡村民宿高端品牌。2012—2015 年莫干山民宿进入到了高速发展和行业整合阶段，将做有人情味有温度的民宿提炼为莫干山民宿的服务核心。与此同时，城市返乡经营者也投入到莫干山本地乡村民宿的开发中，引领着莫干山片区乡村民宿向集群化高端化方向发展，形成了莫干山民宿成功的“生态”文化内核。

（1）注重乡村民宿品牌建设和乡村民宿良性成长。莫干山乡村民宿的起源以 2012 年原舍和大乐之野等一系列品牌民宿的引入为标志，此后莫干山进入到了快速发展期，乡村民宿以人情温度来取得游客满意度。在此阶段乡村民宿主人为游客提供自主饮食餐饮服务，并赋予游客一种家和主人的感觉，使游客感受到家的温暖。通过对游客主人翁意识的引导，满足了新乡村旅游时代城市白领逃离城市、远离喧嚣、回归乡村的美好生活愿望，并逐步成为高知返乡社群的乡间据点，更使莫干山成为极具感染力的乡村民宿品牌。莫干山乡村民宿的前期开发为后期乡村民宿发展做出了示范引领作用，在外来者与当地乡村精英共同努力下，莫干山乡村民宿逐步走向高水平开发阶段。

（2）构建乡村民宿“三生生活”，优化乡村民宿空间布局。莫干山乡村民宿所赋予给游客的感知不仅仅是民宿，而更多的是民宿主人所表达的一种生活态度、一种回归原本的方式。莫干山乡村民宿开发立足于“生产、生意、生活”的三生模式构建，将农村打造为乡村生产空间，将集镇打造为生意空间，将乡居打造为生活空间。生活空间则以原舍为开发核心区，通过还原其乡村原貌的同时，带动周边民宿开发，旨在复苏乡村记忆、回忆童年乐趣，生活空间由原舍望山、原舍依田和原舍怀谷三期民宿构成，通过邀请国内外景观设计师来对乡村民宿精心设计，在优化乡村民宿空间分布格局的同时，并将设计理念融入到微小的室内细节设计中，形成独特的乡村民宿空间表达。乡村集镇则以庾村 1932 文化市集为中心，在其充分尊重当地历史文化的同时，尽量保留修复原有的建筑形态，以其奇思妙想的设计装修风格，从建筑外观到文创园细节设计都极力地体现着乡村与现代生活气息和谐相融。庾村的文化市集以其乡村生态圈产品和服务，作为优质的乡村生活标杆，用生活秀的方式展示意识形态与生活方式。通过新闻媒介和线下渠道拓展，开展莫干山乡村民宿受众群体。乡村生活空间以清境农园为代表，作为集农业生产、观光、体验于一体的农耕田园，开发中始终遵循自然农法与乡村风味，为现代人打造一种回归本真生活方式；清境农园的设计师通过恢复当地原始的农业生产和生活本真，有效地让都市居民参与到乡村生活生产，在拉近城乡居民生活距离的同时，也让其对农业生产过程和价值有了新的认知，并使之成为乡村生态圈的重要组成部分，促进了当地农业的发展。

（3）制定行业标准和成立乡村民宿学院。作为国内乡村民宿发展的标杆莫干山，对国内乡村民宿起示范引领作用的同时，在发展过程中也存在产业发展困境。为了突破乡村民宿产业发展困境，莫干山采取了乡村民宿产业导入的方式，以解决乡村民宿市场开发混乱、缺乏行业引导、品质品牌参差不齐等问题，从而影响区域乡村民宿集群品牌效应，进而影响莫干山乡村民宿的可持续发展。2015 年乡村民宿业主联合地方政府出台国内乡村民宿行业标准，有效地限制低端乡村民宿的开发，行业标准的出台也极好地调整了乡村民宿旅游市场向积极、良性的方向发展。在莫干山乡村民宿业主和民间组织的主导下，莫干山成立了莫干山民宿学院和宿盟，旨在为通过莫干山地区民宿从业者微小的力量，整理和搜集民宿开发运营的操作经验，为有志于从事民宿创业者提供行业指导，并为来此参观民宿的创业者提供指导。莫干山宿盟的成立，通过与媒体线上线下融合、两岸文化交流、地化空间展示等提供乡村民宿交流合作平台，为乡村民宿产业进一步规范化、专业化、个性化发展提供良好的示范引领作用，也为国内乡村民宿产业蓬勃发展提供新的尝试与突破。

2. 大理民宿客栈集群化发展[①]

20 世纪 90 年代，自四季客栈在大理市开业以来，经过 20 多年发展，如今的大理市民宿客栈规模数量在国内已经首屈一指，名列前茅。大理市民宿客栈集群是随着大理市民宿客栈的数量逐步增加而逐步形成，大理市民宿客栈集群的发展，根据时间及其阶段性特征，可大致分为四个阶段。

（1）起步阶段（1994—2007 年）。第一阶段的萌芽起步阶段，20 世纪 90 年代中后期，大理市的旅游市场依然以外国背包客为主，而国内比较有先

① 资料来源：搜狐网 https://www.sohu.com/a/402143982_680374.

知的人开始预见了大理市旅游住宿的商机，开始蠢蠢欲动。1994 年四季客栈在大理市开业以后，紧接着在 1995 年，尼玛和小敏在大理古城开起了 MCA，此时的 MCA 还是以艺术家工作室、画廊和青年旅舍为主的服务平台。尽管当时 MCA 只具备青年旅舍的接待设施设备，但艺术界的许多大咖纷纷接踵而至，到访 MCA。1998 年，导演张杨到访大理，那时的大理市只有三家客栈，一家是 MCA，另外两家是四季客栈和榆安园，当时的 MCA 还只是 10 元一晚的床位。即便是后来享誉大理的“海地客栈”，在 2007 年时，还只是简单设施的青年旅舍，只有 8 张床位和 1 间标间。在萌芽起步时期，大理市民宿客栈主要是简单的住宿设施，功能单一，游客到大理市旅游对于民宿客栈的要求也只是简单的住宿需求，而更多的吸引力还是游览大理市的自然风光。因此起步阶段也可称为“卖风景”阶段，这时期的民宿客栈数量很少，是大理市民宿客栈集群发展的起步阶段。

（2）发展阶段（2008—2012 年）。2008 年 1 月年杨丽萍妹夫赵八旬以杨丽萍四姐妹为设计理念的酒店“粉四”开业，粉四英文“lady four”，为大理市民宿客栈在设计上起到了带头作用，包括名字的设计、建筑设计和装修设计。同年 4 月，来自美国的林登夫妇历时近两年谈判签订的“喜林苑”开始营业，以开展少数民族“文化体验会所”的主题、以接待外国客户为主。建筑上是以传统院落形式、结合田野风光而打造设计。随着“七间房”酒店在双廊开业；“沧海一粟”“水时光”等客栈沿“海”而建，“海景”客栈的称呼开始蔓延，游客慕名而来，让外地商人窥见商机，开始向大理投资。2010 年，各种类型的民宿客栈出现在大理市，带动了新一轮旅游热潮。2008 年以后，大理市民宿客栈开始注重设计的打造，从民宿客栈名字、主题、建筑外观和内部装饰上的设计打造，在一定程度上提升了大理市民宿客栈的硬件设施。大理市民宿客栈在 2008 年以后，因为设计的突出，与起步阶段对比鲜明，也称为“卖设计”阶段。在发展阶段，民宿客栈的数量开始增多，民宿客栈开始集聚。

（2）形成阶段（2013—2016 年）。2012 年，张杨在双玉矶岛购买宅基地修建自己的客栈——归墅时，拍摄了《生活在别处》和《遇见别一种生活》，描述了新大理人们的生活，让“去大理”成为都市白领的梦想之一。在张杨导演拍摄的两篇短片的宣传和影响下，大理市成了都市白领到大理谈论理想和情怀的地方，大理市民宿客栈的情怀文化孕育而生。2012年后，各行业的人纷纷涌入大理，开始经营客栈，带动了大理市投资客栈的热潮，在雾霾的驱使下，逃离“北上广”的雾霾，让越来越多的“环境移民”来到大理，许多“环境移民”开起了客栈。影响最明显的莫属2014年宁浩导演的电影《心花路放》，在电影上映后，电影里面的“海景”客栈场景让外界眼前一亮，游客纷纷慕名而来，男女主角在“海景”客栈的邂逅，勾起了年轻人对大理“海景”客栈邂逅的幻想，文艺青年渴望到大理市，谈论着诗和远方的情怀。“海景”客栈得到极大关注的同时，房价翻番或几番的增长，2015年双廊有超过426家客栈，而在2010年之前，双廊的民宿客栈仅有不到45家，增长速度如此之快，可以说是大理市民宿客栈数量井喷阶段。在第三阶段，情怀文化的注入，丰富了大理市民宿客栈的文化内涵，如果说第二阶段的设计提升了大理市民宿客栈的硬件设施，那么第三阶段的情怀注入为大理市民宿客栈的软件设施增加了色彩。游客慕名大理市民宿客栈的情怀文化，故称第三阶段是“卖情怀”阶段。大量的民宿客栈出现在大理市，大理市民宿客栈逐步由点向面开始展开，民宿客栈集群现象出现，因此，该阶段为大理市民宿客栈集群的形成阶段。

（4）转型升级阶段（2017年至今）。大理市民宿客栈在经历了起步阶段、发展阶段和井喷阶段后，业态、外观设计及数量都得到了飞跃的发展。尤其是经历了井喷阶段的发展之后，数量上得到了空前的增长，数量的增长加剧了大理市民宿客栈之间的竞争，设计、情怀已经不足以提升民宿客栈本身的竞争力。在大理市民宿客栈数量增长的同时，生态环境也遭受到了一定的威胁。2016年，伴随着洱海水质开始富营养化，洱海水质污染问题亟须治理。2017年4月1号，环洱海区域的民宿客栈积极响应洱海保护治理“七大行动”，自行停业配合洱海治理，洱海周边的大量客栈开始停业，大理市其他区域的民宿客栈也受到了一定的影响。在洱海的整治下，风景受到了一定的创伤、设计被拆除，情怀开始逃离。卖风景、卖设计、卖情怀的招牌逐步褪去，唯有寻求转型升级以保持大理市民宿客栈集群长久化的发展。随着消费升级和生活方式的转变，人们喜欢追求新的住宿方式和更高的体验感。大理市民宿客栈在经历洱海整治，加之旅游市场的整顿，大理市“海景”民宿客栈受到严重影响。分布在其他区域的民宿客栈，因地理区位和资源禀赋的差异，在景观效果与“海景”民宿客栈相差甚远。在风景、设计、情怀相继受到打击之后，为继续保持大理市民宿客栈的吸引力，大理市民宿客栈通过转型，在品质服务上得到了提升，批量的精品民宿客栈逐步在其他区域出现，提升了大理市民宿客栈集群的品质，管家式的服务、酒店式的设计、民宿客栈般的服务理念相继出现，为大理市民宿客栈集群的转型升级迈出有利的一步。该阶段可称为“卖品质”阶段。

从大理市民宿客栈集群发展的四个阶段来看，民宿客栈在每个阶段的功能特点都有所区别，虽然都能提供住宿，但在质量上有所差别。每进入一个新的阶段，都包含了上一个阶段的业态形式，即便是进入了品质提升的阶段，前面三种阶段的民宿客栈依然存在，虽在起步阶段和发展阶段没有明显的集群现象，但这两阶段是大理市民宿客栈集群发展历程的重要补充。大理市民宿客栈集群发展的各阶段，构成了大理市民宿客栈集群的发展历程。

民宿客栈集群具有空间集聚性，根据大理市民宿客栈集群的空间集聚性特点，大理市民宿客栈集群的集聚特点可分为点状集聚和带状集聚。

点状集聚。以古城、古镇为主要集聚点，大理古城、喜洲古镇、双廊镇具有人文景观和自然景观的旅游价值，是大理市游客主要的集中地。在这些集聚区域中，其中以大理古城集聚区最大，在大理古城集聚区内，除了古城内部有大量民宿客栈而外，在古城周边也有很多的民宿客栈包围，形成了大理古城民宿客栈的集聚区域。自 2007 年第一家客栈“海地生活”在双廊开业以来，双廊民宿客栈发展迅猛，在 2010 年，双廊的客栈仅有不到 45 家，到了 2015 年，双廊民宿客栈已超过 400 家，是大理市民宿客栈集群的重要集聚区。喜洲古镇民宿客栈虽然发展相对较晚，且缓慢，但是随着近年来大理市旅游的不断发展，喜洲古镇民宿客栈逐步发展起来，目前数量正在不断增加，形成了大理市民宿客栈新的集聚区。古城、古镇因有能够集聚大理的游客，且相关配套设施比较完善，因而容易形成以古城古镇为中心点的民宿客栈集群。

带状集聚。洱海西路及洱海东路是洱海主要观光道路，洱海西路坐落着大量的村寨。随着乡村旅游的发展，洱海西侧的乡村借助洱海的风光及西侧的田园风格，发展起了民宿客栈。在洱海东路，在度假旅游和自驾游的带动下，洱海东路因良好的区位条件和道路设施，集聚了大量的民宿客栈。伴随着洱海环线上各乡村的发展，各村寨相互交融，建筑以点成线的形式逐步相连在一起，民宿客栈也因此接连在一起，形成了环洱海湖滨村落民宿客栈集聚带，是大理市民宿客栈集群重要的组成，是大理市民宿客栈集群集聚的一大特点。

3. 北京市延庆区民宿联盟——创新突破探索北方民宿发展路径[①]

北京市延庆区民宿联盟成立于 2017 年 7 月，是北京市，也是北方地区首个由政府主导成立的民宿行业组织。联盟成员以延庆区经营精品民宿的企业为主，现有成员单位 48 家，共有精品民宿小院 180 个。联盟自成立以来，在北京市文旅局的指导下，在延庆区文旅局的大力推动下，坚持以服务民宿行业发展为宗旨，找准自身定位、不断创新突破，为民宿行业组织建设做出有益探索，为延庆民宿产业发展做出应有贡献。

（1）不断创新，实现六个首创突破，为京郊民宿行业发展及组织建设探索路子。

①创新成立首个民宿行业组织。在北京市乃至整个北方地区还处在民宿产业起步发展阶段，延庆区就已意识到民宿行业组织对于产业发展的重要作用。2017 年 7 月，在北京市延庆区文旅局的推动下，延庆区民宿联盟正式成立。联盟以助力民宿产业发展为己任，积极挖掘和培育区域内民宿品牌，联盟从创始的 10 家品牌、30 个民宿小院发展为 48 家品牌、180 个民宿小院，不到两年时间，实现了规模翻两番发展。延庆民宿联盟的成立也引领着民宿行业组织的发展，2018 年北京市怀柔区、盘锦市等也分别成立民宿分会、民

① 资料来源：中国网 . http://fangtan.china.com.cn/zhuanti/2019-07/18/content_74997361.htm.

宿联盟等行业组织。

②创新推出首个地域民宿品牌。结合世园会举办，号召全体成员积极配合，打造了延庆统一民宿品牌，也是北京市首个地域民宿品牌——世园人家，各家成员从园艺特色、文化氛围、旅游配套等各方面进行了综合提升，最终联盟全部成员成为世园人家，为“世园人家”的打造起到示范带头作用。

③创新建设首个民宿集群。2018 年 6 月，联盟推动合宿 · 姚官岭项目正式落地建设，这也是北方地区首个民宿集群项目，项目一期吸引了原乡里、左邻右舍等 6 家本土民宿品牌，通过民宿集群建设，进一步整合了各家在管家服务、线上营销等不同方面的优势，并通过统一运营，平摊接待中心、休闲娱乐等设施建设费用，缩减各家运营成本。

④创新举办民宿行业大会。2017 年 7 月，抓住当时乡村旅游“民宿”热点话题，抢占先机，举办首届北方民宿大会，打破地域局限性，立足延庆、面向北方、辐射全国，组织全国专家学者、民宿大咖等汇聚延庆研究讨论北方民宿发展相关课题，竖起延庆北方民宿发展的大旗。2018 年举办第二届北方民宿大会，扩大活动规模，丰富活动内容，并倡议成立了北方民宿联盟，进一步提升和夯实了延庆作为北方民宿发展阵地的品牌形象。

⑤倡议成立北方民宿联盟。2018 年 11 月，延庆区民宿联盟发起倡议，联合京津冀地区的 44 家民宿及上下游行业协会、民宿企业等共同成立北方民宿联盟，并发表共同宣言，从民宿产业协同发展层面，落实国家京津冀协同发展战略。延庆民宿联盟作为北方民宿联盟秘书长单位，积极贡献自身在民宿产业发展中积累的经验做法，并邀请全国民宿协会会长、中国十佳民宿创始人等民宿业内专家，开展了系列北方民宿联盟培训，提高北方民宿联盟整体行业发展水平；同时与北京银行合作签署了“千院计划”，为北方民宿联盟成员提供贷款便利支持，计划 3 年内在京津冀地区建设改造 1000 家特色民宿小院，新增 2 万个就业岗位，助力京津冀民宿产业建设。

⑥创新开发首个地域民宿平台。为进一步整合延庆民宿资源，加强延庆民宿推广和营销，2018 年 1 月民宿联盟 6 家理事单位成立了沿途旅游公司，同时开发了北京首个区级自有民宿预订平台——沿途旅游，实现了本地区所

有精品民宿和世园人家的线上销售，截至目前共有线上商家200余家。后续，沿途将以打造京津冀地区精品版“携程”为目标，以北方民宿联盟为重点，入驻商家将涵盖京津冀地区重点精品民宿及民宿客栈，为京津冀民宿企业提供更为广阔的展示平台，为京津冀游客提供精品住宿产品预订平台。

（2）找准定位，发挥行业组织优势，激发民宿产业发展活力。

联盟坚持政府与企业沟通桥梁的定位，履行维护行业利益和加强行业自律的根本职能，既不当“二政府”，也不“跑龙套”。一是对上为政府决策制定及落地提供支持。联盟各项工作坚持对延庆区文旅局这一直接政府主管部门多沟通、多汇报，在民宿奖励政策制定、民宿行业规划等事关民宿产业发展重大事项进行建言献策、反映基层呼声，为政府科学决策提供重要支持。同时积极响应政府各部门关于保障世园会、冬奥会大事，稳定市场秩序，推动行业自律等各方面工作的任务要求，为政府部门各项工作决策落地实施提供支持。二是对下为成员解决问题和争取资源倾斜。联盟建立了定期沟通制度，坚持对企业多调查、多研究，着力多解决问题。通过对成员实地走访、召开联盟会议、月度视频会议等不同形式，实时了解成员发展需求和发展问题，帮助解决了成员单位标志系统不够完善、统一洗涤、客源引流等切身问题。同时借助延庆区乡村旅游联席会议制度，推动召开了延庆区民宿发展政策联席会，了解旅游、农业、人才、税收等不同部门的行业政策，有效整合各政府部门的资源为行业发展服务。

（3）明确红线，创新制定管理规范，推动民宿产业规范和自律发展。

①明确民宿发展红线。联盟成立之初，就建立了民宿产业“土地、环保、安全”三个基本红线不能触碰的原则，同时作为联盟成员的基本条件，要求所有民宿项目在土地使用，消防、环保、公安等配套设施配置方面都必须按照有关部门标准进行建设，从建设源头保障民宿项目合规合法建设。

②开展联盟成员监管。借鉴北京市乡村旅游等级评定标准，结合延庆实际，制定了《北京市延庆区精品民宿标准与评定》，试行开展精品民宿验收。所有入盟的成员都要经过严格核查和逐项打分，从源头保障联盟成员品质与质量的同时，也做到了有理可依、有据可循。同时，制定了《北京市延庆区

民宿管理办法》，从服务质量、安全管理等六大方面制定标准，并开展游客满意度测评、预订平台评论监测等，对联盟成员开展行之有效的监管。

③推动行业自律发展。作为延庆高端住宿业态代表，联盟始终倡导所有成员要严于律己、率先垂范，在提高服务质量、维护市场秩序、落实政府决策等方面都要发挥示范引领作用，高标准推动行业自律发展。同时，2019 年结合世园会这一国际盛事举办，制定了“北京市延庆区民宿联盟提升品质保障世园文明公约”，所有联盟成员自愿签署，在提升服务环境和质量、保证诚信经营、杜绝哄抬物价、恶性经营行为等方面做出了承诺。

④开展统一规范洗涤。在民宿布草一客一换一洗的基础上，要求联盟成员进行统一规范洗涤。同时针对洗涤难、路途远的问题，联盟多方协调并争取主管部门资金支持，一方面在全区设立了多个统一洗涤中转站，帮助成员缩减人力物力成本，另一方面与洗涤厂签订协议，要求洗涤厂保证洗涤质量和次数，改变单体民宿在洗涤厂前“洗涤难，洗涤贵”的弱势局面，提升全区民宿住宿卫生条件和服务规范化程度。

（4）内外兼修，积极打造联盟品牌，提升联盟核心凝聚力和影响力。

①开展精准营销。与腾讯、途家、爱彼迎、榛果等旅游行业主流网站进行合作，开设延庆民宿专页，特别是与携程签署协议，建设延庆旅游生活馆，实现线上游客的精准营销；积极组织成员参与北京交通广播电台“1039 生活 +”栏目、北京电视台《美丽乡村》等节目的录制，并积极争取宣传资源，在北京市 100 个公交车站，两条地铁线及全国四个机场等渠道投放广告，增加民宿成员曝光量；与北京市各大旅行社、旅游公司、中关村产业园等进行资源对接，结合世园会定制线路、企业团建需求等，实现定向导流、增加成员订单量，2019 年累计为成员导流千余人次，实现经济收入 50 万元。

②实施走出去战略。一方面以政府为主导，积极对接新华网、旅游卫视、《中国旅游报》等重量级媒体进行宣传，对接全国旅游协会民宿分会加强行业内部宣传，参与全国民宿大会、全国首届民宿博览会、京津冀民宿发展论坛等业内活动，积极展示延庆民宿建设成效，聚焦主管部门、业内专家等目光，关注延庆民宿产业发展。另一方面，通过北方地区首个有民宿基地的北方民

宿学院开设民宿专题培训，推动与全国旅游协会民宿分会合作开设全国首个民宿管家证培训班等，积极开展民宿行业相关的论坛、讲座等，输出联盟积累的北方民宿建设的“延庆标准”，近两年来，累计接待了来自天津、四川、甘肃等省市的各级部门万余人次的考察学习。各项发声和走出去举措，迅速推动延庆成为北方民宿发展的焦点。

③举办联盟自有品牌活动。除北方民宿大会这一联盟主场大型活动外，联盟还结合延庆旅游发展大事，举办了“长城脚下戏冰雪、世园人家过大年”、北京市首次举办“民宿管家风采大赛”等，助推民宿产业发展。同时联盟还定期举办围炉夜话、民宿不眠夜等系列品牌活动，活动由联盟成员轮流主办，各家成员针对民宿发展问题进行交流分享，至今已举办了“民宿的初心”“民宿经营之道”等相关主题活动，加深联盟成员交流，提升联盟整体凝聚力。

4. 创建民宿旅游集聚区——山东省文旅新思维助力乡村民居“破茧成蝶”①

2020年年初，山东省文化和旅游厅曾提出民宿高质量发展目标：用3年时间，全省三星级旅游民宿达到500家以上，四星级以上旅游民宿达到160家以上，规模化旅游民宿集聚区达到16个以上，基本形成独具特色、管理规范、服务一流、全国领先的旅游民宿格局。民宿是推动文旅融合高质量发展的新业态，对于保护乡土建筑遗产、传承历史文脉、改善乡村人居环境有重要价值。过去几年，山东旅游民宿建设以修缮、改造存量旧有房屋为主。山东省文化和旅游厅特别明确，旅游民宿建设要做好对文化遗产的依法合理利用，避免对文物古迹、传统村落、传统建筑、农业重要遗产、灌溉工程等遗产安全造成损害。

（1）修复乡村生态，打造振兴样本。近年来，济南市加大政策引导，完善民宿业政策保障体系。比如，当地加强用地保障和支持，创新金融服务，支持民宿业有序发展。市级财政5年安排1亿元民宿业发展专项资金，用于扶持民宿集聚区、精品民宿、知名品牌和创意策划的奖补工作。截至目前，

① 资料来源：《中国文化报》2021年11月29日。

共发放3173万元，有效激发了市场对民宿业的信心和热情。通过发展民宿业，济南市12个旅游扶贫村、370户贫困户、1200人实现精准脱贫、增收致富。

2020年，山东省文化和旅游厅等十四部门专门印发《关于促进旅游民宿高质量发展的指导意见》，明确指出各地要依据国土空间规划，统筹规划本区域旅游民宿建设和发展，与生态环境保护规划和旅游发展规划等做好衔接，以区域品牌打造、线路整合、设施完善为重点，布局旅游民宿建设。过去2年来，齐鲁大地依托优质资源，优先在沿海、沿河、近湖、靠山、环景区、传统古村落及城市游憩带等发展旅游民宿。强化旅游民宿集聚效应，引导旅游民宿连点串线成片发展，重点打造仙境海岸、圣地儒风、黄河入海等旅游民宿聚集区，取得阶段性成效。

（2）聚焦民众所盼，推动共同富裕。在泰安市泰山区泰前街道，当地结合正在实施的城中村改造项目，加快推进三合、上峪、黄山头、下梨园“下山工程”，为做强北部山区民宿产业腾出发展空间。同时，泰前街道还投资5000万元，着力提升片区基础设施水平，加快完善水电气和污水管网等配套设施，安装太阳能路灯、视频监控，对闲置和边角地块统一管理、集中美化，做实基础保障。泰前街道还特别修建3千米休闲步行道，把沿线景观有效串联，规划建设生态停车场8处，推行“大物业”管理模式，引进规模大、实力强、口碑佳的物业服务企业进驻，提供专业化服务，不断提升旅游民宿集聚区整体环境和服务水平。

近年来，山东开发生态景观、生态乡居、生态度假等多类型旅游民宿产品。鼓励引进社会资本参与乡村民宿建设，探索农户自主经营和“公司+农户”“合作社+农户”“创客+农户”“公司+村集体经济组织+农户”等组织模式。同时，规范有序发展城镇旅游民宿，突出民宿业主参与接待，探索创新发展内涵提升、空间活化、多元休闲的城镇旅游民宿新业态新模式，促进共享经济发展。

（3）坚持品牌引领，拉长产业链条。高质量推进乡村振兴，统筹推进城乡建设、一体化发展产业经济，是解决区域发展不平衡不充分，提升人民美好生活的重要领域之一。乡村旅游的兴起，是促进这一发展进程的重要路径，而乡村民宿经济的崛起，又成为乡村旅游创新发展的主要动能。

2020年，突如其来的疫情给旅游行业带来重创，山东省景区年平均入园人数不足最大承载量的20%，旅行社员工纷纷转行，标准化酒店的入住率也明显下降。由于赴境外旅游受阻，国内的消费需求增大，受防疫的相关规定影响，跨省游和景区景点游都受到了明显的制约，周边的乡村游反而火爆起来，每到周末或节假日，亲子游、研学游在乡村是如火如荼，乡村民宿常常是门庭若市。旅游方式不再是单纯的观光采摘，而是到乡村休闲度假，亲近自然风光、田园生活的“微度假”和“旅居”成为消费新诉求。

过去几年，齐鲁大地以“好客人家”旅游民宿品牌为统领，在全省重点打造圣地人家、胶东人家、黄河人家等特色品牌，提升旅游民宿吸引力和影响力。突出地方特色，深化文旅融合，探索“民宿+非遗”“民宿+艺术”“民宿+书屋”等融合发展方式，着力打造本地品牌。同时，积极引进知名品牌企业参与全省旅游民宿建设，支持区域旅游民宿品牌培育，推进品牌化、连锁化、网络化、专业化发展。

“十四五”期间，山东将以旅游民宿开发为纽带，引导开展多元业态经营，拓展文化创意、电商物流、养生养老等综合业态，打造旅游民宿综合体，完善产业链，拓展价值链，有效发挥旅游民宿带动效应。推动旅游民宿与大型在线旅游企业的合作，搭建旅游民宿推广平台。

5. 河南精品民宿带活乡村经济[①]

2019年9月16日，习近平总书记走进新县“老家寒舍”民宿店。店主韩光莹告诉总书记，近年来靠乡村旅游实现了增收，还带动乡亲们发展民宿走上致富路。习近平总书记听了十分高兴。他指出，依托丰富的红色文化资源和绿色生态资源发展乡村旅游，搞活了农村经济，是振兴乡村的好做法。以民宿作为发展乡村旅游的突破点，河南省提出“河南民宿发展全国争最快”目标，以民宿为抓手，助力脱贫攻坚，推动乡村振兴。

“老家寒舍”不是孤例，河南省打造出的焦作“云上院子”、栾川“慢居

① 资料来源：大河网 http://newpaper.dahe.cn/hnrb/html/2020-05/15/content_418027.htm.

十三月”、济源“小有洞天”、鹤壁“灵泉妙境”、卢氏“山水隐庐”等一批在全国具有知名度的网红品牌民宿，成为中原地区乃至全国民宿产业的新标杆。乡村民宿搞活了旅游经济，有效带动了农民就业、农产品销售，成为点亮乡村经济的有效载体。

政府高度重视，助推河南民宿发展实现“弯道超车”。早在2018年，省文化和旅游厅就确立“以精品民宿推动乡村旅游高质量发展”的工作思路，抓县推市，将新县、淅川、林州等30个县（市、区）作为生态旅游招商的重点区域，撬动社会资本向乡村聚拢，产生了庞大的投资项目群、产业集群。

在大众旅游时代，乡村民宿在提升传统服务业的同时，由于人们对特色化、品质化旅游产品和服务的需求越来越多，根据当地的历史文化和资源禀赋，开展诸如养生保健、休闲度假、健康养老、民俗娱乐、教育培训、野外扩展、创意农业等个性化活动，从而促进旅游消费持续升级。随着文化和旅游消费的持续扩大，也催生了乡村民宿设计、建设、融资、运管、培训、用品、餐饮、营销、网络预订等多种服务业，“跨界融合”正催生一大批文化旅游新业态，由此推动内需不断扩大，有力拉动了经济增长。

（1）乡村民宿提升了住宿消费水平。乡村民宿消费者的地域构成已经由本地市场为主跃迁为本地市场、周边市场和远程市场三分天下，并且越来越多的在华外国人和入境旅游者因为民宿的吸引而进入乡村旅游消费市场，乡村旅游的国际化水平因此而提高。如济源市因地制宜发展乡村民宿，依据自身特色，打造食、住、行、游、购、娱等旅游产品。如那些年小镇以茶树种植和茶叶采摘、制作、销售为产业支撑，打造茶道和茶文化、采茶体验、研学旅行等多种旅游方式。王屋老街以民宿为依托，开发夜游、灯光秀、演艺等一系列活动，为王屋山景区引来了大量游客，形成了以民宿带动多业联动、多业融合的乡村旅游新业态，留下了更多的游客在此停留住宿消费。栾川县重渡沟在乡村民宿建设中，重点打造好民宿的休闲环境、景区的人文环境的同时，着力改变群众的经营理念，原来是相互攀比谁家的床位多，现在是比谁家的环境好，引导群众理解“有舍才有得”“房子是给游客住，游客满意才算好”“宁要一人住十天，不要十人住一天”，为游客提供更多的休闲空间和特色化服务项目。

（2）乡村民宿促进了文化产品的认知和消费。民宿的到来，建立了全新的乡村旅游文化认知体系和行动体系，民宿为乡村旅游带来了全新文化思维，城市与乡村、传统与现代、古老与时尚，在民宿跨界、混搭、融合、发展，为乡村旅游赋予了全新的文化内涵，开启了全新的文化表达与旅游转化形式，极大提高了乡村旅游的文化品位和附加值。如新县围绕民宿产业，加强特色旅游商品开发、民俗文化活动展演，将“文旅融合”和“沉浸体验”相结合，在民宿集群所在乡村，常态化开展地灯戏、花鼓戏、皮影戏、豫南民歌等非遗展演。结合“信阳菜”品牌打造，挖掘传统美食，举办农家厨艺大赛、特色非遗小吃大比武活动，叫响“大别山将军宴”“大别山乡宴”两大餐饮品牌，炒热了本土美食文化。修武县的“云上院子”精品民宿，在开发中力求修旧如旧，请来当地老工匠，重拾老手艺，尽可能利用老材料，拙朴的木家具、扎染的布艺、千年古槐、亿万年的石头，甚至带些沧桑气度的百年石屋剧场都让人眼前一亮、精神一振，演绎着“老村新生”的故事。

（3）乡村民宿促进了农村观光业消费。村民们利用闲置民房，开发建设民宿。一方面可以带动景区周边乡村的旅游住宿、餐饮、购物及配套设施的完善，拉动农副产品、土特产品的销售；另一方面让广大游客既能亲自体验特色农产品生产全过程，又能欣赏田园自然风光，拉长旅游产业链，带动周边观光农业的兴起和农村其他产业的发展。如西峡县陈河坡花海果香示范园区依托万亩猕猴桃观光园，打造集休闲观光、垂钓采摘、互动体验于一体的体验式民宿，受到广大游客的喜爱。通过民宿发展，大大增加了农产品的销售，“香菇宴”“山珍宴”“药膳宴”“农家宴”成为乡村旅游的美食品牌，同时各地的农副产品如西峡县的猕猴桃、香菇成了热销的旅游产品。当地村民通过房屋租赁、经营民宿、服务就业、农副产品销售等多种方式增加收入，实现了脱贫。济源市打造黄河沿岸小浪底乡村旅游带，全市初步形成了体系完善、布局合理、品质优良、百花齐放的乡村民宿发展格局。

（4）乡村民宿促进了传统文化的传承和消费。民宿不只是简单地提供食宿的经营场所，更重要的是能盘活存量资产、丰富旅游产品供给、活化乡村和社区、保护传统文化，还能带动当地就业，吸引原住民回归，提升乡村产业发展的同时推动生态保护，产生促进城乡协调、辐射带动多元的综合效益。新县“老家寒舍”民宿由一栋两层楼房和一个农家小院构成，房屋为斜顶瓦房结构形式，属于典型的豫南民居风格。农家小院充满田园风情，室内陈设尽显古朴典雅，是都市家庭前来休闲度假、体验乡村生活的首选之地。新县漫居民宿位于中国传统村落、中国景观村落、全国乡村旅游重点村丁李湾古村落，由杭州漫村文旅投资公司兴建。丁李湾古村落距今700多年历史，白墙黛瓦、雕梁画栋，是国内罕见的具有豫南特色的古建筑群。漫居民宿依托古村落建筑，规划打造民宿集群，涵盖50间客房及非遗活态馆、精品咖啡馆、文创集合馆等休憩空间，民宿外部古朴典雅、内部高端轻奢，适宜城市白领人群。漫居民宿是新县招商引资发展民宿的典型代表。南阳市依托原生态的古旧村落，对农村老旧房屋进行整体设计、加固、装修，保留原来的乡村风情和古朴厚重的文化底蕴，建成文化民宿村。重点打造了西峡县白庙民俗文化村、湾潭农耕文化村、木寨抗战文化村，南召县云阳镇石头村、小店乡石舍人家等一批文化民宿村，让游客体验古村落的神秘与静谧，感受古村落的文化底蕴。让古建民居得以保留、村落庭院得以绿化、民俗文化得以传承。

（5）乡村民宿促进了健康养老服务消费。一些民宿纷纷把发展康养产业作为发展新引擎，通过向游客展示中药种植、生产、中药炮制等情景，使游客了解对产品材料选择和制作工艺流程，零距离体验产品品质和中医文化，扩大了中医药保健等旅游商品的推广，延长了乡村旅游链条。如修武县将乡村美学教育、特色文化推广、农副产品开发等内容与民宿产业有机融合、联动发展。将太极养生馆、怀药养生餐、特色非遗展等业态走入民宿，丰富了民宿的产品内容，增强了宾客的入住体验，在最大限度保留乡土特色的基础上，提升乡村资源的溢价空间。一些乡村民宿通过与教育、培训、体育、健身等产业的融合，扩大了新型服务消费。如新县充分利用良好的生态环境和山地资源，将旅游景区（点）与周边山地、步道等体育健身资源整合起来，全力打造集红色教育、休闲度假、运动体验、康体养生、赛事观赏于一体的民宿线路。依托香山湖环湖旅游公路积极培植野外拓展、徒步骑行、户外露营、环湖自行车赛等山地户外体育旅游活动，形成新的消费热点。大别山露营公园是以房车露营、休闲度假、爱国教育、全民健身为主的新型旅游综合体，拥有房车、木屋、集装箱和民宿四种住宿形式，建成了集食、住、行、游、购、娱、教、养、商于一体的旅游新业态。

第三节 发展特征评述

我国乡村民宿在空间上呈现东部、南部、西南地区居多，呈现出围绕主要旅游城市或优质景区为依托的环绕式分布特征。消费升级推动乡村民宿产业发展。从需求层面来看，经济结构、税制、假日等改革促使国内旅游业消费需求升级，旅行者消费结构分化，个性化旅行需求主体增加，促使以社交、私人教练、出租自行车、寄养宠物、居家 / 办公等混合住宿形态的民宿快速滋生，充盈乡村民宿基础业态。旅行者对了解当地文化、与乡间经营者沟通、体验乡村生产生活等社会文化需求推动乡村民宿经营主体向规范化经营、标准化服务、个性化创新等维度提升民宿经营软实力，内化成为中国乡村民宿产业转型动力。

20 世纪 90 年代之前，中国旅游业处在起步阶段，基本的旅游活动较少，客观上缺乏乡村民宿需求。自 20 世纪 90 年代中期以后，随着社会经济的发展，人民生活质量的提高和收入的增加以及闲暇时间的增多，城市居民利用假期开始向往乡村田园生活，出现了最初级的农家乐形式的旅游产品，但是只能提供餐饮服务，没有其他更多的附加服务。改革开放之后，经济结构、税制、假日等改革促使国内旅游业消费需求升级，社会消费开始向文化、娱乐、休闲需求方向发展，产生了民宿领域新消费需求，出现了品位较高、环境较好的民宿产品，因此乡村民宿的出现是消费市场升级的结果。

从总体发展上来看，中国民宿发展已经历 1.0、2.0、3.0 三个时代，分别为以农家乐为主要特征的初始阶段，以产权和经营权分离、依赖“主人文化”的快速增长阶段和以高端化、专业化、品牌连锁化为特征、以民宿群落为主的品质提升阶段。

中国民宿1.0时代，主要体现为农家乐、家庭旅馆等形式，由拥有房屋的业主对房屋进行简单装修达到入住标准，以收取床位费为主要收入来源，房间数量较少，从业人员素质不高，主要为缓解一些地区旅游住宿难的问题。20世纪80年代，四川青城山附近独特的自然景观吸引了大量游客来此居住，诞生了国内最早的民宿雏形——“农家乐”，形成了体验与观光相结合的乡村旅游开发模式。80年代末期，成都龙泉驿桃花节将乡土田园和民俗文化相融合，打造休闲度假与娱乐相结合旅行体验，乡村民宿升级为个性化旅游产品。

中国民宿2.0时代，旅游民宿在硬件、服务上都有了较大改观，民宿经营出现了产权和经营权分离的经营模式，服务人员素质得到了较大提高，销售方式日趋多元化。2015年莫干山民宿发展成为民宿行业的旗帜，80多家精品民宿聚集在浙江省莫干山。随后，莫干山的民宿效应在全国被纷纷模仿，国内也掀起民宿建设的热潮，资本和创业者不断涌入。从2016年开始，全国民宿数量迅速增长，民宿行业正式进入品质提升阶段。

中国民宿3.0时代，2017年，伴随千宿科技、千里走单骑、云舍等民宿品牌相继提出“民宿群落”概念，中国民宿行业进入3.0时代，逐步实现民宿的快速转型发展。2018年国内民宿行业整体经过深度调整，一大批低端民宿遭遇洗牌，取而代之的是大量中高端民宿兴起。

乡村民宿的发展缘于旅游者的消费动机所形成的对于新的旅游产品消费的偏好和追求。乡村民宿对游客的吸引，不仅在于民宿建筑景观及其依附的自然文化环境，还要有可休闲的环境，与其他旅游相比，可能更突出“闲”，而非单纯“住”的概念，它是以民宿为切入点的各种旅游资源的集成。乡村民宿将住宿功能与乡村文化功能、乡村景观资源、乡村生态资源、农业观光功能融合在一起，以乡村景观的乡土化、乡村生活的原乡化、乡村业态的本真化、乡村文化的体验化为核心吸引力，所以当乡村旅游向消费的深度延伸的时候，必然产生对民宿的关注和呼唤。

数字时代，乡村民宿营销也早已脱离“口口相传”的地域性传播模式，进入线上信息大扩散时代，住宿业经销平台为中国乡村民宿产业获客率提升发挥重要的作用。经营团队化促使经营模式标准化。目前中国乡村民宿仍处于自持物业为主经营模式，但开放平台规模日益扩充。大多民宿是经营者直接通过平台对接消费者，线上平台收取相应的佣金。这种方式的优势是直销，挑战是诚信问题。开放平台属于B2C模式，主要房源来自村集体、民宿协会、民宿经营团队等，这些房源统一由经营团队的经理人带领团队负责管理。优势是开放平台为双方提供保险，挑战是存在同一房源交由两个不同的“房东”来进行出租。文化消费推动乡村民宿发展“地域化”。乡村民宿开发的重点在于充分发挥旅游地区位优势，其优势不仅仅体现在地域特色气候资源、自然环境等方面，更凸显在地域特色文化资源、乡村社区服务等。而乡村民宿经济专业化、个性化和舒适美观性更决定着乡村民宿经营的成败。一店一品、一村一品则成为民宿经营者和游客所追求的民宿价值所在，也将成为民宿在与其他产品竞争中最具有价值的原动力。经济发展激发的文化消费需求推动乡村民宿发展主题“地域化”，重塑乡村民宿的精神与灵魂。

Part 4

第四章　民宿消费市场供需特征

随着旅游人数的增长，乡村民宿需求规模逐渐增长且呈现多样化趋势；而消费市场不断变化引起的消费者需求的多元化、个性化，也催生了乡村民宿的发展，民宿经营者专业化、个性化、主题化的创新发展导致民宿多元化和差异化进一步加深。总体来看，乡村民宿旅游需求演化特征从传统的吃住型向体验型转变，伴随粗放向精细化发展，民宿类型也由同质化向个性化推进。

第一节　民宿消费特征

乡村旅游的本质是乡土人性结构的回归与重建，旅游者选择入住乡村民宿受到回归乡村、传统乡土情结的影响，回归乡土心理结构与田园精神是乡村旅游的根本动力源（陶玉霞，2015）。旅游者选择入住乡村民宿是基于旅游客源地和旅游目的地之间乡村性级差，追求与当下所不同的生活方式，远离喧嚣的都市、高强度的工作压力，以此来获得全身心的放松（Royo-Vela M，2009），乡村民宿为游客提供了融入乡村、体验乡村生活、感悟自然、社会交往等物质需求、体验需求和精神性需求。

通过对乡村民宿旅游者的入住意愿来分析，可以发现，选择入住乡村民宿的旅游者占到所调查人数的50.7%，说明乡村民宿市场具有较大的发展空间。2000—2019年，旅游人数总体上呈现出递增趋势，2020—2022年受到新冠肺炎疫情影响，旅游人数出现短暂下降。从乡村民宿的数量分析，乡村民宿数量自 2010 年起进入到迅速发展阶段，同期旅游人数也呈现出较快发展速度，客源数量增多，两者表现出协同发展态势。从旅游者入住乡村民宿的意愿和乡村旅游人数来分析，乡村民宿仍然存在较大的提升空间，一方面乡村民宿数量规模相对较小，另一方面接待能力参差不齐，部分乡村民宿的接待能力迫切需要加强。

通过对入住乡村民宿市场调查显示，主要客源市场群体为周边区域的都市居民。在需求偏好上，大学本科以上学历者对入住乡村民宿表达出较高意愿。从收入来源分析，在调查的旅游者中工资性的收入占到被调查人数的 58%，有着较为稳定的收入来源。从人口的户籍角度来分析，旅游者城镇户籍占到 62.93%，农村户籍人口占比相对较低，在旅游者选择入住乡村民宿过程中，城镇户籍的旅游者对乡村民宿表现出较高意愿。从家庭结构来分析，单身青年和结婚有小孩的群体选择入住乡村民宿比例较高，分别占到 45.29% 和 46.79%，这说明乡村民宿在青年游群体和家庭游群体中具有较高知名度。

第二节 民宿供给特征

乡村民宿兴起的逻辑起点主要表现为新消费需求的产生。消费市场不断变化引起的消费者需求的多元化、个性化，催生了乡村民宿的发展。民宿经营者专业化、个性化、主题化的创新发展导致民宿多元化和差异化进一步加深（朱应皋，吴美华，2007）。家庭承包责任制赋予了农民自主权，农民可以同时经营农业及其相关的二、三产业，这是农户进入乡村民宿产业的制度前提。农民在自主经营的土地中，已经由解决最基本的温饱转向实现小康生活等为主要目标。单一的农业生产限制了农民收入水平的提高，农民想获得更多的经济收入，需要改变传统单一的农业经营模式，通过拓展经营领域、从事非农生产经营活动等方式来获得较多的附加收益。同时乡村旅游业的发展为农户经营乡村民宿旅游提供了广阔的舞台。随着国家土地制度和农业经营制度的改革，农民就业与收入渠道大大拓宽，已经不再单纯依靠土地为生，逐步转变为多元化的包括乡村旅游在内的非农业经营模式。

乡村民宿在增加居民收入、促进乡村经济发展、优化乡村产业结构等方面发挥了重要的作用。其经营业绩与发展前景不仅受到经营者自身水平、家庭经济收入、民宿产品品质等内在要素的影响，还受到市场环境、旅游资源、基础设施、产业政策等外在要素的制约。

一、乡村民宿供给结构特征

根据中研普华研究院《2022—2026年中国民宿行业竞争格局及发展趋势预测报告》显示：近年来，日益改善的乡村环境与旅游设施让金穗生态园成为人们体验“归园田居”式生活的一大去处。乡村振兴成为最重点的工作内容之一，持续推进农村一二三产业融合发展、实施乡村休闲旅游提升计划、启动实施文化产业赋能乡村振兴计划等部署，为广大农民群众送来民生大礼包，也为文旅界带来政策春风。2022年中央一号文件提出实施乡村休闲旅游提升计划。“十四五”时期，旅游业发展仍处于重要战略机遇期，与此同时，进入新发展阶段，旅游业也面临着高质量发展的新要求。全面建成小康社会后人民群众旅游消费需求将从低层次向高品质和多样化转变，由注重观光向兼顾观光与休闲度假转变，这也为民宿旅游的发展提供了先天条件。

与此同时2022年3月9日途家民宿App发布关于乡村民宿的报告显示，2021年，途家平台上乡村民宿的订单量同比增长三成，为乡村房东创收逾20亿元。据途家民宿副总裁胡阳介绍，目前，途家平台上已经有200多万家民宿房源在运营，全国民宿已经超过350万家。其中，乡村民宿是疫情后增速最快的一个市场。途家平台上国内乡村民宿房源总量近80万套。从出游趋势来看，城市居民为乡村游主力军，北京、上海、广州、成都、重庆、西安等城市出行人数最多；“80后”“90后”预订乡村民宿的占比达到60%以上，亲子游、情侣、团队多人出行是主要出游群体；自然生态、果蔬采摘、农耕研学、手工制作、美食野味是最受乡村民宿游客青睐的体验活动，平均入住时长达到2天。

携程平台2022年2月初发布的数据显示，虎年春节本地游趋势明显，本地酒店、民宿订单量占比约60%，部分精品高端民宿更是出现了“一院难求”的现象。2022年春节期间，民宿行业的红火很大程度上取决于冬季疫情波动，疫情防控政策下，就地过年成为不少民众的选择，由此催生了本地游的热潮爆发，间接带动北上广深杭等大城市周边的民宿生意回暖。

根据中国旅游研究院《2021年国庆节假日旅游市场报告》的数据，游客平均出游半径为141.3千米，同比缩减71.7千米，目的地平均游憩半径13.1千米，同比缩减1.1千米，3小时经济圈缩短为2小时。受此影响，途家、小猪等民宿平台的订单数据显示，北京、成都、杭州、广州、深圳及周边度假民宿和乡村民宿预订大幅增长，其中独栋整院民宿订单量同比2021年春节上涨超过了50%。北京、上海、广州等一线城市以及成都、丽江、西安等热门旅游目的地依然是民宿行业的主要市场，订单量和房源量位居前列。随着民宿行业和相关产业链的快速发展，民宿的用户范围也在不断拓展，家庭出游、聚会轰趴、短期过渡、商务差旅等都让民宿需求大增。

民宿最初也许只是少数人情怀的载体，但近年来随着美丽乡村建设的推广和网络共享经济的发展，越来越多的人选择民宿作为出行住宿方式甚至旅游目的地，这也催生了民宿产业如火如荼的开展。随着国家交通网络布局的基本实现，交通区位条件不会成为主要问题，生态环境以及自然与文化景观的独特性，才是民宿选址的关键。此外，民宿客栈分布区域，较多位于大城市周边3小时经济圈内，文化底蕴较为深厚、民俗习惯保护较为完好的地区，这是市民高频出游的首选，也是民宿行业发展的主要方向。

二、乡村民宿的供给类型

（一）按所处位置分类

城市民宿。城市民宿坐落在城区。它可以是城中的古民居，也可以是城市居民利用自家闲置空房以家庭副业的形式对外接待客人的民房。由小村落发展而来，多以公寓大楼式的形式呈现，以现代风格的建筑为特色。

乡村民宿。乡村民宿分布在广大农村，具有比较浓厚的“村”味。也可以把建在城市或城郊的、按照乡村风格建设的民宿称为乡村民宿。以乡村文化为内涵，多依托景区或者地域特色资源而发展，乡土气息浓厚。

（二）按特色服务类型分类

特色服务型民宿除提供住宿服务之外，自身也是旅游吸引物，通常结合周边资源，打造温泉养生、乡村运动等特色主题，提供农业体验、生态观光、民俗体验、工艺体验等多项服务。

（1）农业体验型。以农林渔牧业为基础，融食、住、娱、休闲度假为一体的综合型民宿。如在传统的农业乡村中，除提供有农村景观、体验农家生活之外，并有农业生产方面的体验活动，配套观光果园、观光菜园、观光茶园等。在乡间小住数日让身体舒畅也让心情愉悦，享受漫食、漫游的生活，这趟旅程是田园之旅、是心灵之旅，更是难忘的假期。

（2）民俗体验型。以地理人文历史景观为特色，为游客提供休闲度假的民宿。如地方祭典、民俗传说、风筝制作等。

（3）度假休闲型。拥有海滨、草原、海岛、森林、雪山、温泉等独特旅游资源或是精心规划的人工造景，满足游客放松休闲需求。

（4）艺术体验型。体现出强烈的民宿主人的风格，有较多设计元素，客栈本身能给游客带来猎奇的心理，或提供一些个性化产品或体验活动。或者由民宿主人带领游客体验各项艺术品制作活动，包括陶艺、雕刻、绘画，制作木屐、果冻蜡烛、天灯等，游客可亲手创造艺术作品，体验乡村或现代的艺术文化飨宴。

（5）自助体验型。强调自助互助、实惠、不浪费，以社群生活和文化交流著称，住客多为背包客、夫妻或结伴而行的游客。

（6）复古经营型民宿。其住宿环境均为古厝会所整修，或以古建筑的式样为设计蓝图，提供游客深切的怀旧体验。

（三）按产权分类

按产权不同，民宿可以分私有民宿、集体所有民宿、国有民宿和社会民宿四大类。

私有民宿是指产权在每家每户，属个体私人所有，其主体是大量的民居型民宿。它们的产权归个人所有，自主管理，自主经营、自负盈亏。

集体所有民宿也分几种。一种是产权为宗族、家族集体所有，如南方地区的客家围屋。这种围屋规模大，房间多，功能全，历史较为悠久，由于牵扯的家庭多，一直没有进行产权分割。用这种民居改造成的民宿，其所有权为家族体所有。一般由家族组成理事会进行管理和经营。另一种是我国不少农村还留了集体所有制的民居，用这种民居做成的民宿具产权仍归集体所有。

国有民宿是近些年来新出现的民宿类型。主要是各级政府的国有企业收购民居或新建的成片民居。

社会民宿主要是指由社会资本，如私人、私营企业、企业集团等投资建经营的民宿。

（四）按主功能区分

（1）家庭副业型。在民宿业发展的初期，民宿主人并非以接待住宿游客为主业，而是家中恰好有部分闲置房屋可用于经营，于是凭借自身条件和能力向游客提供住宿场所。此时房屋的主功能区仍为家庭自行居住，民宿仅作为副业形式存在，这一特征也被认为是很多狭义的民宿概念中需要强调和厘清的关键点之一。

（2）家庭主业型。随着游客消费水平和民宿发展水平的提高，民宿的经营目的逐渐转变为致力于为游客提供一个安静舒适的住宿场所，部分经营者也由最初的仅将民宿作为副业转变为以此为主业进行经营。

（3）专业经营型民宿。在意识到民宿市场的广阔前景后，一些专业的团体或个人开始有计划地投资和运营民宿。这类民宿从规划之初便投入了大量人力、物力。首先，在建筑风格和室内装修上，会明显融入经营者的设计理念和风格，同时注重结合当地文化特色或凸显特殊的主题概念；其次，设施设备选择考究，会根据各民宿的具体情况选择有质感或有设计感的文创产品，整体和细节都做到精致；最后，经营者多为专业的管理人才，注重服务品质和游客满意度，有能力和精力为游客提供更为专业和高水准的产品。

第三节 民宿需求特征

一、乡村民宿旅游需求成因

乡村民宿消费市场的研究需建立在现代经济学的消费理论之上，并结合乡村旅游消费者的特点，才有助于认识乡村民宿消费的市场行为规律。1936 年，凯恩斯的消费理论认为消费主要取决于人民对现期可支配收入的基础之上，并受收入因素的制约（宋承先，1997）。杜森贝利在凯恩斯消费理论的基础上，提出相对的消费观，消费行为受到消费倾向和消费习惯的影响。弗里德曼在 1957 年提出基于持久收入和暂时收入的消费行为理论，家庭消费是基于家庭持久收入基础之上受暂时收入波动影响下，所形成的消费效用最大化的选择。莫迪里安尼消费理论认为消费者消费行为与其收入之间存在着正比例的关系，长期来分析消费者的平均消费倾向是稳定的。丁忆提出旅游消费函数受到收入因子、流动性约束因子和不确定性因子共同作用的结果，其表达式如下。

$$C=(y, l, u)$$

式中，C 代表旅游消费，y 代表收入，l 代表流动性约束因子，u 代表不确定性因子。

厉新建、张辉（2002）在 Leipr 的旅游系统模型的基础上提出“双向 O–D 模式”即“哑铃模式”，认为旅游者从旅游客源地通过旅游通道前往旅游目的地产生旅游消费。游客对旅游目的地影响大小受到多重因素的制约。从客源地消费者角度来分析，消费者个体社会经济特征、旅游行为特征、社会交往因素、旅游情境、旅游满意度、地方政策和消费限制等因素，均会影响旅游者的消费意愿和旅游选择；从旅游目的地的供应角度来看，以人力、服务、设施、资源、资本、环境六大服务要素所构成的旅游目的地所形成的旅游吸引力均会对旅游者产生或大或小的影响；从旅游通道来分析，其连接了旅游客源地和旅游目的地，受到政府制定的制度创新和规制的影响，并且政府作为特殊的旅游利益主体存在于旅游经济运行中，对旅游市场结构、旅游供给者行为和游客的需求特征产生重要影响。

中国乡村旅游的发展，一方面是由于城市化和现代化快速发展，使人们产生了回归田园和自然的精神渴求，另一方面是农业和农村地区伴随着农民外部就业的增长，逐渐走向空心化。政府为了解决“三农”问题，为了提高农民收入、拓宽就业渠道、改善乡村面貌，进而实施了一系列的推动乡村旅游发展的有力举措，其中乡村民宿便是乡村旅游发展到一定阶段而衍生出来的高级产品。

二、乡村民宿旅游需求演化特征

（一）从传统的吃住型向体验型转变

早期乡村民宿尚未形成规模，接待游客以本地散客为主，游客规模较小，季节性较强。国家出台大力支持乡村旅游业发展的政策，为区域乡村民宿产业的发展提供了有效指导。该时期乡村民宿消费者消费主要表现为以传统吃住型基本需求为主，乡村民宿的发展缺乏行业规划指导和政策支持，乡村民宿的空间布局和室内装饰设置基本处于农家院的原有形态，在服务上缺乏住宿的服务标准，乡村民宿经营者往往将自己所住房屋腾出来供游客居住，乡村民宿基本上只满足“住和吃”的基本要求。随着乡村民宿的逐步发展，乡村民宿消费者数量不断提高，出现了专门乡村民宿供给，供给能力和水平逐渐提升，乡村民宿消费者期望在旅游过程中获得多重满足，消费需求由传统吃住型转变为体验型，包括体验乡村田园风光、生产生活、民俗文化等。

（二）从粗放型需求向精准型转变

2011 年开始，国家在原有支持乡村旅游发展政策的基础上，进一步明确提出了有关土地使用、乡村金融、税收优惠等乡村旅游产业支持政策，之后出台了一系列相关配套支持政策；相关政策的提出表明乡村旅游将作为乡村扶贫产业来规划发展，同时为我国乡村扶贫奠定重要的政策基础。2016 年，乡村旅游业上升到乡村居民致富的支柱产业地位，提出依托乡村旅游业开发多元化的乡村旅游产品，扩大乡村居民增收渠道；2017 年颁布的《乡村旅游扶贫工程行动方案》提出，在乡村环境、扶贫公益、乡村电商、企业帮扶、乡村创客、模式创新和人才机制方面，促进乡村旅游助推乡村扶贫工作。同年，出台了“旅游+”的产业政策，拓宽了乡村旅游政策空间，并通过农业供给侧结构性改革，来助推乡村旅游业迅速发展。依托国家乡村扶贫产业发展政策和一系列惠农政策的出台，乡村民宿产业也获得了迅速发展。乡村民宿数量逐渐增加，乡村民宿也处于服务提升、迅速发展阶段，逐渐摆脱了传统初级的“农家乐”模式，体验农家生活、品尝地域特色美食，成为该时期乡村民宿发展的重要特点。民宿室内布置上也逐步提高了基础设施水平，出现独立的卫浴和客房单间，也为游客提供棋牌室、摄影、美食制作、捕鱼、特色产品售卖等相关服务，乡村民宿为游客提供多元化、个性化、生态化的消费体验。

该阶段，乡村民宿消费者决策趋于理性化，追求乡村民宿消费效应的最大化，乡村民宿基本能够满足城市居民追求新的生活方式、享受乡村生活的乐趣，并在旅行中感受到乡村较为原始的生活方式和自然生态。同时出现了小规模以休闲度假、地域特色文化体验、地域风情观光等较为专业高端的乡村民宿产品，这为游客提供与传统的农家别院的乡村民宿完全不同、且品质更高的旅游体验，使乡村民宿的消费需求由粗放向精细化转变。

（三）从同质化向个性化需求转变

2017年，党的十九大报告提出了乡村振兴战略，乡村的发展进入到国家更高战略发展规划，这为乡村民宿的发展提供了重大机遇。2018年，提出了通过发展乡村旅游来带动乡村居民创业就业。同年12月，十七个部委联合出台了促进乡村旅游可持续发展的指导意见，为乡村民宿的发展提供了政策支持力度；2019年，提出通过加强完善乡村基础设施来发展适应城乡居民发展需要的休闲旅游业；2020年提出推动乡村产业融合，完善乡村产业链。该阶段，由于面临着全国的脱贫攻坚重任，乡村民宿产业更是作为乡村旅游发展的亮点示范，全国范围内进行了大力扶持和建设支持，以此来拉动乡村地区资源的变现和增值，进而使乡村民宿产业的发展成为有效推动脱贫攻坚成果的重要模式。

同期，随着大量的市场资本注入到乡村民宿供给市场，乡村民宿进入市场转型发展期，原本由农户所经营的部分民宿因经营不善而被迫转型，部分乡村民宿被外来资本所兼并，乡村民宿在服务设施水平和服务能力方面得到有效提升。同时受到国内民宿产业发展环境改善及其的影响，游客对乡村民宿的要求也逐渐提高。该阶段乡村民宿出现了更加多元化、多样式、多类型的发展状态，包括出现传统酒店式的标准型乡村民宿、乡村别墅式乡村民宿、独栋小院式乡村民宿、传统的乡村农舍式、野外帐篷式乡村民宿，多元化的乡村民宿供给类型，有效地满足了不同类型游客对乡村民宿的入住需求，推动了乡村民宿消费者消费需求由从同质化向个性化需求转变。

（四）乡村民宿消费需求趋向多元化

消费者对于旅游产品的消费受到多重因素的影响，旅游者出游目的的选择，代表着旅游者对景区的需求度和关注度。通过我国文化和旅游部发布的《中国国内旅游抽样调查资料 2020》（图 4.1）分析可以发现，当前国内旅游者出游更喜欢选择“亲近自然，感受山水风光”，但随着旅游者年龄的降低，对其关注度呈现下降趋势。“进行社交，结识新友”“放松购物，美食娱乐”“运动健身，冒险探索”三项旅游动机，呈现出随年龄下降，动机越来越强的旅游关注度。“00 后”对“逃离日常，回归自我”这一旅游动机的敏感度显著低于其他年龄段人群。“健康治疗，修养身心”这一旅游动机在不同代际受访者的选择中差异最小。

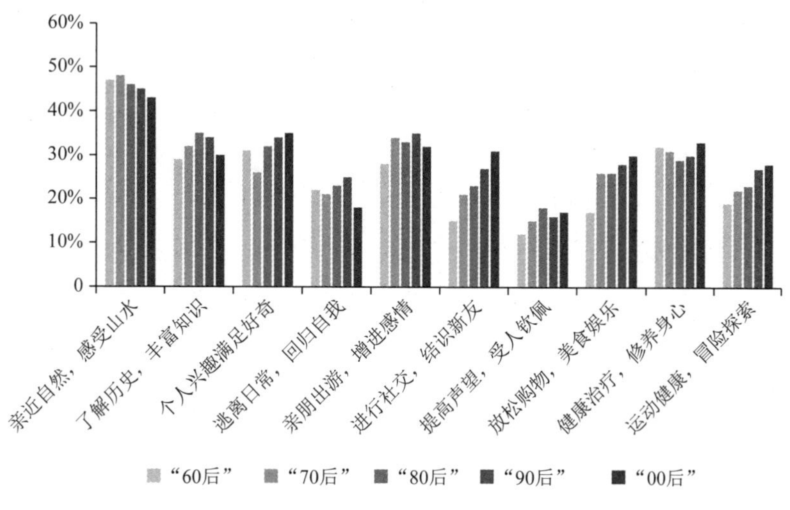

图 4.1 国内旅游者出游目的的选择

本章小结

本章分析发现乡村民宿供给市场受到多种因素的影响，影响当前区域乡村民宿供给水平的因素主要为乡村民宿经营者的水平和乡村民宿经营者数量这两个核心要素。因此，提升区域乡村民宿发展水平，需要进一步建立有效的要素优化、合理的经营模式，同时在政策补贴、公共服务设施配套、乡村环境优化方面加强衔接，共同推动乡村民宿发展的意愿和期望。

Part 5

第五章 长三角民宿集聚发展特征

全国范围内民宿发展情况呈现出极强的地理集聚特征，通过对比分析，发现同一集聚区内民宿往往具备相似的风格，区域内部的民宿产业发展也具有相同的阶段特征。长三角民宿旅游集聚区，是大陆目前发展最成熟的典型范例。该区域以莫干山地区为代表的多个民宿旅游集聚区，凭借其经济实力优势、区域交通便捷性、乡村现代化程度高、目的地资源特色性，为民宿客栈产业集聚奠定了扎实的经济基础和人文基础。研究该区域民宿旅游发展与集聚特征，可以为学术研究提供了很好的案例选择，对于全国民宿旅游发展具有极强借鉴意义。

第一节 长三角旅游的分布特征

一、长三角民宿旅游基本现状

长三角民宿旅游产业发展具有代表性。截至 2018 年 12 月去哪儿网数据显示，长三角地区民宿数量达到 34753 家，占全国民宿总数的 17%（见图 5.1）。已经初步形成以莫干山地区为代表的湖州、杭州、苏州、无锡、南京、上海等城市周边的民宿旅游集聚区。长三角地区民宿旅游类型多样，有高端精品型、乡间野趣型、避暑休闲型、历史文化型等，民宿旅游研究样本丰富。

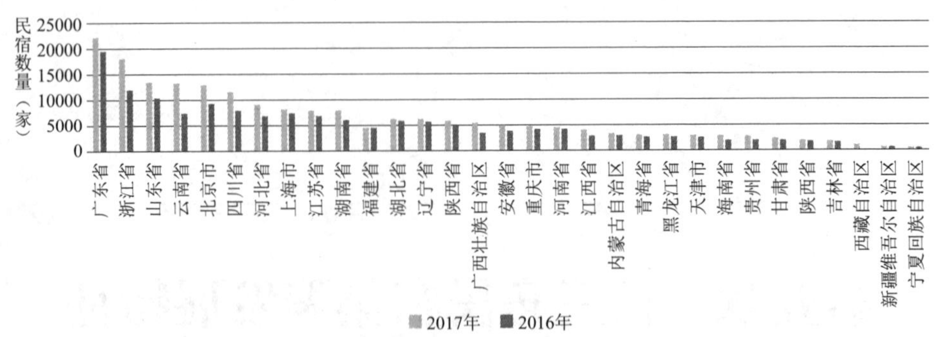

图 5.1　全国民宿数量统计

民宿所在区域经济区位优势明显。长三角地区是中国经济最发达的区域，具备良好的经济基础和优越的商务环境，是最具活力的经济区。2017 年，长三角地区实现生产总值合计 16.83 万亿元，约占全国 GDP 总量的 20.5%。长三角地区一直是经济和新业态发展领先区域，为长三角民宿发展奠定了良好的经济社会基础。

民宿所依托的旅游业发展成熟。长三角地区旅游资源丰富，区域经济发达，旅游交通便捷，是我国旅游发展排名前列的区域。截至 2017 年年底，长三角地区共有国家级旅游度假区 6 家（全国 26 家），国家历史文化名城 22 座（全国 129 座），中国优秀旅游城市 55 座（全国 337 座），国家级风景名胜区 27 处（全国 244 处），5A 级旅游景区 42 家（全国 249 家），中国传统村落 494 处。长三角地区旅游总收入 22176.81 亿元，旅游接待人数 15.69 亿人次。成熟的长三角地区旅游业，为民宿旅游发展提供了良好的外部环境和发展基础。

政府积极鼓励引导民宿旅游发展。长三角民宿旅游发展得到了政府的支持和引导，营造了发展的外部环境。杭州、湖州、丽水、宁波、苏州、无锡等都出台了鼓励民宿旅游发展的扶植政策，对于民宿发展给予资金支持。2018 年 10 月浙江开始实施《民宿基本要求与评价》浙江省地方标准，评选白金宿、金宿、银宿民宿，也极大促进了民宿硬件设施和软件服务水平的提升。部分地区政府还在注册、消防、公安等方面给予简化便利。

二、长三角民宿的空间分布特征

本节以民宿业最发达的长三角地区作为重点研究区域，以大型在线旅游网站作为数据获取平台，对获取的民宿客栈旅游数据和指标进行可视化分析，结合 ArcGIS 技术进行空间统计，总结出长三角地区民宿空间集聚分布的总体特征。

民宿数据主要来自于业内访问量较高、评价较好的去哪儿网客栈民宿频道，数据时间截至 2018 年 12 月 31 日，利用网络爬虫技术记录了长三角地区的 34573 个民宿客栈信息。按照民宿所在的地理位置，分别对 25 个城市区、县所在区域民宿数量、点位进行统计。

（一）研究方法

1. 最邻近分析

根据点要素在空间上的分布有均匀、随机和集聚三种状态，可用最邻近分析进行判别，其计算公式如下：

$$R_n = \frac{\bar{d}}{R_E}$$

$$\bar{d} = \frac{\sum d}{n}$$

$$R_E = \frac{1}{2\sqrt{\frac{n}{A}}}$$

Rn 为最近邻比率；d 是每一点到其最邻近点的距离；R_E 为理论最邻近距离，$\bar{d}$ 是表示点状事物之间的平均直线距离；A 为区域的面积；n 是研究区域内点的数量。当 $R_n > 1$ 时，空间点均匀分布，Rn 理论上的最大值约是 2.15，此时空间点呈均匀的六边形分布；当 $R_n = 1$ 时，空间点随机分布；当 $0< R_n <1$ 时，呈集聚分布，当 $R_n = 0$ 时，呈完全集聚状态。

R 值有标准差，使用 Z 值来代表其显著性，计算公式如下：

$$Z = \frac{d_i - d_0}{\partial d_0} \qquad \partial d_0 = \frac{0.26136}{\sqrt{N^2 / A}}$$

2. 核密度分析法

本文主要利用 ArcGIS 地理分析技术对统计数据进行空间可视化分析，研究区域性民宿产业集聚区的空间分布特征及其形成的内外部动力机制。密度分析是根据输入要素数据计算整个区域的数据聚集状况，通过密度分析，可以将测量的点或者线生成连续表面，从而识别空间要素的集聚区域；特别地，其中核密度分析（Kernel Density Estimation，KDE），基于搜索区内点的权重，可以更加平滑地呈现计算结果。

$$\hat{f}(x)=\frac{1}{nh^d}\sum_{i=1}^{n}K\left[\frac{h}{h}(x-x_i)\right]$$

其中，$K\left[\frac{h}{h}(x-x_i)\right]$为核函数，$h$ 为带宽，n 为在带宽范围内的已知点数目，d 为数据的维度。

3. 标准差椭圆分析

使用标准差椭圆可从全局的、空间的角度定量解释地理要素空间分布的中心性、方向性、空间形态等特征（赵璐、赵作权，2014）。标准差椭圆分析是通过分别计算 x 轴方向和 y 轴方向上的标准距离来测算区域发展的趋势。根据研究目的及研究尺度的不同，所选择的两个测算值形成的椭圆曲线包含不同数量的要素。依据椭圆曲线的面积、x 轴、y 轴的标准距离和旋转角度等信息可以观察研究对象的中心趋势、集聚程度和方向趋势等。其中，椭圆面积越小，x 轴、y 轴的标准距离越小，表示研究对象集聚程度越强，反之，越弱。

$$SDE_X=\sqrt{\sum_{i=1}^{n}(x_i-\bar{x})^2/n}\text{；}\quad SDE_Y=\sqrt{\sum_{i=1}^{n}(y_i-\bar{y})^2/n}$$

其中，x_i、y_i 是要素 i 点的坐标，（x_i，y_i）表示要素的平均中心，n 表示点数。

（二）长三角民宿的空间分布特征

1. 长三角地区民宿呈现集聚发展特征

通过空间最邻近分析计算后发现 $R=0.145<1$，表明长三角民宿点在空间上呈集聚分布状态，计算后的 $Z=-150.69$，P 为 0.00，表明集聚极显著。

2. 长三角地区民宿分布

呈现多核心组团状分布，由中部向两侧轻微递减。对长三角民宿旅游集聚区的民宿进行定点定位分析及核密度计算，结果（图 5.2）显示，长三角地区民宿密度集聚中心主要分布在上海、杭州、南京三个城市，占比高达长三角地区民宿总额的 55.12%。长三角地区民宿形成以上海市为中心的一级组团，上海作为长三角地区的核心城市，长三角地区民宿集聚发展最为显著的区域，无论是经济优势还是区位优势都为民宿这种新业态提供了良好的发展基础，民宿快速发展并集聚。二级组团以杭州市、南京市为核心，二级组团集聚区域内有发达的社会经济基础、良好的旅游发展条件和大规模的民宿旅游市场客源，凭借长三角中心城市的区位优势，成为民宿集聚发展模式最多样、规模最大、经营最成熟的区域。以苏州市、宁波市、湖州市、嘉兴市、舟山市形成三级核心组团。这些地区凭借自身得天独厚的旅游资源和长三角地区旅游客源共享的优势成为长三角地区民宿集聚发展显著区域，该区域有太湖、苏州园林、莫干山、普陀山、乌镇、西塘等旅游核心吸引物，是休闲度假市场的重要组成，为民宿集聚发展提供了资源优势。

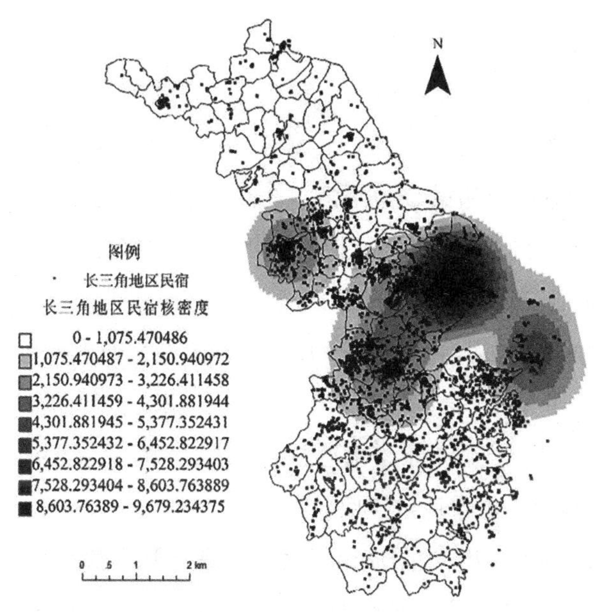

图 5.2 长三角地区民宿集聚现状

3. 长三角地区民宿集聚分布在核心景区周边

以3A级以上景区点位为中心分别建立了5千米、10千米和20千米的缓冲区，落在5千米缓冲区内的民宿占比71.15%；落在5~10千米缓冲区内的民宿占比17.52%；落在10~20千米范围内占比只有5%（见图5.3）。距离景区较近的5千米范围内民宿分布占比很高，在远离景区的区域民宿数量急剧下降。景区周边来往游客众多，对住宿的需求量大；而民宿在提供住宿的同时，还能提供享受本地乡土文化、特色美食等机会，增加了目的地吸引力。

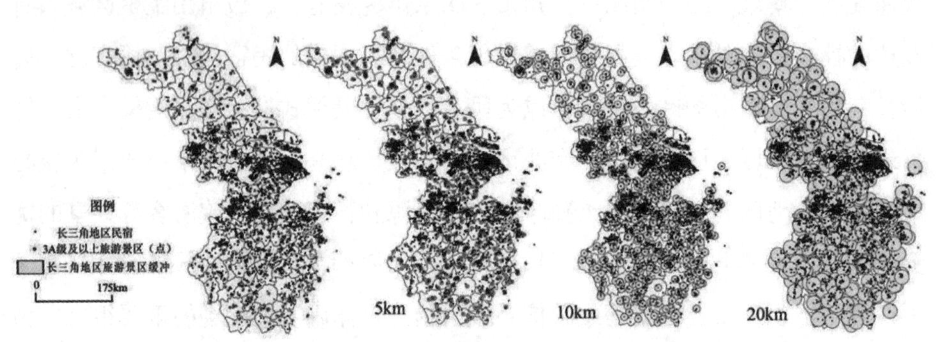

图5.3　长三角地区旅游景区与民宿缓冲分布

4. 民宿集聚分布于交通主干道

近年来，自驾成为旅游出行的主要交通。自驾游客可以自由选择出行线路、自由决定停车食宿地点，这一定程度了扩大了游客的活动范围。因此，民宿不再局限于景区周边的小范围内，在距离景区较远、交通条件便捷的区域也成为民宿分布的集中区域。以交通主干道为中心线分别建立了1千米、3千米和5千米的交通缓冲区，落在1千米缓冲区内的民宿占比32.74%；落在1~3千米缓冲区内的民宿占比39.10%；落在3~5千米范围内的民宿占比13.72%。在3千米范围内，民宿分布居多；5千米范围内的民宿占比总共达到了85.56%。可见，交通主干道附近也是民宿集聚的重点区域。

（三）长三角重点城市民宿空间分布

由于长三角地区涉及25个城市，由于篇幅所限不能一一列举每个城市的民宿空间情况。本节选取长三角地区25个城市中民宿数量最多、集聚度最高的上海市民宿为例，进一步分析重点城市民宿分布情况。

上海市民宿呈现集聚分布状态（图 5.4、图 5.5），主要分布在黄浦区、徐汇区、杨浦区、虹口区、静安区、普陀区以及浦东新区，其中以黄浦区为最集中区域，呈现以黄埔区为核心向两翼递减的分布格局。该区域是上海的主城区范围，是上海市经济、金融、贸易、旅游等主要区域。黄浦区是金融机构最密集的区域，交通便利，同时也汇集了外滩、人民广场、南京路步行街、豫园、老城隍庙等知名旅游景区，商务与旅游客人众多。浦东新区民宿分布也较为集中，浦东新区经济发达，2016 年 GDP 占上海市国内生产总值的 31.8%，浦东新区会议展览业发达，2016 年全年举办各类展览 288 个，旅馆客房出租率 68.4%。浦东新区旅游业发达，上海迪士尼、东方明珠电视塔、世博园等著名旅游景区也在该区域，为民宿发展提供了核心依托资源。

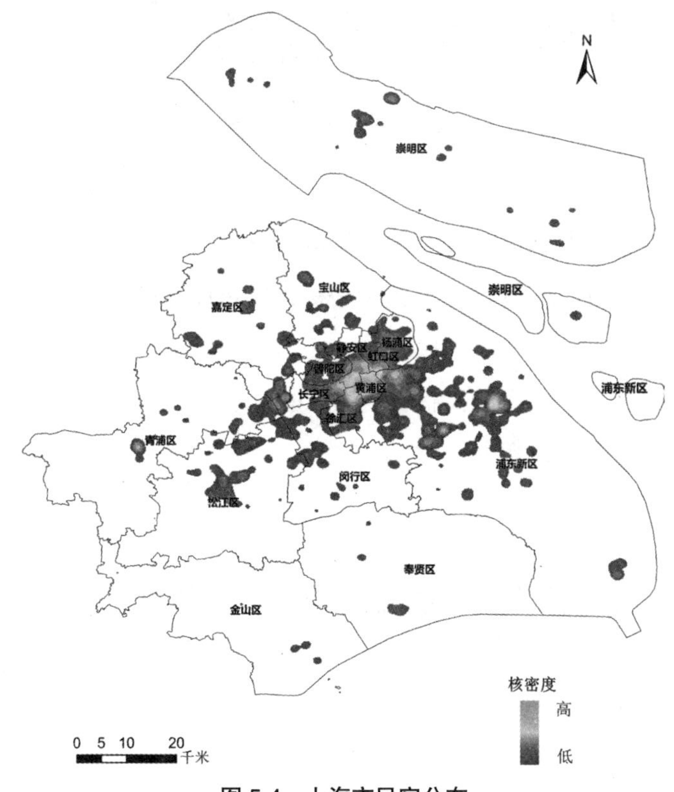

图 5.4　上海市民宿分布

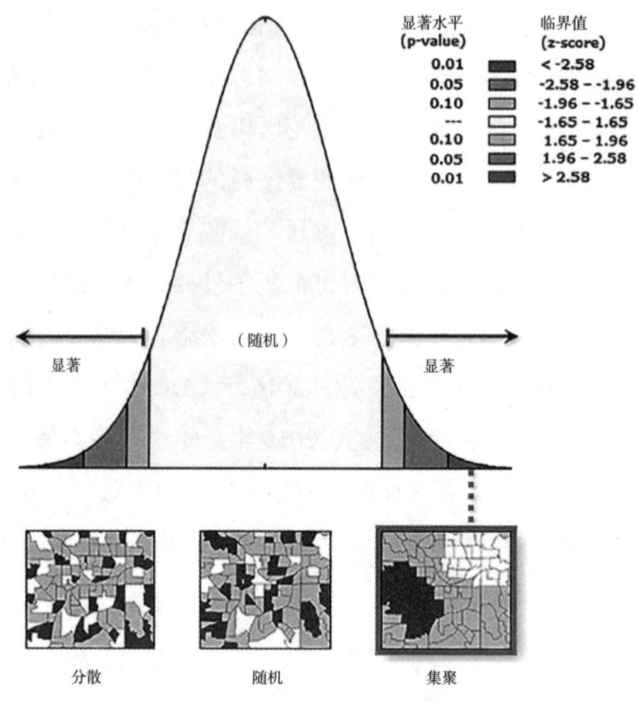

图 5.5　上海市民宿核密度

上海的民宿主要以城市民宿，以公寓为主要类型。与乡村民宿独门独院不同，城市民宿涉及物业管理、邻里关系、治安管理、消防安全等多方面因素。2017 年 6 月 15 日，《浦东新区关于促进特色民宿业发展的意见（试行）》正式出台，作为上海首个关于民宿业发展的政府指导意见，为民宿业合法发展提供了政策依据。上海的民宿很多与 Airbnb、途家、小猪短租等在线平台合作，依托网络进行短租。

第二节　基本特征与识别方法

Molefe 提出旅游产业集群是指地方旅游活动的地理集中，形成基于旅游活动的旅游产业价值链。通过集群集聚，合作可以提高竞争力，或者加速经济发展（冯卫红，2007）。旅游集群是旅游核心吸引力、旅游企业和与旅游业相关的企业和部门聚集在一定地理空间内，为了实现共同目标，建立了密切的关系，共同致力于提高其竞争力。旅游集群并非由地理范围界定，而是更关注特定市场与活动之间的经济联系（尹贻梅等，2004）。

一、民宿旅游集聚区的基本类型

对于产业集聚区发展模式的研究，学界已经开展了大量研究。其中最具代表性的产业集聚区模式就是马库森（Markusen）产业集聚区模式，是美国学者马库森在 1996 年针对制造业提出的集聚模式，分为马歇尔式新产业区模式、中心辐射模式、卫星平台模式、政府主导模式。马库森产业集聚区模式对于研究现代服务业、旅游业、民宿产业集聚模式都具有很重要的参考价值。

民宿旅游集聚区可以根据形成方式、依托资源等进行类型划分：

（一）根据民宿旅游集聚区形成方式划分

市场主导型民宿旅游集聚区，是市场发挥主导作用自发形成，主要是该区域供给与需求的市场条件成熟而形成民宿旅游集聚区雏形，初期可能是一些有情怀的城市里的人因为喜欢乡村生活来到该区域开办民宿，或者该区域靠近旅游消费者、或者土地价格较低等原因开始自发集聚，需要较长周期才能形成较为成熟的民宿旅游集聚区。国家或地方政府在民宿旅游集聚区发展初期一般不进行过多介入和指导，到民宿旅游集聚区发展到一定阶段后政府才会参与，发挥相关的管理、监督、统筹和促进民宿发展的作用。

政府主导型民宿旅游集聚区，指以政府为主导，统一规划、开发建设的集聚区。当区域市场条件不具备或不充分时，由政府综合考虑当地特色旅游资源和发展基础，统筹制定相关发展规划，部署发展战略，通过政策倾斜、资源优化配置来推动民宿产业集聚发展。与市场自发型民宿旅游集聚区不同，政府在集聚区发展过程中起到主导作用，政府制定优先发展产业的总体规划，提供基础设施建设，通过政策引导、资金投入、资源配置向该区域集聚，统一规划、统一促销，集聚区形成周期较短，基础设施完善，外部发展环境良好，可以集中优势力量进行产业发展。但同时，政府主导型的集聚区容易出现市场活力不足、政府政策与现实发展状况不匹配等情况。该类型集聚区区位选择、发展政策等都非常重要。

（二）根据民宿旅游集聚区所在地区划分

城市民宿旅游集聚区，是指民宿所集聚的区域主要是城市。城市民宿在交通便利、物业环境较好、距离相关景区景点较近的居民小区、公寓大楼发展起来，最初可能是居民个人闲置房屋的出租利用，后续有更多专业化公司介入城市民宿运营。有的城市居民小区甚至成为网红民宿社区。

乡村民宿旅游集聚区，是指民宿所集聚的区域主要是乡村。以乡村文化为主题，依托当地特色资源，结合乡村环境，开展体验式的住宿形式。乡村民宿旅游集聚区目前是投资的一个热点。乡村民宿旅游集聚区的发展对于乡村振兴、提升乡村活力具有重要的意义。

（三）根据民宿旅游集聚区所依托的旅游资源类型划分

依托旅游资源的民宿旅游集聚区。民宿旅游作为旅游产业的重要组成部分，与其他服务业相比，更加依赖资源条件。民宿旅游集聚区发展依托的旅游资源包括自然旅游资源，如旅游景区、风景名胜区、温泉等，也包括人文旅游资源，如传统古村落、古镇、历史遗迹遗址等。高品质的旅游资源是民宿旅游集聚区依托的基础条件。

依托交通区位的民宿旅游集聚区。旅游交通是客源地和目的地重要连通手段，交通是旅游者选择旅游目的地的重要影响因素。基础交通设施完善的地区，增加了游客到达目的地的便利性。距离主要城市便利，方便旅游出行度假，民宿产业在此区域集聚发展。交通区位方便的民宿旅游集聚区有效降低游客时间成本。

（四）根据民宿集聚区开发模式划分

租赁开发，是指民宿房屋产权所属不变的情况下，通过租赁形式获得当地居民单个房屋或整个乡村开发和经营的权利。一些乡村房屋坐落在自然资源较好的地区，但是由于原住村民外迁或常年外出务工，致使房屋空置。民宿经营者通过整体租赁方式，对房屋进行装修改造，打造成符合现代住宿需求的民宿旅游集聚区。这种模式一般是 10 年或 20 年的租赁年限，不需要投入土地买卖及房屋建筑成本。

产权式改造，产权改造是在拥有房屋产权的前提下对其房屋建筑进行改造。产权式改造的优点在于可以按照发展和经营规划对房屋进行全面彻底的改造，可以方便统一管理和运营。但是取得产权需要前期支付相关费用，前期投入较高。

产权式开发，即民宿旅游集聚区新项目开发，与房地产项目开发类似，对整个村庄进行整体改造开发，这种方式自由度大，一般是由有实力的大企业统一实施完成。整个项目的策划实施非常关键。

（五）按集聚区空间形态划分

轴线型集聚区，指民宿旅游集聚区依托交通干线、河流、绿道、沟域规划发展，这类集聚区的空间形态是轴线型的，交通干线、河流、绿道、沟谷、山岳等就是该集聚区的中央轴线，集聚区分布在中央轴线两侧的一定地域辐射区范围内。

面状集聚区，指民宿旅游集聚区以行政区划界限进行规划发展，这种集聚区一般是面状的空间形态。根据“点—轴”理论，集聚区的发展是由几个点逐渐发展成轴线，最终扩展到面的空间发展状态。

二、民宿旅游集聚区的主要识别方法

目前产业集聚区识别方法包括区位熵法、钻石模型分析法、投入产出分析法、主成分分析法、多元聚类法、对应分析法与图论法等。产业集聚区测度的方法主要包括赫芬达尔指数、空间基尼系数、E–G 指数、区位熵指数、产业基尼系数、行业集中度等（表 5.1）。

表 5.1　旅游产业空间集聚的主要识别方法

技术方法	公式	研究层面	关注点
产业集聚特征分析	—	宏观	区域旅游产业整体发展情况
赫芬达尔指数	$H=\sum_{j=1}^{n}(X_j/X)=\sum_{j=1}^{n}S_j^2$	微观 中观	旅游产业规摸地理分布的集中度

续表

技术方法	公式	研究层面	关注点
空间基尼系数	$G=\sum_{i=1}^{n}(S_i-X_i)^2$	中观	旅游产业空间不均衡程度
产业基尼系数	$G_i=\frac{2}{m^2\overline{C}}\left\|\sum_{j=1}^{m}\lambda_j\mid C_j-\overline{C}\mid\right\|$，其中：$C_j=\frac{S_{ij}}{\chi_j}$，$\overline{C}=\frac{1}{m}\sum_{m}C_j$	中观	旅游产业收入不均衡程度
E–*G* 指数	$\gamma=G-(1-\sum_{i=1}\chi_i^2)/(1-\sum_{i=1}\chi_i^2)(1-H)$	微观 中观	旅游产业空间分布程度
区位熵指数	$LQ=(\sum_{j=1}^{m}\left\|\left\|e_{ij}/\sum_{i=1}^{m}e_{ij}\right\|/\left\|E_{ij}/\sum_{i=1}^{m}E_{ij}\right\|\right\|)/\sum_{i=1}^{m}j$	中观	旅游产业空间地理分布不均匀程度
行业集中度指数	$CR_n=\sum_{j=1}^{m}q_j/\sum_{j=1}^{m}q_i$	微观 中观	规模最大的 *n* 个地区或企业的比重
哈莱克依指数	$HK=R\frac{1}{1-\alpha}=(\sum_{j=1}^{N}S_j^{\alpha})^{\frac{1}{1-\alpha}}(\alpha\neq1)$	微观 中观	产业专业化程度
旅游产业区域集聚度指数	$\theta_i=\left[(\sum_{j=1}^{m}\sqrt{(X_{ij}-\overline{X}_i)^2})/(2\sum_{j=1}^{m}X_{ij})\right]\times$ $[(m-k)/m]$，其中，$\overline{X}_i=\sum_{i=1}^{m}X_{ij}/m$	微观 中观	旅游产业中各行业空间分布不均匀程度

来源：高楠，马耀峰等，基于“点—轴”理论的陕西旅游空间结构研究［J］. 干旱区资源与环境，2012，26（03）.

国外对于产业集群识别有具体的统计标准。意大利政府在 1991 年对产业集群（工业园区）在法律层面做了明确规定。意大利威托尼大区 2002 年通过的 23 号法案规定产业区需具备两个主要特征：一是生产系统中相关企业高度集中；二是支持地方经济活动，发挥重要作用。企业数量不少于 80 家，雇员不少于 250 人，企业制度和当地机构发展条约也是确定工业区的重要条件。法国的标准是当地有中小企业的集聚，这些企业从事一项或几项产业活动，企业间有竞争也有合作，地域范围内还包含其他商业服务、设计开发等企业。挪威要求 LQ（Location quotient）系数≥ 3，且至少有 10 家工厂及 200 名以上工人。英国要求 LQ 系统 >1.25 或从业人口超过当地劳动力的 0.2%，对集聚中的企业负责人、政府官员、学者进行访谈确认可以成为集群。我国并没有具体的判定指标，产业集聚区的提出也相对随意。

旅游业目前采用旅游卫星账户的方法进行统计，对于投入产出表的统计口径还存在一定的争议。目前还不能应用投入产出分析法对旅游产业集聚区进行判定。民宿旅游集聚区是更加微观的旅游产业集群表现形式，投入产出数据更加难以获取。投入产出分析法、主成分分析法等成熟的产业集群判定方法很难应用在民宿旅游集聚区的判定上面。目前学界应用较多的钻石模型和图论法。Scott N 等图论法对澳大利亚 4 个案例地进行访谈，用社会网络特征判断产业集群发展阶段（图 5.6）。

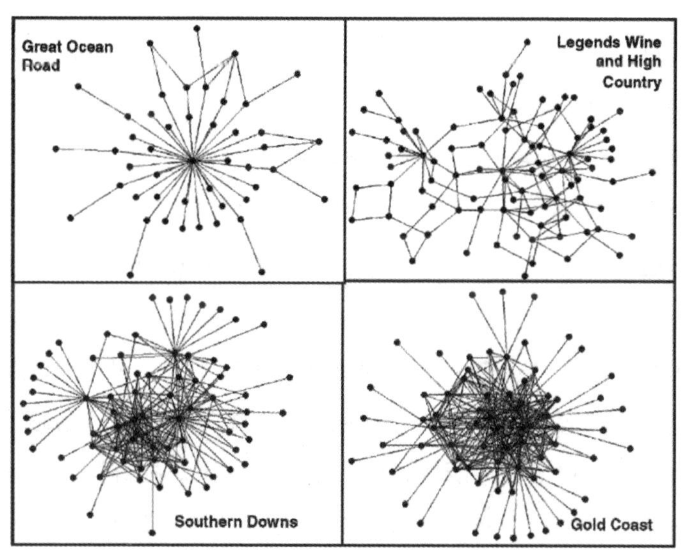

图 5.6 旅游地社会网络分析

来源：Scott N，Cooper C，Baggio R. Destination Networks：Four Australian Cases［J］. Annals of Tourism Research，2008，35（1）：169-188.

三、民宿旅游集聚区的基本特征

民宿旅游集聚区是一群具有特定联系的民宿及相关企业在一定空间区域内集聚而形成的集合体。具有以下特征：

（一）地理空间集聚性

这是民宿旅游集聚区最重要的特征。地理空间集聚能够产生外部规模经济、形成市场竞争优势。民宿旅游集聚区内部企业之间存在着竞争合作关系。民宿单体规模较小，客房一般在3~15间，很难实现大的旅游接待量。在集聚区内，集聚有一定数量的民宿后，可以实现接待能力的规模性递增。单个民宿通过自身品牌招揽客源的能力很弱，通过外部规模效应，可以形成整个民宿旅游集聚区在旅游市场上的区域品牌，扩大影响力。

（二）集聚核心化

民宿旅游集聚区的形成和发展都是依托一定的核心吸引力开展，民宿集中分布于经济发达城市周边、旅游资源丰富地区以及交通主干道附近等。民宿需要与当地特色的历史人文景观、自然生态景观以及生活生产活动结合起来，与旅游活动开展相结合，才更具吸引力，而不是孤立发展。民宿旅游集聚区范围内存在一个集聚核心，使得民宿和相关产业围绕该集聚核心发展。

（三）产业关联性

在民宿旅游集聚区内并不是简单的民宿靠近和集中，而是与民宿相关的上下游企业关联在一起，形成专业化的产业链条，相关企业相互依存、相伴而生。从民宿和旅游产业链上企业的网络合作关系看，民宿旅游集聚区的相关企业不仅包括民宿建设运营密切相关的建筑材料供应商、设施设备供应商、食品供应商等，还包括民宿所依托的大型旅游景区、旅行社、OTA等，同时还延伸至旅游商品销售、布草清洗、客房保洁、广告策划、技术与技能培训企业等，形成以产业链条为纽带的专业化分工与协同合作的网络体系。

（四）高度专业化

民宿旅游集聚区的专业化程度高，一方面是指集聚区内的民宿产品专业化，集聚区内虽然也有其他的旅游相关产业，但是主要以民宿为核心产业，民宿发展专业化程度高，具有地域代表性。民宿旅游集聚区可以为游客提供多样性的住宿体验产品，具有客源共享的规模经济效应，降低了单个民宿与游客的交易成本和风险。另一方面是指民宿旅游集聚区内相关产业分工的专业化。每个企业只选择自己最具核心竞争优势的业务，集聚专业化人才，积累专业化技术和管理知识，降低组织和生产成本，获得差异化发展优势，提高整体生产效率。

（五）企业网络化

民宿旅游集聚区在一定程度上是某一区域范围内形成的企业网络，包括正式的合作网络和非正式的合作网络。正式的合作网络是通过合同、契约等确定的具有法律效力的正式关系，非正式的合作网络则是企业之间、企业与社区之间信任和承诺而形成的非正式企业关系。这种网络化的关系可以增强集聚区内的企业凝聚力，提升整体竞争优势。

第三节 民宿旅游集聚特征

长三角地区的民宿发展一直在全国具有引领作用，长三角地区的民宿依靠优美的自然环境、独特的人文底蕴和特色的旅游服务吸引了众多游客前往。长三角民宿旅游的集聚主要体现在民宿旅游集聚区的发展上。依托上述对民宿旅游集聚区的识别方法研究，本文选择密度识别法，基于长三角民宿的空间分布特征，进一步基于基尼系数计算，可以判断民宿的分布均匀情况，其基尼系数介于 0~1，值越大，表明集中程度越高。

$$G = \frac{-\sum_{i=1}^{N} Pi * \ln Pi}{\ln N}$$

基于行政区间和密度分布计算，长三角地区共有 30 个民宿旅游集聚区（图 5.7）。可以发现，长三角旅游民宿集聚区空间分布并不均衡。基于 30 个集聚区，进一步分析民宿旅游集聚区的发展类型、发展规模，发展模式，总结其特征和发展阶段。

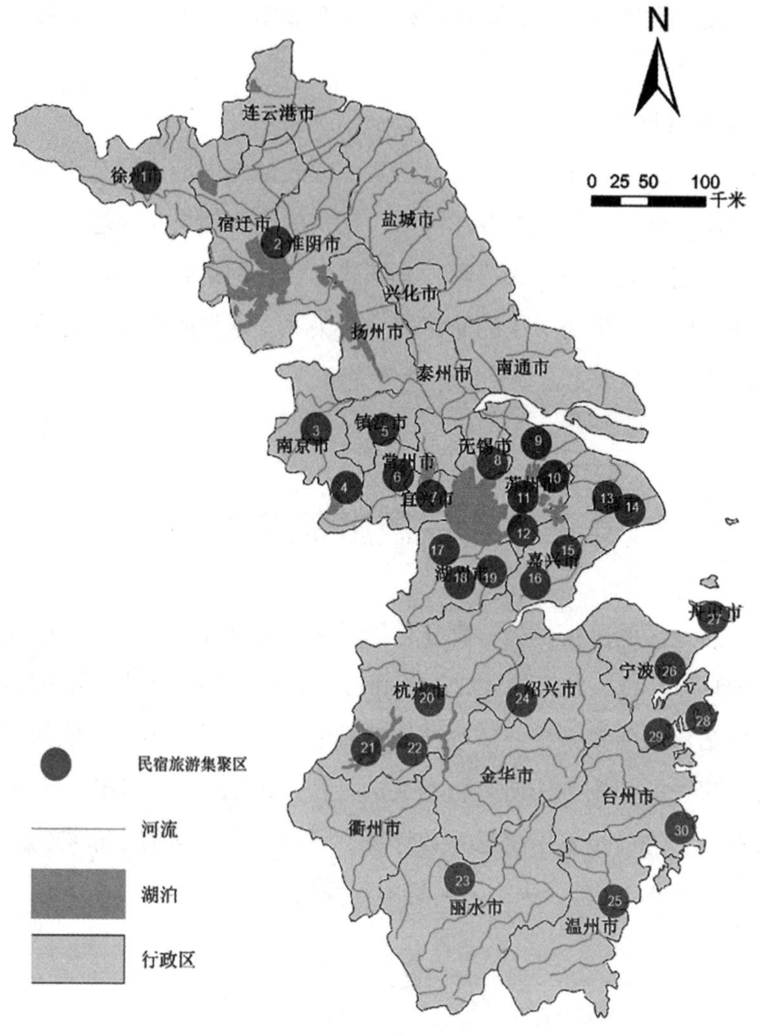

注：

1 徐州云龙湖民宿旅游集聚区	2 洪泽湖民宿旅游集聚区	3 南京北部民宿旅游集聚区
4 南京南部民宿旅游集聚区	5 环茅山民宿旅游集聚区	6 溧阳天目湖民宿旅游集聚区
7 宜兴民宿旅游集聚区	8 无锡民宿旅游集聚区	9 周庄民宿旅游集聚区
10 沙家浜—阳澄湖民宿旅游集聚区	11 苏州环太湖民宿旅游集聚区	12 同里民宿旅游集聚区
13 上海黄浦民宿旅游集聚区	14 上海浦东新区民宿旅游集聚区	15 西塘民宿旅游集聚区
16 乌镇民宿旅游集聚区	17 长兴县水口乡民宿旅游集聚区	18 安吉民宿旅游集聚区
19 莫干山民宿旅游集聚区	20 杭州西湖民宿旅游集聚区	21 临安民宿旅游集聚区
22 富春江民宿旅游集聚区	23 丽水松阳县民宿旅游集聚区	24 绍兴民宿旅游集聚区
25 温岭民宿旅游集聚区	26 余姚四明山民宿旅游集聚区	27 舟山民宿旅游集聚区
28 象山民宿旅游集聚区	29 宁海民宿旅游集聚区	30 天台山民宿旅游集聚区

图 5.7　长三角民宿旅游集聚区分布

一、长三角民宿旅游集聚区的分布与特征

长三角民宿旅游集聚区具有地理空间集聚性。马歇尔关于产业集聚的外部性理论，是产业集聚和发展机理分析的经典代表。马歇尔（1890）提出产业集聚理论，提出劳动力市场共享、专业化投入和技术服务、知识外溢是三大主因，解释基于外部经济的企业在同一区域集中的现象。民宿旅游集聚区内民宿数量众多，基本以拥有 3~15 间客房的小型民宿企业为主体，投资主体主要是民营主体投资。少数地区有大型旅游集团或地产集团进行整体开发运营。民宿之间的联系较少，但是核心民宿与其他小型民宿之间也存在客源输送等联系。长三角民宿旅游集聚区的形成和发展都是依托知名旅游资源的核心吸引力开展，与当地特色的历史人文景观、自然生态景观以及生活生产活动结合起来。民宿旅游集聚区范围内存在一个集聚核心，如杭州西湖民宿旅游集聚区主要是以西湖风景名胜区为核心，莫干山民宿旅游集聚区主要以莫干山风景名胜区为核心，环太湖民宿旅游集聚区主要以太湖风景名胜区为核心等，民宿和相关产业围绕该集聚核心发展。区域内民宿发展水平参差不及，既有精品民宿，客房均价在千元以上，也有农家乐，客房均价百元左右。部分民宿旅游集聚区内已经形成以产业链条为纽带的专业化分工与协同合作的网络体系，包括民宿建设运营密切相关的建筑材料供应商、设施设备供应商、食品供应商等，还包括民宿所依托的大型旅游景区、旅行社、OTA 等，同时还延伸至旅游商品销售、布草清洗、客房保洁、广告策划、技术与技能培训企业等。区域内民宿旅游企业形成正式或为非正式的合作网络，在客源共享等方面进行联动，形成区域整体竞争优势。

（一）长三角民宿旅游集聚区的空间分布特征

长三角民宿集聚区集中分布在长三角地区中部，从中部向南北递减，南部浙江省民宿旅游集聚区分布数量多于北部江苏省。以上海、南京、苏州、无锡、湖州、嘉兴、杭州、宁波为民宿旅游集聚区数量较多城市。长三角地区旅游节点纵横交错，类型丰富。民宿旅游集聚区围绕集聚核心成环状分布、带状分布等不同特征，如莫干山民宿旅游集聚区主要以莫干山风景名胜区为

核心成环状分布，苏州环太湖民宿旅游集聚区则依托太湖风景名胜区成带状分布。

（二）长三角民宿旅游集聚区以旅游资源为重要依托

以水体旅游资源作为重要依托的民宿集聚区占比达53.3%。徐州云龙湖民宿旅游集聚区、洪泽湖民宿旅游集聚区、南京南部民宿旅游集聚区、溧阳天目湖民宿旅游集聚区、宜兴民宿旅游集聚区、无锡民宿旅游集聚区、沙家浜—阳澄湖民宿旅游集聚区、苏州环太湖民宿旅游集聚区、长兴县水口乡民宿旅游集聚区、杭州西湖民宿旅游集聚区、临安民宿旅游集聚区、富春江民宿旅游集聚区、温岭民宿旅游集聚区、舟山民宿旅游集聚区、象山民宿旅游集聚区、宁海民宿旅游集聚区都以湖泊、河流、海洋等作为重要民宿旅游发展的依托资源。太湖、西湖、千岛湖、天目湖、洪泽湖、阳澄湖、云龙湖、富春江本身就是极具旅游价值，其周围自然环境优美，非常适宜民宿旅游这种休闲度假方式的开展，同时丰富的渔业资源、水产品、特产等美食也成为民宿旅游中不可或缺的吸引物。

以山岳型旅游资源作为主要依托的民宿旅游集聚区占比16.7%。南京北部民宿旅游集聚区、环茅山民宿旅游集聚区、莫干山民宿旅游集聚区、余姚四明山民宿旅游集聚区、天台山民宿旅游集聚区。山岳型旅游资源是我国重要的旅游资源，除山岳本身旅游吸引力外，山岳生态资源丰富，气象奇观众多，山岳是避暑胜地，又可以开展丰富多样的体育健身项目，非常适合注重体验式民宿旅游开展。这些地区基本都是国家级风景名胜区、国家5A级旅游景区，基础设施与公共服务也相对完备，为民宿旅游发展奠定了良好的基础。

以传统古镇古村落作为主要依托的民宿旅游集聚区占比约23.3%。周庄民宿旅游集聚区、同里民宿旅游集聚区、西塘民宿旅游集聚区、乌镇民宿旅游集聚区、绍兴民宿旅游集聚区、安吉民宿旅游集聚区、丽水松阳县民宿旅游集聚区都属于该类型。古镇古村落一般坐落在自然环境优美地区，同时具有深厚的人文底蕴和地方文化特色，传统建筑的活化与更新，更是与民宿旅游发展高度契合。因此古镇古村落也成为了民宿旅游集聚的首选地区。

以人文景观为主要依托的民宿旅游集聚区占约6.7%。上海黄浦民宿旅游集聚区、上海浦东新区民宿旅游集聚区依托上海市区位优势，依托外滩、人民广场、南京路步行街、豫园、老城隍庙、迪士尼国际度假区、世博园等重要人文景观，形成城市民宿集聚区。

长三角很多民宿旅游集聚区不仅仅依托单一类型的旅游资源，其中很多是兼具水体旅游资源、山岳旅游资源、传统古村落的复合型资源依托，是多种因素共同作用的结果，形成区域综合竞争优势。

（三）长三角民宿旅游集聚品牌效应凸显

长三角民宿旅游集聚区已经具有品牌效应。长三角地区民宿旅游发展在全国都处于领先地位，大尺度的长三角民宿旅游集聚区整体在全国具有品牌知名度，中尺度的长三角各个民宿旅游集聚区也具有不同的品牌知名度。在长三角 30 个民宿旅游集聚区中，有一些已经形成全国品牌，有一些是区域品牌。很多民宿旅游集聚区本身已经成为重要的旅游吸引物，具有强大的品牌效应，如杭州西湖民宿旅游集聚区、莫干山民宿旅游集聚区、环太湖民宿旅游集聚区等。品牌效应可以集聚更多民宿旅游相关资源，开展专业化经营，不断扩大民宿旅游集聚区的知名度和影响力，也为民宿集聚区内企业对外品牌输出、连锁经营提供了很好的发展契机，民宿旅游集聚区自身做强的同时，边界不断扩大，形成新生的次级民宿旅游集聚区。民宿旅游集聚区的发展产生品牌效应，品牌效应又不断地推动民宿旅游集聚区的转型升级发展。

二、长三角民宿旅游集聚区发展阶段

长三角民宿旅游集聚区发展经历了萌芽阶段、快速发展阶段和成熟发展阶段。萌芽阶段的特征是民宿经营时间比较短；经营民宿在整个区域范围占比很小，还没有形成规模效应；民宿提供的产品以简单餐饮和住宿为主；民宿旅游收入在整个区域占比较低。快速发展阶段特征是民宿产业发展已经日益形成规模，吸引大量游客前往；民宿在档次上开始分层，开始特色化经营；民宿旅游产品多样化。成熟发展阶段的特征是民宿产业已经成为该区域的主导产业；民宿旅游集聚区已经具有市场规模和品牌知名度；形成了一定的特色产业链；产业集聚区内企业组织化程度高，产业分工明确；经营管理日益专业化。长三角民宿旅游集聚区经历了以上三个发展阶段演化发展。但长三角民宿旅游集聚区内不同的集聚区具有不同发展特征，处于不同的发展阶段。比如莫干山民宿旅游集聚区、杭州西湖民宿旅游集聚区、长兴县水口乡民宿旅游集聚区就处于成熟发展阶段，松阳县民宿旅游集聚区、苏州环太湖民宿旅游集聚区处于快速发展阶段，还有很多区域的民宿还处于萌芽阶段，还在实现发展农家乐向发展民宿产业转变的时期。

民宿旅游集聚区和旅游地发展一样，也具有生命周期，不同发展阶段动力机制发挥的作用也不同（图 5.8）。在萌芽期发展动力启动，开始发挥作用；在成长期发展动力加速，推动民宿旅游集聚区内企业快速发展；成熟期，发展动力开始趋于稳定，民宿旅游集聚区内各产业间发展也趋于平衡；当发展动力不足时，民宿旅游集聚区的发展会进入衰退期，但如果该阶段动力能够继续维持，则集聚区还会以优良状态继续发展（图 5.9）。

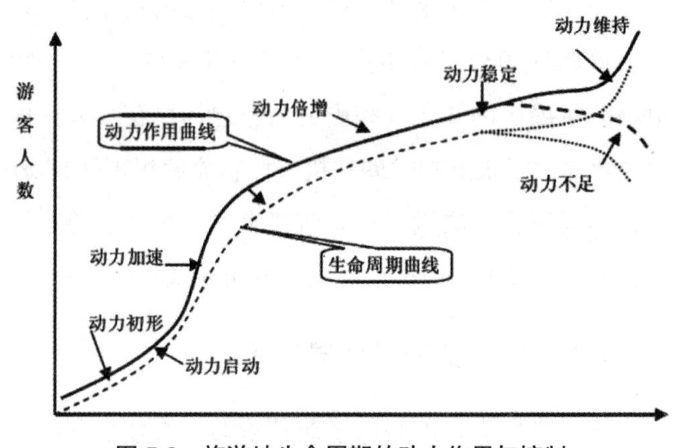

图 5.8　旅游地生命周期的动力作用与控制

来源：王旭科 . 城市旅游发展动力机制的理论与实证的研究［D］. 天津大学，2008.

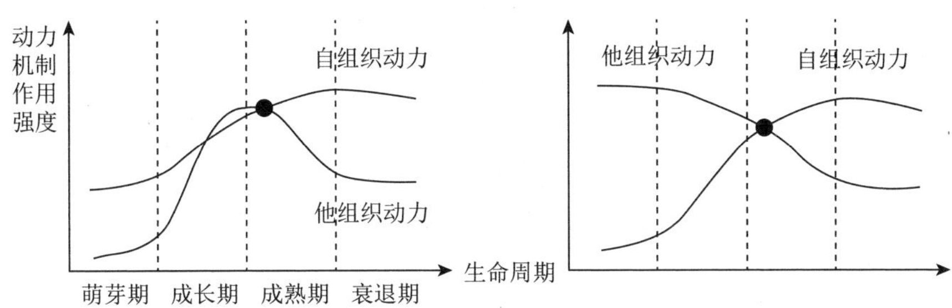

图 5.9 旅游地生命周期动力机制作用强度

来源：李志平 . 现代服务业集聚区形成和发展的动力机制研究——以上海现代服务业集聚区形成和发展为例［D］. 同济大学，2008.

本章小结

本章通过对长三角民宿的空间分布特征和长三角民宿旅游集聚特征的分析，研究表明长三角地区民宿在空间上呈现高度集聚的特征，呈现多核心组团状分布，由中部向两侧轻微递减，尤其集聚分布在集中在经济较为发达的城市和核心景区周边，形成民宿集聚的密度中心。长三角民宿集聚区集中分布在长三角地区中部，从中部向南北递减，南部浙江省民宿旅游集聚区分布数量多于北部江苏省。以上海、南京、苏州、无锡、湖州、嘉兴、杭州、宁波为民宿旅游集聚区数量较多城市。通过对长三角民宿旅游集聚特征的梳理，可以对民宿发展现状有清楚的认识，为研究民宿旅游集聚发展模式及相关发展机理奠定基础。

Part 6

第六章　长三角民宿集聚发展模式与适宜性评价

随着长三角民宿旅游的不断发展，长三角民宿旅游集聚发展日益成为重要的发展方式。民宿旅游集聚形成与发展是一个地理区域的内部条件与外部条件、经济发展与历史文化、主观能动与客观实际等因素相互作用的结果。由于区域内旅游资源禀赋、市场条件、产业基础、政府政策等存在差异，因此形成了不同类型的集聚区。根据长三角地区不同区域情况，长三角民宿旅游集聚发展呈现不同发展特征，对于其发展模式的研究尤为重要。本章建立民宿旅游集聚发展 L–R–D 理论，总结长三角民宿旅游集聚发展模式，构建民宿旅游集聚发展适宜性评价体系，并对不同发展模式下的长三角民宿旅游集聚区进行验证评价，以总结其发展规律，把握未来方向。

第一节　民宿旅游集聚发展模式

一、民宿旅游集聚发展的 L–R–D 理论

民宿旅游集聚发展模式主要受到民宿所依托的区位环境、核心旅游资源及受到不同发展动力作用下形成不同的发展模式。长三角民宿旅游集聚的发

展模式主要遵循 L–R–D 理论。L–R–D 理论是基于原有产业集聚模式的总结和创新，重点考察依托区位空间、核心旅游资源、主要动力在产业集聚发展过程中的作用和演化。民宿旅游集聚所在区位（L–Location），是民宿旅游集聚最主要的判定标签，是民宿旅游集聚发展所依托的区位空间；核心旅游资源（R–Resource），是旅游业发展的物质基础，更是民宿旅游集聚发展重要基础和核心吸引物，是集聚核，是民宿旅游集聚发展的重要动力来源；主要动力（D–Dynamic），这是民宿旅游集聚形成、发展、演化的重要驱动力，决定民宿旅游集聚发展方向。三者共同作用、交叉互补，实现多元耦合关系，相互促进，通过三者内部的组合，形成不同的发展模式（图 6.1）。

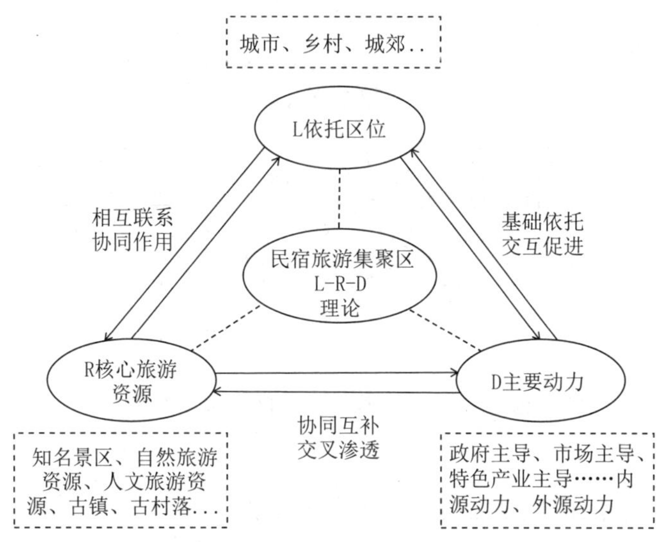

图 6.1 民宿旅游集聚 L–R–D 理论

民宿旅游集聚 L–R–D 理论是一个发展模式的组合，L、R、D 作为是发展模式构成的首层，次层中各自又包含了诸多的要素，其中要素根据民宿旅游集聚不同发展特征组合，形成该民宿旅游集聚区发展模式。

长三角民宿旅游集聚 L–R–D 发展模式中有城市景区市场主导型发展模式、城郊休闲度假市场主导型发展模式、乡村古村落政府主导型发展模式、乡村养老市场主导型发展模式、乡村景区市场主导型发展模式等（图 6.2）。

该章节主要介绍前四种发展模式，乡村景区市场主导型发展模式以莫干山民宿旅游集聚区为代表，将在后面章节做典型案例地进行具体研究。

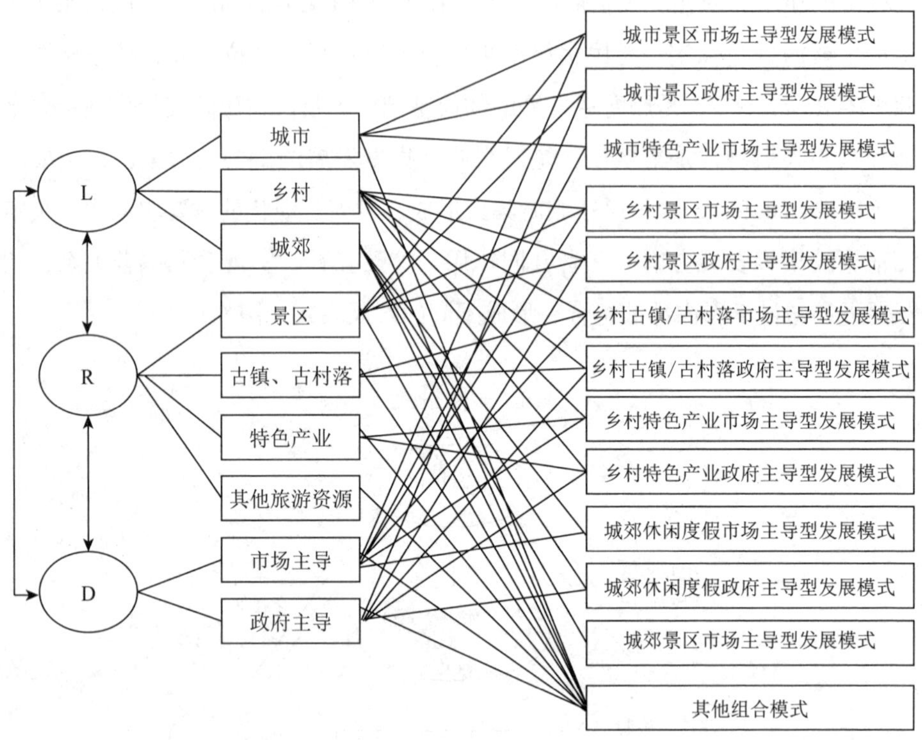

图 6.2　民宿旅游集聚 L–R–D 发展模式

二、长三角民宿旅游集聚的发展模式

（一）城市景区市场主导型发展模式

城市景区市场主导发展模式中，L 指区位依托是城市，R 指核心依托资源是旅游景区，D 指主要动力是市场主导。城市景区市场主导型发展模式的典型代表是杭州市西湖民宿旅游集聚区。杭州市西湖民宿旅游集聚区是浙江省发展较早的城市民宿旅游集聚区，坐落在著名的西湖风景名胜区周边，是城市景区民宿发源地之一。杭州西湖民宿发展开始于 2006 年。杭州民宿最早发展开始于满觉陇和四眼井，主要是政府鼓励发展青年旅舍，2010 年“茶香丽舍”民宿在此开业经营。西湖民宿数量呈现快速增长态势，从 2010 年仅有 41 家，2015 年已经发展到 210 家，2017 年达到 483 家。

1. 杭州西湖民宿旅游集聚区发展优势

经济区位优势明显。杭州在长三角地区的核心发展区域，经济发达，环境优美。2017 年，全市实现生产总值 12556 亿元，常住人口人均生产总值 132617 元。杭州一直是经济和新业态发展领先区域。

旅游业发展成熟。杭州作为世界上休闲产业发展最好的城市之一，旅游休闲产业占 GDP 比重达到 6.5%，在旅游总收入、入境旅游人数、旅游外汇收入等方面均列全国 15 个副省级城市前三名。5A 级景区 3 家，4A 级景区 33 家，2 个国家级风景名胜区；2 个国家级自然保护区；7 个国家森林公园；1 个国家级旅游度假区。2017 年全市累计接待旅游者 1.6 亿人次，其中入境旅游者 400 万人次；实现旅游总收入 3041.34 亿元，其中外汇收入达 35 亿美元。近年来，杭州在旅游总收入、入境旅游人数、旅游外汇收入等方面在全国 15 个副省级城市都排名在前三内。成熟的杭州旅游业，为民宿产业发展提供了良好的外部环境和发展基础。

2. 杭州西湖民宿旅游集聚区民宿空间分布情况

丰富的旅游资源为当地民宿的发展奠定了基础，民宿经营者可以依托杭州丰富的旅游资源，充分挖掘杭州文化特色，推动民宿产业发展。杭州西湖民宿旅游集聚区内的民宿单体体量不大，特色鲜明，主要分布在西湖景区周边，相对集聚分布在四眼井、白乐桥、青芝坞、茅家埠一带。通过民宿分布与西湖景区的缓冲分析，分布在景区 1 千米范围内的民宿占比 18.03%，3 千米范围内的民宿占比 36.78%，5 千米范围内的民宿占比 45.19%（图 6.3）。

3. 杭州民宿旅游集聚区经营情况

根据《浙江民宿蓝皮书 2017》显示，2017 年西湖民宿旅游集聚区民宿平均房价 405 元 / 间，平均出租率 65%。营业收入中，客房收入占比 85.6%，餐饮占 5.9%，其他占 8.5%（图 6.4）。

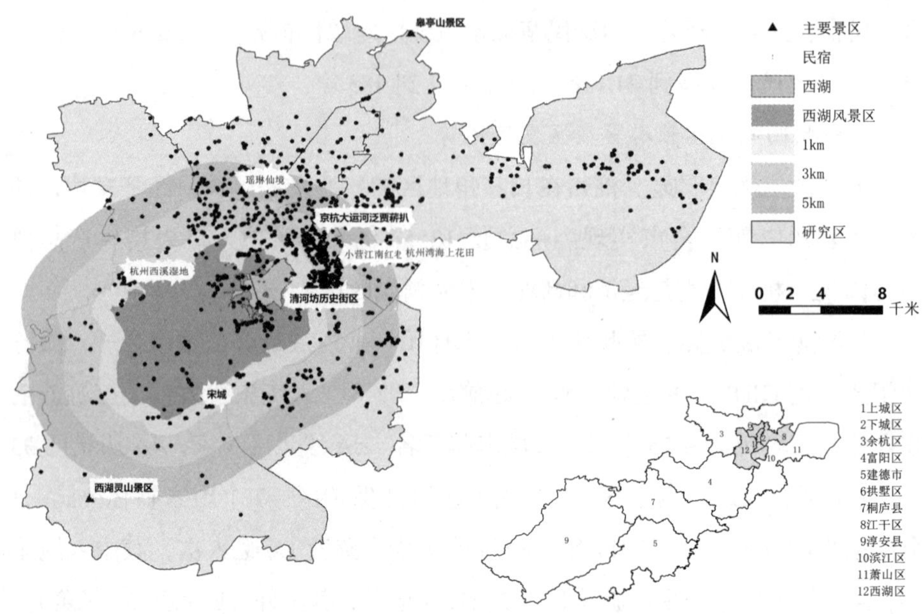

图 6.3　杭州市民宿分布与景点缓冲

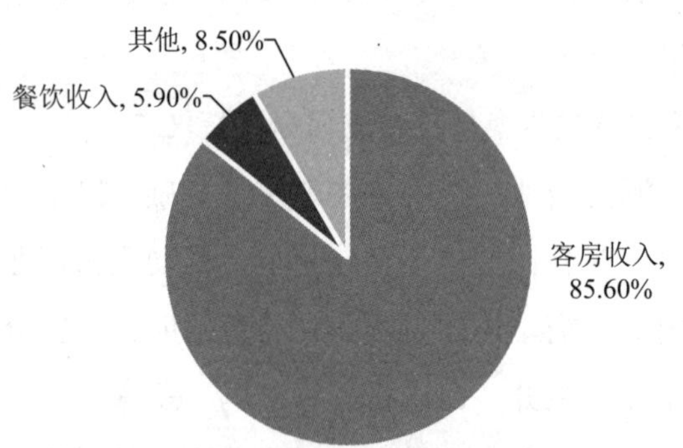

图 6.4　2017 年西湖民宿收入类型占比

四眼井、白乐桥的民宿除了部分民宿提供早餐外，基本不提供中餐和晚餐。因为西湖民宿规模较小，面积不大，主要以提供特色住宿体验为主，如果经营餐饮民宿运营成本会大幅上升。民宿周边餐饮配套设施非常齐全。因此经营餐饮业务收入占比很小。

根据《浙江民宿蓝皮书 2017》显示，2017 年西湖民宿户均从业人员 6.0 人，其中 53% 由主人或家人亲自服务；主人和店长的学历主要集中在大专以上，平均年龄 35 岁，店长平均月薪 6782 元，其他岗位平均月薪 4025 元。

民宿经营者和经营模式也呈多元化发展态势。当民宿从家庭副业变成投资热点后，民宿经营者已经不仅仅是农民，房产投资者、建筑设计师、专业酒店管理人员等都成为民宿“主人”。由于投资主体的主体多元化，民宿经营模式也多样化，主要有农户自主经营型、合资经营型、公司（协会）+农户型、外资租赁经营型等。

4. 杭州西湖民宿旅游集聚区政策支持

杭州西湖民宿旅游集聚区的发展得到了政府的大力支持。2014 年，杭州市将现代民宿业列入重点扶持新兴业态。政府将民宿业作为乡村经济的发展重要路径和新兴业态进行鼓励支持。政府人员多次考察民宿业，并制定出台《关于加快培育发展农村现代民宿业的实施意见》等相关政策。另外，在资金方面不断增加投入，《杭州市农村休闲业发展扶持项目及资金管理办法（试行）》中对于民宿项目的扶持进行了明确规定，所辖区县也出台了相关配套政策措施。杭州市制定了《民宿业服务等级划分与评定规范》并在 2016 年 10 月 1 日开始实施，已经评定首批 63 家民宿，其中精品民宿 13 家、特色民宿 24 家、标准民宿 26 家。2016 年成立了杭州市民宿行业协会，大力推动民宿服务行业在旅游观光、休闲度假领域的发展。浙江省出台的《浙江省旅游条例》中规定发展农家乐和民宿可纳入政府机关、企事业单位的采购范围，大力支持民宿的发展。

5. 发展中存在问题

民宿的行政审批存在实际困难。在民宿注册审批过程中，民宿在公安机关管理中属于特种行业，但公安部门特种行业审批前需要得到消防部门的前置许可。对于超过 200 平方米的房屋，消防部门审批主要依据旅馆业管理的消防核准规范，要求楼梯宽度达到 1.1 米，有封闭楼梯间。很多民宿根本无法达到这种标准，很难获得行政审批许可。杭州市对于房屋水管申请扩容也有硬性指标规定，民宿需连续累计六个月用水量达到 2500 吨以上，民宿的经营存在季节性，很难满足这个指标，导致民宿经营者即使自己承担费用，也难以扩容（阮霞，2016）。

由于民居建筑，消防设施不到位，办理消防审批手续存在实际困难，存在严重的安全隐患。许多房屋建设时间较长，防火性能较差，安全疏散条件不足。民宿经营者、从业人员的消防意识不强，缺乏专业的消防演习，预警机制不完善。在发生火灾的情况下，导致不知道如何进行火灾救援，如何正确报警、疏散、逃生和救火。

（二）城郊休闲度假市场主导型发展模式

城郊休闲度假市场主导发展模式中，L 指区位依托是城市周边郊区，R 指核心依托资源是休闲度假市场，D 指主要动力是市场主导。城郊休闲度假市场主导型发展模式的代表是苏州市环太湖地区民宿旅游集聚区。苏州环太湖地区民宿旅游集聚区主要坐落在苏州市吴中区，其中以东山镇、木渎镇、角直镇等最为集中。环太湖地区民宿数量多达 600 多个，占整个苏州民宿的近一半（史憬，2016）。

2017 年，苏州市接待国内游客 1.21 亿人次、接待入境过夜游客 172.57 万人次，实现旅游总收 2332 亿元。苏州是著名的旅游目的地。太湖风景名胜区具有中国吴越传统文化和江南水乡特色，山水组合，可以开展游览、度假、水上运动等多种活动的天然湖泊型国家重点风景名胜区。苏州环太湖地区民宿旅游集聚区依托太湖独特的自然条件和区位优势，环太湖地区民宿成为休闲度假的选择。

1. 苏州环太湖地区民宿旅游集聚区分布情况

苏州环太湖地区占了太湖 3/4 的水面，这里的居民房屋邻水而建，村落成带状分布。通过对苏州环太湖地区民宿与太湖风景区的缓冲分析，在环太湖 5 千米范围的民宿占比 16.29%，10 千米范围的民宿占比 26.74%，20 千米范围的民宿占比 56.97%（图 6.5）。因为民宿大都由民居改造而成，民居多为利用自然环境，依山傍水而建。民宿临近太湖，水网发达，居民多依靠水系分布进行日常生活，因此民宿分布出现沿水系带状分布。

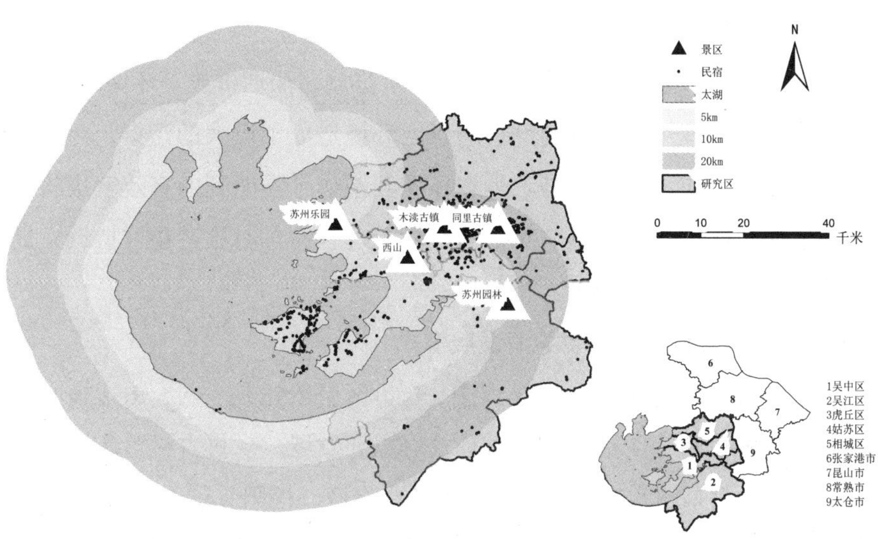

图 6.5 苏州环太湖民宿旅游集聚区民宿分布

2. 苏州环太湖地区民宿类型

区域内建筑形态单一类似，粉墙黛瓦，建筑面积在 200~400 平方米，建筑高度为 2~4 层小楼，所以民宿规模都不大。

苏州环太湖地区地域范围广阔，木渎古镇，角直、太湖景区、天平山、旺山风景区、宝带桥等著名旅游景区都在此区域内。苏州环太湖地区以吴文化为文化底蕴，同时与其他文化融合形成综合特有的文化体系，形成江南特有的地域文化。依托不同的旅游资源，形成了山岳型民宿、渔业型民宿、古镇型民宿三种类型。

在环太湖民宿旅游集聚区内，民宿集聚在东山（三山岛）、金庭、旺山、窟窿山、长沙岛等地。在太湖西山岛，也出现了一批精品民宿，如缥缈轩、飞鱼民宿、太湖花床等，依托西山优越的地理环境，民宿依山旁水，贴近自然，基本以湖景房为主，为游客提供了舒适休闲的度假居住地。

苏州环太湖民宿依托休闲农业，采茶、枇杷、杨梅、黄桃、大闸蟹等农产品丰富，应季采摘活动吸引了很多民宿游客。环太湖旅游受季节性影响明显，民宿经营也具有很强的季节性。同时，由于该区域民宿客源主要是上海、苏州等附近城市的自驾游客，出行时间主要集中在周末。

3. 民宿旅游集聚区发展存在的问题

苏州环太湖民宿旅游集聚区民宿的污水排放、油烟排放等环保问题严重。由于缺少统一合理规划，有的民宿对景区环境造成了极大的污染，污水的随意排放对太湖造成了严重污染。生态环保问题如果不能到的有效解决将造成生态环境恶性循环，不仅影响民宿的经营管理，而且对旅游业可持续发展也会造成极其严重的不良影响。

（三）乡村古村落政府主导型发展模式

乡村古村落政府主导发展模式中，L 指区位依托是乡村，R 指核心依托资源是传统古村落，D 指主要动力是政府主导发展。乡村古村落政府主导型发展模式的代表是丽水市松阳县民宿旅游集聚区。松阳县位于浙江省丽水市。松阳县地域面积 1406 平方千米，总人口 23.4 万，其中农村人口 20.61 万，占比 80% 以上。松阳县地形以丘陵山地为主，四面环山。

1. 松阳县民宿旅游集聚区发展现状

松阳县具有发展民宿的优势。自然环境秀美，至今还保留着“山水—村落—农田”格局，客家古村落分布在山岳、水边、平原，不同的民居建筑形式都在此呈现，有“最后的江南秘境”之称。松阳县是国家级生态县，拥有 79.8% 的森林覆盖率，100% 的水质达标率，空气质量优良比高达 96%。松阳县具有良好的区位优势，位于长三角城市群与海西经济区的交会处，交通便利。松阳县古村落众多，松阳县有 1800 多年的历史，百余座相对完整的传统村落保留到现在，被列入中国传统村落名录的高达 71 个，是华东地区传统村落最多、保存最完好的县。松阳县盛产茶叶，并拥有“松阳银猴”等知名茶叶品牌商标，浙南茶叶市场是中国最大的绿茶产地市场，被誉为“中国绿茶第一市”，茶文化为民宿提供了很好的体验项目。松阳县是写生摄影基地，每年都会有数万名美术家、摄影家、高等院校学生前来创作、写生、实习，为民宿旅游发展提供了稳定客源。

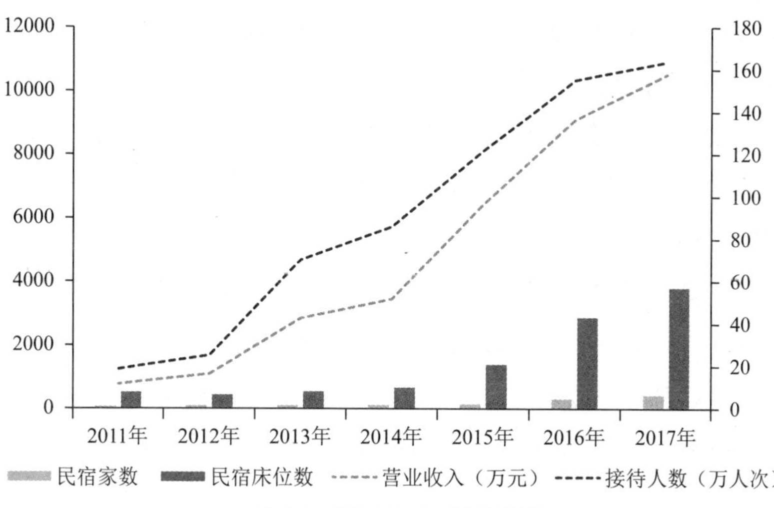

图 6.6　松阳县民宿接待情况

2. 松阳县民宿空间分布情况

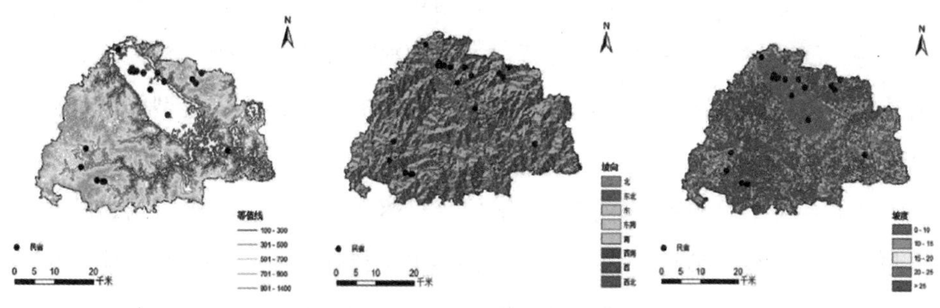

图 6.7　松阳县民宿分布与自然地理条件示意

（1）高程因素分析。利用 30mDEM 数字高程模型获取松阳县民宿的高程数据，据此对松阳县民宿的高程数据进行比较分析。结果显示 54.55% 的民宿分布在高程 0~350 米范围内，350~550 米范围分布的民宿所占比率只有 9.09%，550 米以上的占 36.36%（图 6.7）。松阳县民宿呈现一低一高分布格局。

（2）坡向。坡向对于山地生态环境具有重要影响，山地的不同坡向接收的太阳辐射和日照时数也有很大差别。结合 DEM 数据，利用 Arcgis 计算松阳县的坡向，结合松阳县民宿的分布分析发现，北坡民宿占比 33.33%，东坡民宿占比 3.03%，南坡民宿占 12.12%，西南坡民宿占比 12.12%，西坡民宿占

12.12%，西北坡民宿占 12.12%（图 6.7）。各坡向民宿都有分布，坡向对于民宿分布的影响具有局限性和复杂性。

（3）坡度。利用 DEM 图生成坡度图，并以 3° 为间隔，提取不同坡度范围内民宿的数目。结果发现，松阳县民宿分布的主要坡度范围为 0~3.0728°（图 6.7）。其中，民宿分布在 0~3.6757° 的，占 48.48%；民宿分布在 16.2158°~23.9225° 的，占 21.21%；民宿分布在 26.4872~33.0728° 的，占 30.30%。以上情况表明，松阳民宿呈现平坡和陡坡分布较多的状态。平坡是村民生活比较方便修建居所的选择，很多民宿也都在平坡发展。陡坡因为可以欣赏到松阳县自然美景云海，生态环境更加优良，成为很多网红民宿的栖息地。

3. 松阳县民宿类型

松阳县民宿旅游集聚区由县内若干民宿村组成，县域民宿旅游集聚区又是由很多村级民宿旅游集聚区组成，以西坑村、平田村、关山寮村、四都乡官岭村、麟上村、沿坑岭头、紫草村、上梅村、章山村、李坑村为代表。松阳县民宿旅游集聚区发展呈现多元化、多层次的格局，不同类型民宿各具特色（叶云宽，2017）。

（1）乡村文化型民宿。依托松阳传统村落乡村特色，外观上与自然环境相和谐，室内装修满足现代生活需要并突出乡村性，乡土特色和农耕文化被充分发掘，民宿更像是一座记录当地风土人情的博物馆。建筑改造最大程度地保留了民居原有的结构、采用自然建筑材料、运用传统建筑工艺，保留具有浙南山区民居特点的夯土墙等，家具、装饰就地取材，或由当地传统工艺制作。如枫坪乡沿坑岭头村的“柿子红了”民宿，秋季红彤彤的柿子挂满枝头，成为该民宿最大的吸引力。

（2）自然生态型民宿。这类民宿一般坐落在景观风景优美地区，生态环境良好，民宿经营者将自然风光、田园风光与现代化元素相融合，游客入住既能欣赏秀美的自然风光，又能享受现代化服务，形成高品质的住宿体验。例如，四都乡西坑村的“过云山居”，民宿位于 500 米的垂直峡谷，悬浮在山崖上的客房，可以欣赏云的各种姿态，体验山野风情和乡村静谧。

（3）景区依托型民宿。松阳县拥有箬寮岘自然保护区、卯山、石笋仙踪、万寿山、西屏山等自然人文景区。安民乡李坑村利用毗临箬寮岘自然保护区的优势，依托特色景区的辐射带动效应，发展民宿产业，已成为杭州上海游客到达松阳休闲度假的胜地。

（4）摄影写生型民宿。松阳因为其优美的自然风光和传统村落的人文资源，吸引大量高校艺术专业学生和艺术家到松阳进行摄影写生创作，每年可达 20 多万人次。沿坑领头村、官岭村、杨家堂村是著名的画家村和摄影村，这些村为了接待这些写生的游客应运而生建成了很多不同档次的民宿，满足写生客的食宿需求。

4. 松阳县民宿旅游集聚区开发模式

（1）国有资本参与开发模式。国有企业对于规模比较大的旅游综合项目进行投资运作，民宿客栈作为配套住宿设施，会进行统一规划、投资运营。通过大型项目运营，民宿实现规模化发展。

松阳县在 2012 年成立松阳县旅游发展有限公司，是县国资委直属的国有独资企业。公司参与运营了大木山茶园景区，位于新兴镇横溪村，现在是国家 4A 级旅游景区，是典型的江南茶叶主产区。项目内建有客栈综合体和酒店项目，满足游客住宿需求。

国有资本参与开发模式最大的优势就是能够运用政府政策、资金和人力，能够实现较大规模投资，加快项目落地，能够完善项目周围基础设施和硬件建设。但国有资本在项目运维方面，市场理念和创新经营方面，缺乏灵活性和创新性，会有很大的劣势。

（2）民间资本参与模式。该模式是指有本地村民或外地工商资本对民宿进行投资的发展模式。四都乡云上平田民宿旅游集聚区就是民间资本投资成功的代表。云上平田民宿综合体由云上平田农业旅游开发有限公司运营，是由平田村老书记江根法与三个子女协商开办。2014 年开始向村民租赁和收购闲置房和危房，共租赁和收购 28 栋（租赁 13 栋，购买 15 栋），开始进行改造。2015 年 8 月开始正式营业。该民宿一期项目改造成为客房、不同功能的公共区域、展示馆、工作室、餐厅、休闲娱乐功能的活动室等，将 12 栋闲置房和危房改造为房间17间、床位45张。2016年7月引入影视明星股东投资，开启二期工程，房间数量增加至22间，床位增至51张。该项目自运营以来，不仅促进了周边民宿业的发展，也带动了当地农民的收入增加。村民除了可以获得固定的房租收入外，还可以销售农副产品。民宿综合体改造运营过程中，需要技术工人、餐厅服务员等多种劳动力，村民也可以在民宿就业获得收入。

民间资本参与模式最大的特点就是民间资本的灵活性，可以按市场需求进行投资运营。但民间资本投资模式就要处理好与村民关系。云上平田民宿综合体的资本来自于本村，且一个村子大多为同一宗族，有天然的血脉联系，因此在前期房源获取过程相对顺利。如果是外地资本，处理好与本地村民融合共生的关系时会增加沟通成本和资金成本。

（3）合作社参与模式。集聚区内民宿企业联合成立合作社，经营模式采用统筹协调安排、收费、服务、餐饮等的联合经营合作模式，制定了“经营管理规则”，选出合作社社长，负责整个村民宿产业的日常管理。沿坑岭头“画家村”是该模式的典范。沿坑岭头村庄周边分布着180多棵金枣柿树，长的树龄已有300多年，每到秋天红色的果实挂满枝头，景色非常优美，犹如风景画。为了对周边民宿改造进行引领和示范，“柿子红了”高端民宿建设投入使用，乡政府对此投入50余万元。2016年共接待写生创作写生和旅游2.5万余人次，营业额近200万元。随着沿坑岭头“画家村”的名气增大，游客人数增加，民宿发展问题凸显，如低价竞争、管理混乱等。通过采用合作社参与模式，能够团结合作社成员，对民宿产业进行有效规范，避免了恶性竞争，促进了民宿产业的可持续发展，目前经营总体稳定。但合作社参与模式也可能导致平均主义，创新动力不足，同质化问题出现。

5. 政府政策支持

政府高度重视乡村民宿的发展，先后出台了一系列政策。2013年松阳县出台了《关于开展传统民居改造利用工作的实施意见》和《松阳县关于推进农家乐综合体创建推动乡村休闲旅游业发展的实施意见》，2016年出台了《松阳县关于推进乡村民宿经济发展实施意见（试行）》，积极鼓励民宿旅游的发展，并提供政府资金支持。同时，松阳县还采用“政府统保 + 业主投保”的形式购买公众责任险，以市场化手段，减少民宿经营者在经营过程中的损失，也为民宿消费者提供了相关保障（潘英斌，2017）。

（四）乡村养老市场主导型发展模式

乡村养老市场主导型发展模式中，L 指区位依托是乡村，R 指核心依托资源是特色产业，D 指动力机制是市场主导发展。乡村养老市场主导型发展模式的典型代表是湖州市长兴县水口民宿旅游集聚区。长兴县隶属于浙江省湖州市，处于长江三角洲杭嘉湖平原，县域面积 1430 平方千米，人口数量 65.97 万，是全国休闲农业与乡村旅游示范县，全国综合实力百强县之一。长兴县具有深厚历史底蕴，茶圣陆羽的《茶经》就是在此写就。长兴也有“帝乡佛国”之称，南北朝时期陈朝开国皇帝陈霸先出生在此地。长兴县拥有太湖、顾渚山、仙山湖等旅游资源，形成生态、休闲、度假为主题的旅游业态。2017 年长兴县地区生产总值 570 亿元，旅游收入 210.97 亿元，旅游接待人数 2094.07 万人次。近年来，长兴县水口民宿产业蓬勃发展，成为浙江省起步早、体量大、业态全、分工协作、带动性强的民宿旅游目的地。

1. 长兴县水口民宿旅游集聚区空间分布特征

水口乡民宿占长兴全县比重高达 95.5%，根据《浙江民宿蓝皮书 2017》数据显示，水口乡民宿旅游集聚区发展开始于 2002 年，当年只有 18 家民宿，到 2017 年已增加至 500 余家，床位接近 2 万张，餐位数 2.2 万个，直接从业人数 2200 余人，服务体系完备，是长三角规模最大的乡村民宿旅游集聚区，特色是大城市乡村养老目的地（图 6.8）。

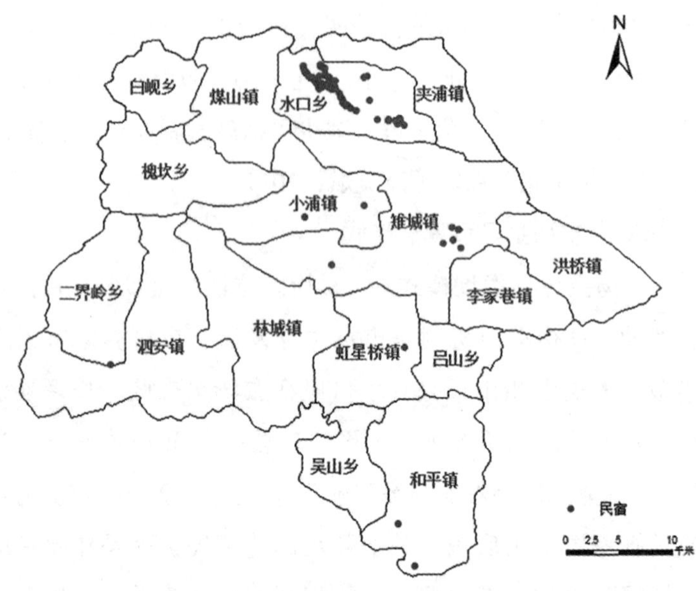

图 6.8 长兴县水口乡民宿分布

2. 湖州市长兴县水口乡民宿发展特征

根据《浙江民宿蓝皮书 2017》显示，长兴县水口乡民宿内有主人的民宿占比达 93.3%，户均营业收入 73.22 万元，平均出租率 60.9%。水口乡民宿的经营模式主要是按每人包吃住套餐模式为主，标准间套餐含一晚住宿，二个正餐、一个早餐。62.3% 的民宿平均价格在 280 元 / 间，35.7% 的民宿平均价格在 300~360 元 / 间，400 元 / 间及以上的占 2%。价格在周末及法定假日会有 10%~15% 的上浮。

人力资源情况。2017 年长兴县水口民宿户均从业人员 5.4 人，其中 87% 有主人或家人亲自服务；主人和店长的平均学历主要是高中及以下，平均年龄 44.6%，店长平均月薪 5800 元，其他岗位平均月薪 5995 元。

长兴水口民宿经济辐射带动效应明显。2016 年长兴县民宿共实现增加值 2.1 亿元，增长 39.7%；根据 2016 年游客抽样调查结果计算，全县民宿相关产业增加值 2.7 亿元，民宿户均营业利润 20.0 万元，直接带动了农业就业，增加了收入。2016 年大唐贡茶院等 4 家规模以上景区实现营业收入 2932.6 万元，其中由民宿业主代购实现的门票收入 981.3 万元（过卓琳，2017）。购物方面，商品销售收入占民宿营业收入的 6.3%。

表 6.1 2016 湖州市三县两区民宿发展对比

区县	民宿数	总体规模	平均房价	定位及配套	投资方情况
长兴县	515	客房数：10087（间）床位数：21153（张）	1000 元以上：0.2% 500~1000 元：2.5% 200~500 元：9.1% 200 元以下：88.2%	“景区 + 农家”模式，75% 民宿以景区为重要依托，体现农家风情；配套服务基本含接送	93.2% 的投资方来自县内农民
德清县	449	客房数：5046（间）床位数：7658（张）	1000 元以上：14.5% 500~1000 元：31.0% 200~500 元：49.4% 200 元以下：5.1%	“洋式 + 中式”模式，民宿主要满足亲子度假、运动休闲；民宿风格设计独特；约 30% 民宿有地暖、高端健身设施	80.4% 投资方是县内农民，省市外投资方占比 17.4%，国外投资方也占据了很大比例
安吉县	606	客房数：7820（间）床位数：16175（张）	1000 元以上：1.3% 500~1000 元：3.6% 200~500 元：19.1% 200 元以下：75.9%	“生态 + 文化”模式，有亲子度假、运动休闲、独特设计风格的民宿较多；约 10% 民宿有地暖、高端健身设施	76.0% 投资方为本县农民，20.6% 的投资方为省市外
吴兴区	42	客房数：554（间）床位数：1011（张）	1000 元以上：4.8% 500~1000 元：21.4% 200~500 元：33.3% 200 元以下：40.5%	“G20”概念，集中于埭溪，打造 20 国风味高端民宿	81.2% 投资方为县内农民
南浔	109	客房数：1260（间）床位数：2042（张）	1000 元以上：0.9% 500~1000 元：4.6% 200~500 元：31.2% 200 元以下：63.3%	“农庄 + 游购”模式，以水乡古镇为主要依托，设计风格更贴近水乡特色，有接送服务的民宿占比 35%	83.5% 投资方为县内农民，14.7% 的投资方为省市外

来源：过卓琳 . 民宿经济辐射明显 两山实践样本升级——湖州长兴县民宿发展调查报告［J］. 统计科学与实践，2017（12）.

长兴县水口乡在发展民宿产业之前，农民主要收入是贩卖毛竹和茶叶。随着皇家贡茶院景区在顾渚村兴建，顾渚村的村民开始发展农家乐，用于旅游接待。随着旅游业不断发展，顾渚村的农家乐产业升级民宿产业，除了旅游民宿外，健康养老民宿业开始成为该集聚区的特色产业。双休日制度刚刚实施后，长三角地区周末乡村旅游需求旺盛。1997 年，几个上海人到此打算开办康复疗养院，水口乡农民受此启发，开始拓展上海乡村养老度假市场，包车接送，包含全部食宿。目前，顾渚村已经成为上海老人乡村养老的重要目的地。顾渚村从事旅游相关的劳动力人数达到 1800 余人，占全村劳动力的 90%，同时也带动了农副产品生产加工销售产业链条的发展。

长兴县水口乡民宿旅游集聚区的发展，不仅带动了本地区农民致富，还吸引周边乡镇村民到此就业，形成了住宿餐饮服务、农副产品配送、旅游商品销售、游客接送、市场营销等专业化分工协作的合作机制。水口“八大碗”已经成为该集聚区游客必点的美食，旅游购物形成了完成的农副特产供销产业链；集聚区内有 4 支旅游车队，20 多辆专门服务民宿客人的旅游巴士，同时在节假日旅游高峰时，能够协调调度长三角地区 200 余辆旅游巴士从上海、苏州、无锡、常州、宁波等主要城市接送游客，形成了独具特色的“家门口接送”一站式服务模式；依托民宿发展，集聚区成开设了旅行社，与长兴县及周边 30 余个景区合作，以水口乡民宿旅游集聚区为大本营，每年向宜兴、安吉、德清及本县景点输送客人达 60 万人次，长兴县旅游数据见图 6.9。民宿产业链条打通和带动了区域内交通运输业、建筑业、商业、食品加工业、通信业、房地产业、金融保险、旅游业的发展。

长兴县水口乡民宿旅游集聚区的发展也得到了政府政策的支持。为了推动长兴县乡村旅游的发展，政府先后出台了《促进全县旅游经济发展的若干意见》《打造长三角生态休闲度假新选区的实施意见》《促进旅游业加快发展的优惠政策》等，为乡村旅游业发展营造了良好的政策环境。

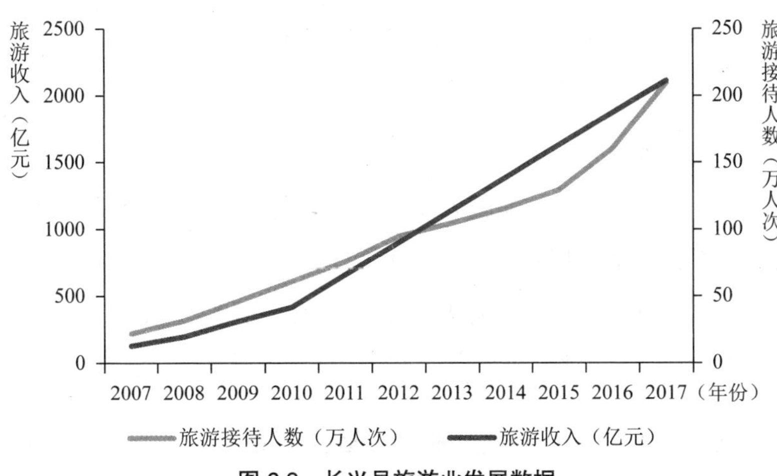

图 6.9 长兴县旅游业发展数据

第二节 民宿旅游集聚发展适宜性评价体系

适宜性评价问题并不是一个新的问题，通常都涉及设施选址问题。最具代表性的选址研究是 1909 年德国经济学家阿尔弗雷德·韦伯在其《工业区位论》中对于该如何选择仓库位置的研究，运输成本是选址问题要来考虑的首要因素。为了最小化仓库与多客户之间的总距离或总距离，最小化运输成本，他使用了一种类似梯度的算法来最小化设施与需求点之间的加权距离。对于适宜性问题的研究越来越受到重视。适宜性评价的研究方法逐渐从定性研究发展到定量研究，目前普遍采用定性和定量相结合的研究方法，主要有计算机辅助决策、数学模型和评价方法。评价方法主要有德尔菲法、层次分析法和模糊综合评价法。地理信息系统也被用于适宜性评价的研究，主要是帮助决策者识别和评价该领域运行的可行性。本节主要从民宿旅游集聚适宜性评价的相关指标选取入手，进而构建起民宿旅游集聚适宜性评价体系，为民宿旅游集聚区开发提供参考借鉴。

一、民宿旅游集聚发展适宜性评价模型

在国内民宿发展上，实践走在了理论研究之前，而对于涉及民宿旅游集聚发展适宜性评价问题的研究尚不多见。因此本研究将试图构建民宿旅游集聚发展适宜性的评价体系，兼顾宏观选址与微观选址因素，构建相对全面的评价指标体系，以适应民宿旅游发展的新形势，更具理论意义和实践意义。本节运用层次分析法和专家咨询法构建民宿旅游集聚发展适宜性评价指标体系，将定性评价和定量评价相结合，使得指标体系更具有科学意义和指导性。

二、民宿旅游集聚适宜性评价的指标体系

（一）适宜性评价指标确立

1. 民宿旅游集聚发展适宜性影响因素

目前国内对于旅游选址适宜性的研究主要集中在旅游度假区、主题公园和酒店方面的选址研究。寻找旅游度假区的最佳区位，要从资源条件与区位条件两方面进行入手。旅游资源丰富、经济发达、交通便捷和具有持续发展潜力的地区更适合旅游度假区选址（刘家明，2001）。主题公园选址的影响因素，包括客源市场、交通状况、区域经济发展水平、城市旅游感知形象、空间集聚和竞争、决策者行为等（保继刚，1997）。以深圳华侨城三个主题公园为例，旅游市场、规划建设、经营管理和人员组成这些因素为其他主题公园的选址提供了一定的参考作用。对于旅游设施适宜性研究较早的是对于酒店选址的研究（李海瑞、王兴斌，1995）。交通条件是酒店选址决策考虑的首要因素，但重要因素也要考虑商业区、会议中心以及机场等条件（Coltman M M，1989）。酒店地理位置除了考虑便捷和具有可达性的交通条件外，整个区域经济环境、法律法规、地理因素、自然资源以及区域面积等也是重要考量因素（Gray W S，Liguori S C，2002）。旅游宾馆宏观选址确定后，具体位置的确定即微观选址主要考虑的是与宾馆投资经营相关因素：交通因素，旅游资源因素，土地费用因素。土地费用的增加使人们在选择宾馆位置时将之作为一个重要因素来看待（保继刚，楚义芳，1999）。精品酒店要从交通要素、

旅游资源要素、商业要素、经营要素、文化要素分析选址的特点（查根凤，2017）。住宿功能是经济型酒店提供的主要服务，根据经济型酒店服务特点，经济型酒店选址应按照便捷性、经济性、竞争性、持久性四个原则（范琰琰，2015）。经济型酒店选址要考虑社会经济基础、交通条件、商业因素、公共服务 4 大因素（查爱苹，徐娜，后智钢，2017）。宾馆饭店业作为为旅游者服务的行业，更作为一种独立核算、自负盈亏的企业，它们的选址在实践中表现出明显的集聚色彩（李贤金，谢红彬，2006）。根据文献综述，结合民宿旅游集聚区发展特征，本研究在进行适宜性评价影响因素考量时，选取重要影响因素，去除关联度较小的因素。最终确定经济环境因素、旅游业发展情况、地理环境因素、配套设施情况、经营条件 5 大因素评估民宿旅游集聚区形成的适宜性。

经济环境因素。经济环境是民宿旅游集聚发展适宜性需要考虑的基础因素。区域经济环境不是仅仅指单体城市经济实力很强，而是区域内临近的几个经济发展水平较高形成的城市群，发挥城市群的辐射叠加效应。衡量内容主要包括以下影响因素：经济发展水平，经济发展水平较高地区，旅游者消费能力强，对于民宿这种新型旅游产品的接纳程度较强，并且周末近郊游也乐于体验民宿。同时，经济发达地区的基础设施和旅游服务设施也较为完善，为民宿旅游产品开发和硬件衔接建设奠定了基础。人口规模，人口规模是形成旅游客源的基础，旅游客源的多寡影响对于民宿的选择，影响民宿的入住率。居民可支配收入，衡量居民收入水平和消费水平，居民可支配收入越高，对于民宿类住宿设施购买意愿更强烈、消费水平越高。政策环境，民宿旅游集聚区在发展时要对所在区域政策法规进行全面了解，尤其是备选区域政策要更加掌握，主要是看是否有拆迁或重建的计划。由于民宿投资回收期较长，需要稳定的区域政策来支持民宿业主经营开发，保证实现经济收益。

旅游业发展情况。民宿旅游集聚区的发展与旅游业发展息息相关。一个区域旅游业发展情况会直接影响到各种档次旅游住宿设施的布局。随着旅游消费结构升级，对住宿设施个性化的需求逐渐提高，为民宿发展提供了巨大的市场空间。衡量内容主要包括以下影响因素：旅游资源富集度，旅游资源禀赋决定着旅游目的地的发展潜力，高禀赋旅游资源是刺激旅游者产生旅游动机的根本原因（Ritchie J R B，Crouch GI，2005）。具有类型丰富的旅游资源可以对应不同类型不同层次的客源市场。旅游资源富集的景区内或周边是民宿旅游集聚区成长的基础。游客接待量，游客接待量为民宿提供了巨大的流量入口，游客接待量越大对住宿设施的需求量越大。旅游收入，旅游收入一定程度上反映了旅游业发展规模和发展水平，旅游收入越高表明越适宜高端民宿建设，该指标对于民宿选址定位具有重要影响。旅游住宿设施情况，不同类型住宿设施对应不同的目标市场群体，会带来不同的旅行体验，但是星级酒店、经济型酒店等都会对民宿产生替代竞争关系。

地理环境因素。民宿旅游集聚发展与地理环境关系密切，空间区位的选择正确与否决定民宿经营的成败。衡量内容主要包括以下指标：与中心城市的空间距离，与中心城市的距离决定了民宿旅游集聚区的可达性及客源属性。与核心旅游资源的空间距离，与核心旅游资源的距离决定了民宿的性质和风格，是选址的核心要素之一。气候条件，气候条件决定了旅游淡旺季周期，决定了民宿经营时间的长短和民宿入住率。区域交通情况，主要包括与机场、火车站、等级公路节点的距离，民宿选址不仅要考虑本地客源市场，更多的要考虑中远程客源市场。小交通情况，指抵达民宿所在的小区域最后一千米的可达性。

配套设施情况。这属于民宿旅游集聚区适宜性对其所在区域相关辅助条件的判定，包括基础设施情况、公共服务设施情况、停车场情况等。衡量内容主要包括以下指标：基础设施情况，主要包括民宿旅游集聚区的供水、供电、网络、排污等相关配套情况。公共服务配套情况，周围医院、大型综合购物娱乐场所、餐饮场所、与邮政等其他公共服务配套设施是否方便，能够为民宿住宿者提供更便捷服务，提高民宿旅游集聚区竞争力。停车场情况，民宿主要消费人群里很多都是自驾旅行者，停车便利度也是要考虑的因素。

经营条件。这项指标与前四项指标相比相对微观，主要偏重于具体经营状况需要考虑的因素。建筑特色，民宿与星级酒店相比更加注重个性化特色化，建筑本身是否有特色，是否体现地域风情也是选址需要考虑的因素，包括建筑的结构、使用年限、维护程度等。租金成本，民宿很多是租用闲置住宅开展经营，具备开办民宿的优势房源越来难获取，租金价格与民宿投资回报率有关，由于租赁房屋受到相关政策及房屋所有者履约能力的影响，所以需要重点考虑此因素。人力资源情况，民宿吸引力是靠有温度的服务，人力资源素质水平和经济成本等都是民宿选址运营要考虑的条件。文化体验，民宿除满足住宿需求外，最大的特点就是能够提供主人的生活方式和独特的文化体验，如茶道、瑜伽、蜡染、极限运动等等。

2. 评价体系层次结构

在分析民宿旅游集聚发展的适宜性影响因素基础上，选择对重要影响因素中的相关重点评价指标进行判定，采取专家咨询法对划定的评价指标进行校准修订，进而构建起由目标层、综合评价层、要素评价层、因子评价层和指标层构成的民宿旅游集聚区适宜性能评价指标体系（表 6.2）。由 5 个层次构成该评价体系，其中，目标层以民宿旅游集聚区适宜性为总目标；综合评价层包括经济环境因素、旅游业发展情况、地理环境因素、配套设施情况、经营条件 5 个综合评价层。要素评价层中经济环境因素分为经济发展水平、居民可支配收入、人口规模、政策环境 4 个评价要素；旅游业发展情况分为旅游资源富集程度、游客接待量、旅游收入、住宿设施情况 4 个评价要素；地理环境因素分为与中心城市距离、与核心旅游资源距离、气候条件、区域大交通情况、小交通情况 5 个评价要素；配套设施情况包括基础设施配套情况、公共服务配套情况、停车空间情况 3 个评价要素；经营条件包括建筑特色、租金成本、人力资本情况、文化体验 4 个评价要素。因子评价层分为地区国内生产总值、人口数量、民宿客栈数量等 35 个评价因子。

该指标体系的特点：综合了民宿旅游集聚发展适宜性的宏观影响因素和微观影响因素，相对较为全面、客观；评价指标更加细化、系统，使民宿旅游集聚适宜性评价体系更具有科学性；运用赋值打分法，使该指标体系更具操作性。

表 6.2　民宿旅游集聚区适宜性评价指标体系

<table>
<tr><th>目标层</th><th>一级指标</th><th>二级指标</th><th>三级指标</th></tr>
<tr><td rowspan="22">民宿旅游集聚适宜性</td><td rowspan="5">B1 经济环境因素</td><td>C1 经济发展水平</td><td>D1 国内生产总值</td></tr>
<tr><td>C2 居民可支配收入</td><td>D2 城镇居民人均可支配收入（元 / 年）</td></tr>
<tr><td>C3 人口规模</td><td>D3 常驻人口数量（万人）</td></tr>
<tr><td rowspan="2">C4 政策环境</td><td>D4 合理的旅游及相关规划</td></tr>
<tr><td>D5 政策扶植</td></tr>
<tr><td rowspan="8">B2 旅游业发展情况</td><td rowspan="2">C5 游客接待量</td><td>D6 接待国内游客数量</td></tr>
<tr><td>D7 接待国际游客数量</td></tr>
<tr><td>C6 旅游收入</td><td>D8 所在城市旅游总收入</td></tr>
<tr><td rowspan="2">C7 住宿设施情况</td><td>D9 酒店情况</td></tr>
<tr><td>D10 民宿客栈数量</td></tr>
<tr><td rowspan="3">C8 旅游资源富集程度</td><td>D113A 级以上景区、风景名胜区数量</td></tr>
<tr><td>D12 景区等级</td></tr>
<tr><td>D13 传统古村落古镇等</td></tr>
<tr><td rowspan="9">B3 地理环境因素</td><td>C9 与区域内中心城市距离</td><td>D14 空间距离</td></tr>
<tr><td>C10 与核心旅游资源距离</td><td>D15 空间距离</td></tr>
<tr><td rowspan="2">C11 气候条件</td><td>D16 旅游旺季周期</td></tr>
<tr><td>D17 旅游气候舒适度</td></tr>
<tr><td rowspan="3">C12 区域交通情况</td><td>D18 机场距离</td></tr>
<tr><td>D19 火车距离</td></tr>
<tr><td>D20 主要公路距离</td></tr>
<tr><td rowspan="2">C13 小交通情况</td><td>D21 公交站点 / 地铁站距离</td></tr>
<tr><td>D22 与核心旅游资源接驳便利程度</td></tr>
</table>

续表

目标层	一级指标	二级指标	三级指标
民宿旅游集聚适宜性	B4 配套设施情况	C14 基础设施配套情况	D23 供水、供电、网络情况、排污等
		C15 公共服务配套情况	D24 与医院距离
			D25 与大型综合购物娱乐场所距离
			D26 与大型餐饮场所距离
			D27 与邮政等其他公共服务距离
		C16 停车空间情况	D28 独立停车场、车位数量
	B5 经营条件	C17 文化体验	D29 游客可参与程度
			D30 当地文化特色
		C18 人力资源情况	D31 专业人才获取难度
			D32 民宿从业者人力成本
		C19 租金成本	D33 房屋租赁使用成本
			D34 社区关系（当地居民对民宿经营的态度）
		C20 建筑特色	D35 地域特色、完好程度

（二）指标权重

本研究选择来自政府主管部门的行政人员，民宿、酒店、旅游等研究领域的学者，旅游行业协会、民宿行业协会，民宿经营者和媒体代表共 20 位专家。采用德尔菲法邀请 20 位专家对评价体系指标进行三轮打分评判，第一轮与专家进行咨询确定评价指标，第二轮专家咨询是让专家对各层指标设置权重并赋值，第三轮是对最终的选址指标评价体系征求专家意见。采用两两比较和构造判断矩阵设置权重，使用 7 级标度法进行指标的计算，最终数据以专家最终打分结果为准，所选样本数量与层次分析法要求相符合。

通过综合评价层 A–B 作为示范（表 6.3），按照专家判断矩阵数据各要素求几何平均之后得到相对重要性判断值，Wi 代表各指标权重，C.R. 代表随机一致性比例。当 C.R.<0.10 时，表明判断矩阵具有满意的一致性。通过计算，

所有矩阵的 C.R. 值均符合要求，从而可以得到表 6.4 民宿旅游集聚适宜性评价指标体系评价层、评价因子权重。民宿旅游集聚适宜性评价指标体系权重如表 6.4 所示。

表 6.3 综合评价层因子判断矩阵 A–B 层及权重

民宿旅游集聚适宜性	经济环境因素	旅游业发展情况	地理环境因素	配套设施情况	经营条件	Wi	CR
经济环境因素	1	0.5445	0.4335	0.2631	0.4667	0.4396	0.095
旅游业发展情况	0.2451	1	0.4335	0.3684	0.2	0.3039	
地理环境因素	0.0980	0.0544	1	0.2631	0.2	0.1405	
配套设施情况	0.0980	0.0381	0.0173	1	0.0667	0.0545	
经营条件	0.0686	0.0907	0.0288	0.0526	1	0.0615	

表 6.4 民宿旅游集聚区适宜性评价指标体系权重

目标层	综合评价层	权重	要素评价层	对应上一层的权重	对应目标层的总权重	因子评价层	对应上一层的权重	对应目标层的总权重
A 民宿旅游集聚适宜性	B1 经济环境因素	0.4396	C1 经济发展水平	0.3741	0.1645	D1 国内生产总值	1.0000	0.1645
			C2 居民可支配收入	0.1475	0.0648	D2 城镇居民人均可支配收入（元 / 年）	1.0000	0.0648
			C3 人口规模	0.1043	0.0459	D3 常驻人口数量（万人）	1.0000	0.0459
			C4 政策环境	0.3741	0.1645	D4 合理的旅游及相关规划	0.5000	0.0823
						D5 政策扶植	0.5000	0.0823

续表

目标层	综合评价层	权重	要素评价层	对应上一层的权重	对应目标层的总权重	因子评价层	对应上一层的权重	对应目标层的总权重
A 民宿旅游集聚适宜性	B2 旅游业发展情况	0.3039	C5 游客接待量	0.3863	0.1174	D6 接待国内游客数量	0.9728	0.1142
						D7 接待国际游客数量	0.0272	0.0032
			C6 旅游收入	0.1686	0.0512	D8 所在城市旅游总收入	1.0000	0.0512
			C7 住宿设施情况	0.0587	0.0178	D9 酒店情况	0.2500	0.0045
						D10 民宿客栈数量	0.7500	0.0134
			C8 旅游资源富集程度	0.3863	0.1174	D11 3A 级以上景区、风景名胜区数量	0.3152	0.0370
						D12 景区等级	0.3678	0.0432
						D13 传统古村落古镇等	0.217	0.0255
	B3 地理环境因素	0.1405	C9 与区域内中心城市距离	0.3874	0.0544	D14 空间距离	1.0000	0.0544
			C10 与核心旅游资源距离	0.3874	0.0544	D15 空间距离	1.0000	0.0544
			C11 气候条件	0.0724	0.0102	D16 旅游旺季周期	0.6667	0.0068
						D17 旅游气候舒适度	0.3333	0.0034

续表

目标层	综合评价层	权重	要素评价层	对应上一层的权重	对应目标层的总权重	因子评价层	对应上一层的权重	对应目标层的总权重
A 民宿旅游集聚适宜性	B3 地理环境因素	0.1405	C12 区域交通情况	0.1124	0.0158	D18 机场距离	0.45454	0.0072
						D19 火车距离	0.4545	0.0072
						D20 主要公路距离	0.0909	0.0014
			C13 小交通情况	0.0404	0.0057	D21 公交站点 / 地铁站距离	0.3333	0.0019
						D22 与核心旅游资源接驳便利程度	0.6667	0.0038
	B4 配套设施情况	0.0545	C14 基础设施配套情况	0.5418	0.0295	D23 供水、供电、网络情况、排污等	1.0000	0.0295
			C15 公共服务配套情况	0.3818	0.0208	D24 与医院距离	0.2782	0.0058
						D25 与大型综合购物娱乐场所距离	0.5489	0.0114
						D26 与大型餐饮场所距离	0.1300	0.0027
						D27 与邮政等其他公共服务距离	0.0429	0.0009
			C16 停车空间情况	0.0764	0.0042	D28 独立停车场、车位数量	1.0000	0.0042

续表

目标层	综合评价层	权重	要素评价层	对应上一层的权重	对应目标层的总权重	因子评价层	对应上一层的权重	对应目标层的总权重
A民宿旅游集聚适宜性	B5经营条件	0.0615	C17 文化体验	0.1805	0.0111	D29 游客可参与程度	0.6667	0.0074
						D30 当地文化特色	0.3333	0.0037
			C18 人力资源情况	0.0642	0.0039	D31 专业人才获取难度	0.4444	0.0017
						D32 民宿从业者人力成本	0.5556	0.0022
			C19 租金成本	0.5572	0.0343	D33 房屋租赁使用成本	0.6667	0.0229
						D34 社区关系（当地居民对民宿经营的态度）	0.3333	0.0114
			C20 建筑特色	0.1982	0.0122	D35 地域特色、完好程度	1.0000	0.0122

（三）民宿旅游集聚适宜性体系评分

对每一评价指标进行赋分，采取百分制。经与研究度假村、酒店选址的学界专家咨询，设置评分标准和评分项目。为便于实际操作和理解，将目标层设定为100分，每项指标有0分、20分、40分、60分、80分、100分6个得分级别，每个得分对应具体评分内容（见表6.5）。民宿旅游集聚选址评价得分的计算公式为：

$$A=\sum_{i=1}^{n}DiWi$$

A 为民宿旅游集聚区发展适宜度得分，Di 为评价指标 i 的分值，Wi 为评价指标对应目标层的总权重；n 为评价指标总数。

该评价指标体系中，B1 经济环境因素和 B2 旅游业发展情况为宏观层次的指标，主要是考量民宿旅游集聚区所在城市的各种指标；B3 地理环境因素和 B4 配套设施情况为中观层次的指标，主要是考量民宿旅游集聚区域的各种发展指标；B5 经营条件为微观层次的指标，综合考虑了民宿旅游集聚区内民宿平均发展情况。在 D 项指标评分标准设计中，除相对指标和描述性指标外，数值型指标的 60 分分值设计主要是考虑全国平均水平，如城镇居民人均可支配收入、机场距离、景区距离、景区数量等，80 分、40 分分别对指标进行相应数值上下调整。环境舒适度等主要参考对于区域旅游气候舒适度的研究（王国新等，2015）。

根据民宿旅游集聚适宜性评价指标体系，得分 85 分及以上为非常适宜，得分 75~84 分为较为适宜，60~74 分为一般适宜，小于 60 分为不适宜选址发展民宿旅游集聚区。

表 6.5　民宿旅游集聚适宜性评价评分标准

评价指标	对应目标层总权重	评分标准 / 分					
		0	20	40	60	80	100
D1 国内生产总值（GDP）	0.1645	未达到全国前 60%	在全国居前 60%	在全国居前 50%	在全国居前 40%	在全国居前 30%	在全国居前 20%
D2 城镇居民人均可支配收入	0.0648	—	小于 20000	大于 22000	大于 25000	大于 28000	大于 30000
D3 常驻人口数量（万）	0.0459	小于 10	10~50	50~100	100~500	500~1000	大于 1000
D4 合理的旅游及相关规划	0.0823	无	有省市区（县）其中一级相对详细科学的旅游及相关规划	有省市区（县）其中一级详细科学的旅游及相关规划	有省市区（县）其中两级相对详细科学的旅游及相关规划	有省市区（县）其中两级详细科学的旅游及相关规划	有省市区（县）三级别详细科学的旅游及相关规划

续表

评价指标	对应目标层总权重	评分标准 / 分					
		0	20	40	60	80	100
D5 政策扶植	0.0823	无	有省市区其中一级相对详细科学的民宿产业政策	有省市区其中一级详细科学的民宿产业政策	有省市区其中二级相对详细科学的民宿产业政策	有省市区其中二级详细科学的民宿产业政策	有省市区三级别、类型齐全的民宿产业政策
D6 接待国内游客数量	0.1142	未达到全国前 60%	在全国居前 60%	在全国居前 50%	在全国居前 40%	在全国居前 30%	在全国居前 20%
D7 接待国际游客数量	0.0032	未达到全国前 60%	在全国居前 60%	在全国居前 50%	在全国居前 40%	在全国居前 30%	在全国居前 20%
D8 所在城市旅游总收入	0.0512	未达到本省前 50%	在本省居前 50%	在本省居前 40%	在本省居前 30%	在本省居前 20%	在本省居前 10%
D9 酒店情况	0.0045	无酒店	客房数量不足，档次单一	客房数量档次能满足基本住宿需求，无星级酒店	客房数量充足，档次多样有 3 星级酒店	客房数量充足，档次多样，有 4 星级酒店	客房数量充足，档次多样，有 5 星级酒店
D10 民宿客栈数量	0.0134	0	500 家以下	500 家以上	1000 家以上	1500 家以上	2000 家以上
D11 3A 级以上景区、风景名胜	0.0370	0	10 个以上	20 个以上	30 个以上	40 个以上	50 个以上
D12 景区等级	0.0432	无	有其他旅游吸引	有景区	有 3A 及以上级景区	有 4A 及以上级景区	有 5A 级景区
D13 传统古村落古镇等	0.0255	0	5 个以下	5 个以上	10 个以上	15 个以上	20 个以上

续表

评价指标	对应目标层总权重	评分标准 / 分					
		0	20	40	60	80	100
D14 空间	0.0544	距离 300 千米以上	300 千米以内	250 千米以内	200 千米以内	150 千米以内	100 千米以内
D15 空间距离	0.0544	—	20 千米以上	20 千米以内	15 千米以内	10 千米以内	5 千米以内
D16 旅游	0.0068	—	旺季周期 2 个月以上	4 个月以上	6 个月以上	8 个月以上	10 个月以上
D17 旅游气候舒适度	0.0034	—	适游期 2 个月以上	适游期 4 个月以上	适游期 6 个月以上	适游期 8 个月以上	适游期 10 个月以上
D18 机场	0.0072	无机场	距离机场 75 千米以上	65 千米以内	55 千米以内	45 千米以内	35 千米以内
D19 火车站（高铁）距离	0.0072	无火车站	40 千米以内	30 千米以内	20 千米以内	15 千米以内	10 千米以内
D20 等级公路距离	0.0014	—	40 千米以内	30 千米以内	20 千米以内	15 千米以内	10 千米以内
D21 公交站点 / 地铁站距离	0.0019	无公共交通	5 千米以内	4 千米以内	3 千米以内	2 千米以内	1 千米以内
D22 与核心旅游资源接驳便利程度	0.0038	抵达相对比较困难	有很少交通方式可选择，不够便利	有交通方式可选择，相对便利	有交通方式可选择，比较便利	有多种交通方式可选择，较便利	有多种交通方式可选择，非常便利
D23 供水、供电、网络情况	0.0295	不完备	不太完备	一般完备	比较完备	很完备	非常完备
D24 与大型综合购物娱乐场所	0.0058	无医院	20 千米以内	15 千米以内	10 千米以内	8 千米以内	5 千米以内
D25 与大型餐饮场所距离	0.0114	无	15 千米以内	10 千米以内	8 千米以内	5 千米以内	3 千米以内

续表

评价指标	对应目标层总权重	评分标准 / 分					
		0	20	40	60	80	100
D26 与医院距离	0.0027	无	10 千米以内	8 千米以内	5 千米以内	3 千米以内	2 千米以内
D27 与邮政等其他公共服务距离	0.0009	无	15 千米以内	10 千米以内	8 千米以内	5 千米以内	3 千米以内
D28 独立停车场、车位数量	0.0042	无独立停车场，无车位	无独立停车场，车位一般充足	无独立停车场，车位充足	有独立停车场，车位一般充足	有独立停车场，车位较充足	有独立停车场，车位非常充足
D29 游客可参与程度	0.0074	—	很低	低	一般	较高	很高
D30 当地文化特色	0.0037	—	相对有特色	一般具有特色	比较具有特色	很具特色	极具特色
D31 专业人才获取难度	0.0017	很难获取	较难获取	不太容易获取	一般容易获取	比较容易获取	非常容易获取
D32 民宿从业者人力成本	0.0022	—	很高	较高	一般	低	很低
D33 房屋租赁使用成本	0.0229	难以获取房源	远高于当地房屋	略高于	持平	略低于	远低于当地平
D34 社区关系（当地居民对民	0.0114	反对	无态度	与民宿经营者相	与民宿经营者相	与民宿经营者相	与民宿经营者
D35 地域特色、完好程度	0.0122	—	具有一定的地域特色，建筑保存不够完好	具有一定的地域特色，建筑保存不够完好	具有一定的地域特色，建筑保存相对完好	具有地域特色，建筑保存完好完好	极具地域特色，建筑保存非常完好

三、民宿旅游集聚发展的适宜性评价应用

民宿旅游集聚发展的适宜性评价体系用于综合性分析民宿旅游的集聚特征，并从经济环境、地理环境、经营条件等方面多角度、多层次的分析集聚区的发展状况，有利于更明确地抓住其存在问题，有针对性地提出解决措施。

在评价体系之上，本研究以较为典型的杭州西湖民宿旅游集聚区作为样本，分析其民宿旅游集聚发展的基础，对其进行评价和诊断，力求验证该评价体系的合理性，并为相关研究和应用提供参考。

实际研究中，通过对相关文献资料整理、携程旅游网和去哪儿网搜索及杭州西湖民宿旅游集聚区的实地考察，按照本研究所构建的适宜性评价指标体系进行赋分。邀请专家根据适宜性评价指标体系中对经营条件里定性评价的内容进行打分，然后将每分项得分加权汇总形成总分（图 6.10）。经过计算，杭州民宿旅游集聚区适宜性综合评价得分为 92.644，非常适合民宿旅游集聚区发展。

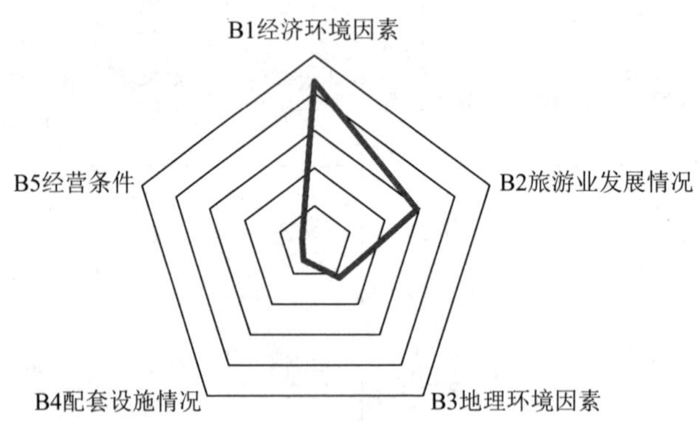

图 6.10　杭州西湖民宿旅游集聚区适宜性评价雷达分析

（一）在适宜性宏观影响因素方面

杭州西湖民宿旅游集聚区得分很高，其中 B1 经济环境因素杭州西湖民宿旅游集聚区得分 43.062，B2 旅游业发展情况得分为 29.22。首先，杭州民宿旅游集聚区所依托的区域条件优良，杭州市地处中国经济最发达的长三角核心区，具备雄厚的经济基础和良好的发展环境。其次，旅游业发展成熟，为

民宿产业发展提供了良好的外部环境和发展基础。根据《2017 年杭州市旅游统计公报》数据显示，全市累计接待游客 16286.63 万人次，实现旅游总收入 3041.34 亿元；杭州 3A 级以上旅游景区达到 55 家，省级以上风景名胜区 3 个，传统古村落 21 个。最后，杭州市民宿业发展具有代表性，已经初步形成从白乐桥、杨梅岭、四眼井、满觉陇、玉皇山一直延伸到钱塘江畔的民宿旅游集聚区。杭州市制定了《民宿业服务等级划分与评定规范》并在 2016 年 10 月 1 日开始实施，已经评定首批 63 家民宿，其中精品民宿 13 家、特色民宿 24 家、标准民宿 26 家。2016 年成立了杭州市民宿行业协会，大力推动民宿服务行业在旅游观光、休闲度假领域的发展。

（二）在适宜性中观影响因素方面

B3 地理环境因素杭州西湖民宿旅游集聚区得分 11.346，B4 配套设施情况杭州西湖民宿旅游集聚区得分 5.316。杭州西湖民宿旅游集聚区位于西湖风景名胜区，距离机场约 35 千米，距离杭州站约 10 千米、杭州东站距离约 13 千米、杭州北站约 15.6 千米、杭州南站约 24.5 千米，距离灵隐寺约 1 千米、北高峰约 1.7 千米、西湖景点（曲院风荷）约 2.5 千米、岳王庙约 3.5 千米、西溪湿地约 3.9 千米，距离孤山、中国印学博物馆、龙井山园茶文化村、中国湿地博物馆等景点都距离在 5 千米范围内。与很多餐饮饭店、医院距离都在 3 千米范围内，区内有停车场、车位充足，公共交通发达，出行比较便利。

（三）在适宜性微观影响因素方面

B5 经营条件杭州西湖民宿旅游集聚区得分 3.7。该区域民居按景中村建设，白墙灰瓦，主体建筑年代比较新，被经营者改造后的民宿人文情调十足，有以越剧、扎染、家文化、禅文化、自然风等多种主题，民宿经营者独特的个人经历和服务，也可给游客带来不同体验。民宿作为新兴行业，专业人才的缺乏是普遍存在的问题。但杭州市内高校众多，高校学生兼职实习一定程度也缓解了人力资源的压力。该区域的房租也因为近年来杭州西湖民宿名气的增大而逐年上涨，给民宿的经营增加了很大压力。因为杭州西湖民宿旅游集聚区的集聚效应，已经出现了为民宿服务的专业性公司，通过民宿托管、管家服务、布草洗涤、卫生打扫降低民宿运营成本；通过品牌营销、活动运作、媒体宣传提升了民宿的知名度；通过房源共享、淡旺季价格联动调控，增加了该地区的总体接待量，增强了杭州西湖民宿的整体竞争力。

城郊休闲度假市场主导发展模式中，苏州市环太湖地区民宿旅游集聚区适宜性评价得分 91.214 。乡村古村落政府主导发展模式中，丽水市松阳县民宿旅游集聚区适宜性评价得分 88.637。乡村养老市场主导型发展模式中，湖州市长兴县水口民宿旅游集聚区适宜性评价得分 89.912。乡村景区市场主导型发展模式中，莫干山民宿旅游集聚区适宜性评价得分 92.369。通过该指标体系打分结果表明，以上区域均比较适宜发展民宿旅游集聚区。每种模式在不同评价层面优势不同。乡村类发展模式的民宿旅游集聚区在有些指标得分上，如区域经济发展水平、配套设施与城市类发展的民宿旅游集聚区相比略有劣势，但在经营条件层面，如建筑特色、文化体验方面得分却更具优势。这也是不同发展模式的不同特点所致，多样化的发展满足旅游者不同层面的消费诉求。

本研究从民宿旅游集聚适应性评价的宏观、中观、微观层面，运用层次分析法和专家咨询法，构建相对全面的民宿旅游集聚适宜性评价指标体系。该指标体系由目标层、综合评价层、要素评价层、因子评价层和指标层构成。目标层以民宿旅游集聚区合理选址为总目标；综合评价层包括经济环境因素（0.4396）、旅游业发展情况（0.3039）、地理环境因素（0.1405）、配套设施情况（0.0545）、经营条件（0.0615）5 个要素评价层；要素评价层分为经济发展水平、旅游资源富集程度、旅游收入等 20 个评价指标；因子评价层分为地区国内经济生产总值、人口数量、民宿客栈数量等 35 个评价因子。为使指标更具有实际操作意义，对各指标进行赋分评分。该指标体系构建后，能够为民宿旅游集聚区发展适宜性提供科学参考，合理评估民宿发展条件，避免盲目投资发展，造成资源和资金浪费。

民宿产业虽然发展迅速，但不是所有地区都适合建立民宿旅游集聚区，因此民宿旅游集聚区的选址一定要综合考虑自身区位条件和所依托的资源环境，进行全面评估评价。民宿旅游集聚适宜性评价体系除了本文中所提到的可以量化衡量的自然环境和社会发展指标外，还需要进一步考虑人文因素对民宿旅游集聚适宜性的影响。由于民宿经营主要是租赁房屋开展的经营活动，房屋权属是否明确无纠纷，是否存在房屋契约履约隐患，与房主的关系、与村干部的关系、与社区居民的关系都是发展时需要考虑的重要因素。今后，可运用 GIS 空间信息技术对影响民宿旅游集聚发展的气候条件、坡向、地形地貌、生态系统、土地利用类型、土地价格、景观视觉等，构建起地理信息系统与专家评估相结合的评估模型，来更加综合全面判别和评估备选地点的可行性。

本章小结

本章以民宿旅游集聚发展的 L–R–D 理论为基础，民宿旅游集聚所在区位（L–Location）、核心旅游资源（R–Resource）、主要动力（D–Dynamic）三者组合，共同作用、相互促进，总结出长三角民宿旅游集聚发展的模式。城市景区市场主导型发展模式、城郊休闲度假市场主导型发展模式、乡村古村落政府主导型发展模式、乡村养老市场主导型发展模式、乡村景区市场主导型发展模式，并对每种模式进行分析。通过建立民宿集聚发展适宜性评价体系，以杭州西湖民宿旅游集聚区为例，对苏州市环太湖地区民宿旅游集聚区、丽水市松阳县民宿旅游集聚区、湖州市长兴县水口民宿旅游集聚区、莫干山民宿旅游集聚区适宜性评价指标进行验证和应用。良好的经济环境和旅游业发展情况是民宿旅游集聚发展考虑的首要因素，也是民宿旅游集聚发展的基础，优越的地理环境和配套设施是民宿旅游集聚的发展优势，优良的经营条件为该区域发展提供有力支撑。未来对于民宿旅游集聚发展模式和适宜性的研究除了民宿旅游本身，还要考虑民宿相关产业的选址布局，通过合理分配和统一规划，相互之间形成业务互补、协同经营、整合营销、消费群共享，通过一致协调发展形成集聚效应，对抗外部市场冲击和降低内部资源损耗，形成区域经济效应，带动民宿旅游集聚区协调发展。

Part 7

第七章　民宿旅游集聚发展的机制分析

在中央和地方各级政府相关政策的引导和激励下，受旅游消费升级和企业资本注入的驱动，民宿旅游得到迅速发展。由于长三角地区是国内民宿发展最为成熟的地区，通过民宿集聚影响因素方程的建立、市场因素的分析、动力因素作用机制的研究，探寻长三角民宿旅游发展的规律。研究长三角民宿旅游集聚区影响因素、动力因素和作用机制是将时间与空间进行结合，揭示民宿旅游集聚区发展机制的有效途径，是发现民宿旅游集聚发展模式的有效方法，也是制定民宿发展战略和政策的基础。

第一节　民宿空间分布形成的影响因素

长三角民宿空间分布是受到多种影响因素共同作用的结果，主要包括区域基础条件和旅游市场条件，其中经济条件、人口条件、消费能力、交通条件、景区情况、旅游产业情况等都会对其产生影响。影响民宿空间分布的因素有很多，为了找到诸多因素中的显著性影响因素，需要运用科学的研究方法，建立相关模型。长三角民宿空间分布影响因素分析将采用多因素逐步回归方法，建立多元回归方程，寻找显著性影响因素。

一、影响因子与模型构建

探讨民宿分布的影响因素中，主要以区域基础环境和旅游市场条件为主，区域基础环境主要包括：①经济环境，民宿集聚的上海、杭州、南京、湖州、嘉兴、无锡、苏州城市等地区均是经济比较发达的城市，经济基础可能影响到民宿的集聚程度，此处选取国内生产总值和人均国内生产总值作为地区经济环境的参照；②人口条件，一定的人口规模或密度是旅游市场发展的基本条件，此处选择常住人口数量和人口密度来表示区域人口规模；③消费能力，消费能力反映区域市场消费特征，一般而言，消费能力越强的市场，在休闲旅游相关活动上的消费水平就越高，此处以城镇居民恩格尔系数和农村居民恩格尔系数来反映地区消费能力；④交通条件，交通通达程度是影响旅游发展的重要条件，尤其是自驾游的兴起，极大带动了区域旅游产业的发展，此处选择等级公路里程及等级公路密度反映地区的通达状况。旅游市场条件主要包括：①景区情况，景区是国内旅游的主要吸引点，研究中选择 A 级景区数量、A 级景区密度、传统村落数量三个指标表示地区景区发展情况；②旅游产业情况，作为旅游产业中的一大构成，民宿的发展可能受到地区旅游发展条件的影响，此处选取旅游总收入、单位面积旅游收入表示旅游产业情况。为了保持研究客观性，对部分指标排除区域面积影响（即计算单位面积的密度值）。在研究中，对影响民宿分布的因素以探索性分析为主，无法保证枚举因素的全面性，但通过多因素逐步回归分析可以判断影响因变量 Y 民宿密度的主要因素，其各影响因素及定义如表 7.1 所示。

表 7.1 民宿集聚的影响因素及定义

编码	名称	含义 / 计算方法	样本均值	标准差
Y	民宿密度	区域（县、市辖区）民宿数量 / 面积	0.64	1.95
X_1	国内生产总值	—	1230.47	2539.98
X_2	人均国内生产总值	—	97727.52	52937.12
X_3	城镇居民恩格尔系数	—	35.78	3.70

续表

编码	名称	含义 / 计算方法	样本均值	标准差
X_4	农村居民恩格尔系数	—	37.21	3.37
X_5	常住人口数量	—	797768.38	1150839.82
X_6	人口密度	常住人口数量 / 面积	1396.65	3114.20
X_7	等级公路里程	—	2.03	1.19
X_8	等级公路里程密度	等级公路里程 / 面积	$1.75*10^{-3}$	$9.91*10^{-4}$
X_9	A 级景区数量	—	0.44	1.03
X_{10}	传统村落数量	—	8.50	8.75
X_{11}	A 级景区密度	A 级景区数量 / 面积	0.01	0.02
X_{12}	旅游总收入	—	233.83	397.76
X_{13}	单位面积旅游收入	旅游总收入 / 面积	0.65	2.18

根据 2017 年长三角民宿旅游集聚区 140 个区、县的相关指标数据基于 SPSS 逐步回归模型进行计算，结果表明，在所选定的影响民宿分布的 13 个因素中，单位面积旅游收入 A 级景区数量、人口密度、地区国内生产总值对民宿集聚分布有显著影响，其他指标对民宿的集聚影响不显著（表 7.2）。

表 7.2　多因素逐步回归过程

ANOVA[a]						
模型		平方和	自由度	均方	F	显著性
1	回归	170.059	1	170.059	945.431	0.000[b]
	残差	8.274	58	0.180		
	总计	178.334	59			
2	回归	171.298	2	85.649	547.828	0.000[c]
	残差	7.035	57	0.156		
	总计	178.334	59			

续表

ANOVA[a]						
模型		平方和	自由度	均方	F	显著性
3	回归	172.339	3	57.446	421.645	0.000[d]
	残差	5.995	56	0.136		
	总计	178.334	59			
4	回归	173.530	4	43.382	388.316	0.000[e]
	残差	4.804	55	0.112		
	总计	178.334	59			

a. 因变量：民宿密度

b. 预测变量:（常量），单位面积旅游收入

c. 预测变量:（常量），单位面积旅游收入，人口密度

d. 预测变量:（常量），单位面积旅游收入，人口密度，GDP

e. 预测变量:（常量），单位面积旅游收入，人口密度，GDP，A 级景区数量

系数[a]						
模型 B		非标准化系数		标准系数	t	显著性
		标准错误	贝塔			
1	（常量）	0.070	0.064		1.090	0.281
	单位面积旅游收入	0.873	0.028	0.977	30.748	0.000
2	（常量）	−0.044	0.072		−0.609	0.546
	单位面积旅游收入	0.553	0.117	0.619	4.742	0.000
	人口密度	0.000	0.000	0.367	2.815	0.007
3	（常量）	0.000	0.069		−0.005	0.996
	单位面积旅游收入	0.467	0.113	0.523	4.128	0.000
	人口密度	0.000	0.000	0.467	3.678	0.001
	GDP	$-6.113*10^{-5}$	0.000	0.080	−2.764	0.008

续表

系数[a]						
模型 B		非标准化系数		标准系数	t	显著性
		标准错误	贝塔			
4	（常量）	−0.015	0.063		−0.233	0.817
	单位面积旅游收入	0.445	0.103	0.498	4.332	0.000
	人口密度	0.000	0.000	0.503	4.348	0.000
	GDP	0.000	0.000	0.232	−4.340	0.000
	A 级景区数量	0.324	0.099	0.171	3.265	0.002

排除的变量[a]						
模型		输入贝塔	t	显著性	偏相关容许	共线性统计
1	GDP	−0.049[b]	−1.583	0.120	−0.230	1.000
	人均 GDP	−0.026[b]	−0.687	0.495	−0.102	0.720
	旅游总收入	−0.052[b]	−1.675	0.101	−0.242	0.997
	5A 级景区数	−0.009[b]	−0.277	0.783	−0.041	0.999
	A 级景区数	−0.040[b]	−1.250	0.218	−0.183	0.978
	等级公路里程	−0.084[b]	−2.601	0.013	−0.362	0.865
	A 级景区密度	−0.047[b]	−0.868	0.390	−0.128	0.347
	等级公路里程密度	0.024[b]	0.365	0.717	0.054	0.241
	人口密度	0.367[b]	2.815	0.007	0.387	0.051
	旅游总人数	−0.025[b]	−0.786	0.436	−0.116	0.986
2	GDP	−0.080[c]	−2.764	0.008	−0.385	0.918
	人均 GDP	−0.054[c]	−1.528	0.134	−0.224	0.673
	旅游总收入	−0.067[c]	−2.334	0.024	−0.332	0.973
	5A 级景区数	−0.027[c]	−0.900	0.373	−0.134	0.956
	A 级景区数	−0.042[c]	−1.431	0.159	−0.211	0.977
	等级公路里程	−0.062[c]	−1.921	0.061	−0.278	0.786

续表

排除的变量[a]						
模型		输入贝塔	t	显著性	偏相关容许	共线性统计
2	A级景区密度	0.031[c]	0.524	0.603	0.079	0.262
	等级公路里程密度	−0.034[c]	−0.536	0.595	−0.081	0.216
	旅游总人数	−0.010[c]	−0.339	0.736	−0.051	0.954
3	人均GDP	−0.023[d]	−0.624	0.536	−0.095	0.580
	旅游总收入	−0.005[d]	−0.094	0.925	−0.014	0.279
	5A级景区数	0.171[d]	3.265	0.002	0.446	0.228
	A级景区数	0.028[d]	0.687	0.496	0.104	0.469
	等级公路里程	−0.025[d]	−0.687	0.496	−0.104	0.583
	A级景区密度	0.079[d]	1.426	0.161	0.213	0.241
	等级公路里程密度	−0.052[d]	−0.864	0.392	−0.131	0.214
	单位面积旅游收入	−0.018[d]	−0.621	0.538	−0.094	0.946
4	人均GDP	0.013[e]	0.357	0.723	0.055	0.522
	旅游总收入	−0.070[e]	−1.388	0.172	−0.209	0.243
	A级景区数	−0.015[e]	−0.389	0.699	−0.060	0.412
	等级公路里程	−0.019[e]	−0.573	0.570	−0.088	0.581
	A级景区密度	0.040[e]	0.750	0.458	0.115	0.225
	等级公路里程密度	0.010[e]	0.176	0.861	0.027	0.188
	旅游总人次	−0.019[e]	−0.725	0.472	−0.111	0.945

残差统计数据[a]					
	最小值	最大值（X）	平均值	标准偏差	数字
预测值	−0.0735420	11.6947536	0.6358394	1.92148929	60
残差	−0.56479853	1.53672802	0.00000000	0.31970514	60
标准预测值	−0.369	5.755	0.000	1.000	60
标准残差	−1.690	4.598	0.000	0.957	60

其中 R=0.986>0.7，R^2=0.973，F=10.659，P=0.000，显示整体拟合效果较好（表 7.3）。

表 7.3　多因素逐步回归方程结果

进入变量	B	Std.	β	t	F
常量	−0.015	0.063		−0.233	0.000
单位面积旅游收入（X_{13}）	0.445	0.103	0.498	4.332	0.000
国内生产总值（X_1）	0.001	0.008	0.503	4.348	0.000
人口密度（X_3）	0.002	0.012	0.232	4.340	0.000
A 级景区数量（X_9）	0.324	0.099	0.171	3.265	0.002

经计算，区域民宿数量的模拟方程式为：

$$Y = -0.015 + 0.445X_{13} + 0.001X_1 + 0.002X_3 + 0.324X_9$$

二、因素分析与影响作用

在多因素逐步回归模型分析中，标准偏回归系数于同一个模型的不同系数的检验，其值越大表明对因变量的影响越大。计算后发现 $\beta X_{13}>\beta X_9>\beta X_3>\beta X_1$，表明在区域民宿数量的影响程度上，单位面积旅游收入 >A 级景区数量 > 人口密度 > 地区国内生产总值（图 7.1）。

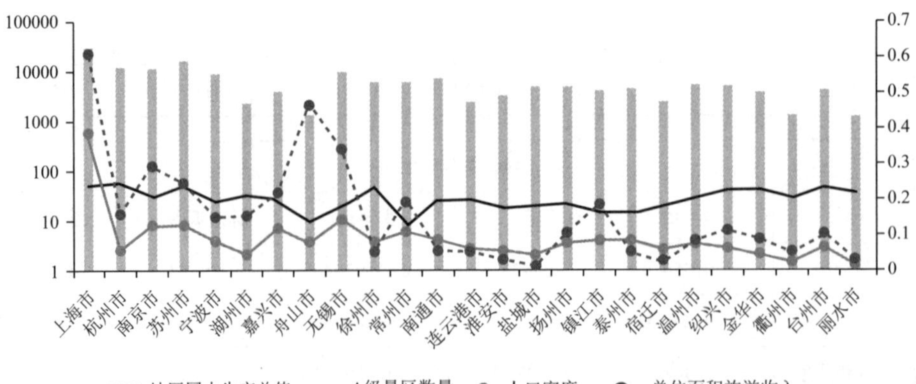

图 7.1　长三角地区民宿集聚分布影响因素

旅游收入反映了地区旅游发展的基本状况，而单位面积旅游收入体现了区域旅游发展的效率，单位面积旅游收入越高，表明单位面积的土地产出的旅游效益越高。民宿作为旅游住宿中的重要产品组成，其发展也必定受到区域旅游发展效率的影响，单位面积的旅游收入越高，民宿的集聚情况越明显。上海作为长三角地区民宿集聚的一级核心城市，其单位面积旅游收入达到 0.6025 亿元 /km^2，在长三角地区 25 个城市中居首位。长三角地区民宿集聚的三级组团核心城市，单位面积旅游收入都位居该区域前列，作为单位面积旅游收入较高的舟山市达到了 0.4594 亿元 /km^2，虽然整个城市面积只有 1440.12 平方千米，但其民宿数量则达到了 6448 家。旅游收入发达地区拥有充足的游客来源，而单位面积较高的旅游收入雄厚又证明了游客强大的消费能力，其所在的地区自然成为民宿发展的热区，形成了民宿以旅游收入发达城市为核心的组团式集聚分布格局。

A 级景区是旅游重要的吸引物，也是旅游重要的目的地。旅游资源禀赋决定着旅游目的地的发展潜力，高禀赋旅游资源是刺激旅游者产生旅游动机的根本原因（Ritchie J R B，Crouch GI，2005）。旅游资源的禀赋情况是民宿集聚分布的重要影响因素。浙江省和江苏省拥有 A 级景区数量和级别高居全国前列，其中江苏省拥有 23 家 5A 级景区，浙江省拥有 16 家 5A 级景区，长三角地区拥有 3A 级以上景区 736 家。具有类型丰富的旅游资源可以对应不同类型不同层次的客源市场。旅游资源富集的景区内或周边是民宿旅游集聚区成长的基础。长三角地区民宿集聚的三级组团城市苏州市、宁波市、湖州市、嘉兴市、舟山市，都具有数量多、禀赋高的旅游资源。苏州市周庄古镇、苏州园林、同里古镇景区、金鸡湖景区、沙家浜 · 虞山尚湖旅游区、宁波溪口、奉化滕头村、湖州市南浔古镇、莫干山风景名胜区、嘉兴市西塘古镇旅游景区、乌镇古镇旅游区、南湖旅游区、普陀山风景名胜区等都是兼具自然与人文特色、禀赋高、类型丰富的旅游资源，这些景区周边集聚了大量民宿。景区周边来往游客众多，对住宿的需求量大；而民宿在提供住宿的同时，还能提供享受本地乡土文化、特色美食等机会，成为众多旅游者的首选。因此，民宿往往选择靠近 A 级旅游景区的位置布局。

从人口密度上来看，人口旅游发展的市场基础，人口密度对民宿的集聚分布具有重要影响。民宿客源市场以 2 小时交通半径范围内的城市居民为主，因此，民宿必然在人口密度较大的城市及周边地区优先发展。长三角地区各城市中除湖州外，各大城市人口都超过 300 万，其中上海市、苏州市超过 1000 万，无锡市人口密度为 1050 人 /km^2，苏州市人口密度为 2468 人 /km^2，区域内庞大的人口基数成为民宿旅游重要的游客来源，人口密度较高地区乡村旅游的意愿更加突出，巨大的游客市场是民宿集聚发展的重要保障。

地区国内生产总值成为影响民宿集聚分布的相关指标。经济发展水平高低是催生旅游动机的基础条件，也是旅游业发展的依托条件。根据佩鲁的增长极理论，在非均衡条件下经济要素流发生动，在不同强度下，增长极的增长是最先的。先进产业及其相关产业的空间集聚形成增长极（崔功豪，2006）。因此，民宿的增长极通常位于经济较为发达的地区。经济发达地区的基础设施及配套设施完善，为民宿的经营提供了较大的发展空间。上海市是民宿集聚发展的一级组团核心城市，上海地区国内生产总值居中国城市第一位，二级组团核心城市杭州和南京经济发展水平也在全国居前列。经济发展水平影响旅游业的发展质量，从而影响旅游住宿相关产业的发展。

此外，其他因素对于民宿集聚的影响也需要进一步挖掘和验证。如政策因素，民宿业的快速发展很大程度上取决于当地产业政策的鼓励和推动；互联网营销因素，民宿作为个性化的住宿产品，一直依托互联网营销和推广，互联网营销造势会使某地迅速聚集大量网红民宿，对于民宿产业的分布会有一定影响；除了旅游景区外，整个旅游地旅游资源丰富程度也会影响民宿分布。为了促进民宿产业健康有序发展，相关部门加强民宿产业规划，引导区域内民宿合理布局和发展将成为重点研究方向。

第二节 民宿集聚发展的市场因素

一、民宿市场需求与需求量预测

民宿在很多区域过快发展，使得市场饱和，民宿数量过剩，造成资源浪费，需要对民宿发展规模进行控制，因此对于民宿需求的预测就显得尤为重要。国外有关住宿业市场容量研究很早并且形成了相对完整的理论体系，但大多局限于某个具体酒店集团经营战略或短期容量决策。国内对于酒店市场容量方面的研究成果较少，还没有对于民宿市场容量的研究，也没有针对某一区域民宿市场容量的预测。由于目前没有对于民宿市场需求量的公认方法，需要借鉴酒店宾馆类住宿设施需求量进行相关预测（姜莘，2009）。

关于住宿设施需求总量的预测有固定的公式，$A = T \times P \times LS / DR$

其中：A 为住宿设施需求总量；T 为一定时间内的游客总数；P 为一定时间内的住宿人数占游客总数百分比；L 为游客平均住宿天数；D 为一定时间内的可游览天数；R 为床位平均利用率；S 为床位数与客房数之比。

如果是直接预测宾馆需求量 H，需再乘以一个系数 C（C 为过夜游客宾馆住宿比例），以住宿设施需求总量乘以系数 C，可得宾馆需求量，即 $H = T \times P \times L/D/R/S$

住宿业床位需求量预测公式：

国内旅游床位需求量 $B_{nd} = T \times P \times C \times L / DR$

入境旅游床位需求量 $\mathrm{B}_{\mathrm{na}} = T \times L / DR$

$B_n = B_{nd} + B_{na}$

其中：B_n 为床位需求量；T 为全年游客总数；D 为全年可游览天数；R 为住宿设施床位平均利用率；P 为国内旅游中，过夜游客比例；C 为国内旅游过夜旅游者住宿宾馆等游客比例；L 为游客平均住宿天数。

惯常对于住宿业需求预测，一方面包括旅游业常态递增情况下的住宿需求量预测，分为入境旅游和国内旅游，另一方面是大型展会对于住宿需求量的预测。关于民宿需求预测，可以借鉴酒店需求容量测算方法，但是民宿的住宿群体一般不会是会展客人，所以会展需求这部分可以忽略不计。

由于相关数据难以获取，本研究以公开数据较为全面的杭州市为例（表7.4），对杭州地区民宿需求量进行预测，以期对整个长三角民宿需求量预测提供参考。根据杭州市旅游委员会发布的《2018 年上半年杭州旅游经济运行分析》中指出，杭州市住宿单位接待过夜游客仍集中于主城区，占比超过60%，富阳、桐庐、临安、建德、淳安西部五区（县、市）仅占 14% 左右。2017 年杭州市农家乐（民宿）共接待游客 4964 万人次，实现经营收入 52 亿元，分别增长 27.9% 和 18.2%。2018 年 1—6 月，全市乡村旅游累计接待游客 2867.11 万人次；实现经营收入 25.46 亿元。乡村游客中，过夜游客人数为463.93 万人次，占总游客数的 16.18%；一日游游客数为 2403.19 万人次，占总接待人数的 83.82%。总体上看，乡村旅游市场还是以一日游游客为主。

表 7.4　杭州市住宿业接待情况

年份	2013	2014	2015	2016	2017
旅游接待总人数（万人次）	9725	10933	12382	14059	16287
国内旅游总人数（万人次）	9409	10606	12040	13696	15884
入境旅游总人数（万人次）	316	326.13	341.56	363.22	402.23
入境旅游者平均逗留天数（天）	2.93	2.93	2.99	3.14	3.25
宾馆饭店接待人数（万人次）	1453.02	1543.83	1649.74	1706.92	1388.49
宾馆饭店客房平均出租率（%）	54.54	57.79	59.07	57.62	61.43

根据浙江省2017 年旅游抽样调查显示，浙江省国内游客平均停留时间2.2天，住宿单位接待人数占国内游客人数比重占 39.2%。浙江省住宿单位平均客房出租率 60.48%，星级饭店平均客房出租率 58.45%。

因为杭州市国内游客过夜人数等没有具体数据，参考浙江省和全国相关数据进行预估算。根据住宿业床位需求量预测公式，杭州市住宿床位需求量

2017 年国内旅游床位需求量在 221036 张，入境旅游床位需求量在 58316 张，总需求量 279352 张。

根据迈点研究院发布的酒店市场体量，住宿设施中全国民宿占比约在 6.7%。2017 年杭州民宿市场需求量 18717 张（图 7.2）。杭州民宿的实际需求量和市场需求会高于全国标准，但因为缺少相关统计数据，暂按全国平均水平进行估算，也可用此方法对长三角地区民宿集聚的重点城市进行相关分析和预测。

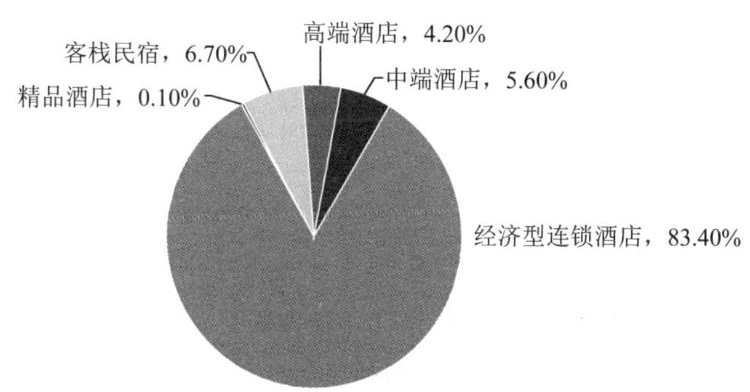

图 7.2　2017 年中国酒店市场体量

来源：迈点研究院

二、游客感知与价值分析

（一）游客感知价值研究

1. 游客感知价值

感知价值是顾客在付出和回报的基础上，对产品（或服务）的总体感受（Zeithaml V A.1988）。感知价值是一个动态变量，因为消费者的个人文化背景差异，作为消费者的主观认知，是消费者在消费体验中获得的相关经验。它存在于购买前、购买中、消费过程中、消费结束后，不同阶段的不同特征（Groth J C，1995）。游客感知的心理过程是游客旅游感知过程在外部刺激的影响下，也就是说游客的访问对象、环境条件、服务质量和其他信息获得的心理过程，游客对旅游目的地的感知、环境条件、服务质量等等。它是旅游目的地产品和服务认知水平的综合反映（吴小根，杜莹莹，2011）。Oh H（2000）从全新视角研究感知价值，揭示消费者购买决策行为及品牌忠诚度的影响因素，对于旅游业和酒店业的复杂性进行了较好的解释。Petrick JF 等（2001）研究了旅游经验、感知价值、满意度和旅游目的重游意愿的关系，上述三个因素都会对重游意愿产生影响。Chen Ching-Fu，Tsai Dung-Chu（2007）认为游客感知价值是满意度的行为，研究游客感知价值能更好地预测游客对于旅游目的地旅游产品再次购买的行为。白凯、马耀峰等（2010）认为入境旅游者对于微观层面的旅游服务感知价值、旅游设施感知价值和旅游吸引力感知价值对于行为影响更大，对于旅游目的地社会环境感知价值和公共服务感知价值对其行为影响较小。周玮等（2013）认为游客感知可以对主题型文化旅游地的经营和发展产生影响，探讨了旅游地属性对于旅游者场所依恋驱动效应的分异规律。徐虹等（2017）研究了游客对于酒店创新服务的感知会对其感知价值和品牌态度存在积极影响。赵磊等（2018）从游客感知价值角度出发，探讨了生态旅游景区游客忠诚形成机制，游客感知可以强化游客忠诚，可以通过提高旅游满意度来积极影响游客忠诚。游客感知的评价方法分为数据采集和数据处理方法。数据采集方法包括文献法、问卷调查法、访谈法。数据处理方法包括结构方程模型、聚类分析法、因子分析法等其他计量方法（刘建国等，2017）。

2. 民宿游客感知价值研究

邱枫等（2017）对于四明山民宿意向进行了研究，民宿选址时考虑周围自然环境、民宿所依托的旅游资源、客源市场的可达性。赵越、黎霞（2010）对重庆乡村民宿经营者经营风险感知进行了研究，乡村民宿所依托的旅游景区类型、距主要客源地的距离都会对乡村民宿经营的业绩产生影响，提出要改善乡村旅游景区的交通条件和基础设施条件，增强乡村民宿经营者的信心。焦彦等（2017）研究了游客对商业性家庭企业住宿体验，商业性家庭企业不同的属性会让游客感知的角度多元化，主要对接待设施现代性体验，当地文化和个体生活真实性体验。侯思言、马强（2017）研究了传统村落民宿感知体验与游客动机的关系，从品牌体验和感知价值角度，分析游客选择民宿的动机，建议民宿要从感官体验、情感体验、思考体验入手，带动行动体验。王玲、光善军（2017）基于 Airbnb 网络文本数据研究民宿体验感知，影响因素具有复杂性，地理位置、自然环境、文化环境、民宿特色是主要影响因素。地理位置对于民宿布局、民宿品牌形象都有重要影响。谢宁光（2018）研究了浙江乡村民宿品牌体验，民宿提供的新奇服务，民宿提供的新生活方式、特色餐饮是浙江乡村民宿的核心竞争力。郭书丽（2017）从游客感知的角度研究了河南省旅游民宿发展研究，提取了民宿设施服务质量价值、情感价值、社会价值来探索旅游民宿游客感知价值。方波（2018）从民宿服务场景、场所依恋与顾客再次消费意愿的关系研究了西湖民宿的场景营造，外部环境、内部环境与设施、安全与因素三个维度来进行研究。蔡惠玲（2016）从旅游地居民感知的角度对民宿发展影响进行研究，将当地居民对民宿发展所持态度分为支持、中立和反对。

（二）研究方案设计

长三角地区城市众多，数据来源为重点城市现场调查和网络调查相结合的方式开展。本研究是在 2018 年 4 月和 8 月，根据民宿旅游集聚知名度、民宿旅游集聚所在城市游客接待量等因素，选取杭州西湖民宿旅游集聚区、莫干山民宿旅游集聚区等浙江民宿的典型代表地作为数据现场收集点，收集长三角地区民宿感知的问卷。

调研过程如下：

（1）文献分析与总结，基于民宿旅游研究中对于游客对于民宿旅游感知的相关文献进行总结和梳理，设计调查问卷。

（2）通过德尔菲法对于问卷的科学性进行提升。通过与学界专家、中国旅游协会和中国旅游饭店业协会以及浙江省旅游局工作人员、民宿业主、媒体从业者的深度访谈，对问卷进行了初步的修正，并于 2018 年 4 月对 80 名游客进行了现场预调研，确保问卷问题清晰、答案能够准确表达调查者意愿，确定 30 个测量题型，形成正式调研问卷。

（3）正式调研。共发出问卷 400 份，收回问卷 380 份，剔除无效问卷 21 份，最终用于分析的有效问卷 359 份，有效率达到 94.47%。

（三）民宿旅游游客感知样本分析

1. 民宿旅游者人口统计学特征

本文运用 SPSS22.0 分析民宿旅游者样本的人口统计特征（表 7.5）。从民宿旅游者人口统计学样本特征表上可以看出，男性和女性分布较均衡，女性多于男性；在年龄分布上，民宿旅游者主要集中在 26~35 岁和 36~45 岁，年轻人追求个性化服务，中年人追求住宿品质，这与民宿提供个性化服务、精品化住宿的特点相吻合；民宿旅游者本科及以上学历占比 69.1%，高学历民宿旅游者对于民宿这种品质化的新型住宿设施接受度更高；民宿旅游者中家庭出游占主流，同时家庭月收入 15000 元以上占比达 37.8%。

表 7.5　民宿旅游者人口统计特征

调查项目	选项类别	频数	百分比
性别	男	161	42.90%
	女	198	57.10%
年龄	18 岁以下	16	4.40%
	18~25 岁	47	13.10%
	26~35 岁	87	24.20%
	36~45 岁	99	27.60%
	46~55 岁	71	19.80%
	55 岁以上	39	10.90%
受教育程度	初中及以下	11	3.10%
	高中 / 中专 / 技校	25	6.90%
	大专	75	20.80%
	本科	168	46.70%
	硕士及以上	80	22.40%
职业	企业	126	34.70%
	事业单位	64	17.80%
	行政机关	31	8.90%

续表

调查项目	选项类别	频数	百分比
职业	学生	33	9.30%
	自由职业者	54	15.10%
	其他	51	14.30%
月收入	小于 5000 元	62	17.40%
	5000~8000 元	64	17.80%
	8001~10000 元	46	12.40%
	10001~15000 元	52	14.70%
	大于 15000 元	135	37.80%
家庭组成	单身	48	13.50%
	两口之家	51	14.30%
	三口之家	146	40.50%
	三口以上	114	31.70%

2. 民宿旅游者行为特征

（1）全年旅游频次。民宿旅游者全年旅游频次 2 次的占比最高，占 31.7%，其次是大于 4 次的占 25.1%。高频次的旅游者是民宿旅游的主要客源组成（表 7.6）。

表 7.6 民宿旅游者全年旅游频次

调查项目	频次	百分比
1 次	75	20.80%
2 次	114	31.70%
3 次	64	17.80%
4 次	16	4.60%
大于 4 次	90	25.10%

（2）到长三角地区旅游频次。本次调查人群中，到达长三角地区旅游次数大于 4 次的占比 38.2%，到过 1 次的占比 32%。频繁到长三角地区旅游的人会选择不同于酒店的住宿方式。初次到访长三角旅游可能也会因为长三角地区民宿在全国的品牌效应而选择入住（表 7.7）。

表 7.7　民宿旅游者到长三角地区旅游频次

调查项目	频次	百分比
1 次	115	32.00%
2 次	61	17.00%
3 次	36	10.00%
4 次	10	2.70%
大于 4 次	137	38.20%

（3）选择入住民宿的时间。在选择入住民宿的时间选项方面，小长假观察值百分比最高，其次是周末、寒暑假。本次调查中很多人选择随时入住，可能与满足民宿个性化客群的旅游习惯有关（表 7.8）。

表 7.8　民宿旅游者选择入住民宿的时间

调查项目	百分比	观察值百分比
周末	18.80%	27.80%
小长假	23.00%	34.00%
寒暑假	13.60%	20.10%
非周末	12.80%	18.90%
带薪休假	10.70%	15.80%
随时	21.10%	31.30%

（4）选择住民宿的目的。在选择住民宿的目的选项里，放松心情这一项的观察值占比最高，达到 71%，入住民宿不仅满足住宿需求，更多的是一种

心灵上休整和放松。其次文化体验达到54.8%，文化体验一直是民宿旅游的核心吸引力之一。观光占比达34.4%，因为民宿选址一般在旅游资源富集区附近，或自然风景优美，或人文底蕴厚重，入住民宿同时还能在民宿周边开展旅游活动。再次是品尝美食，占比为26.6%，品尝当地特色美食已经成为旅游的重要组成部分了，入住民宿品尝民宿主人的私房菜也成为很多人选择民宿的目的（表7.9）。

表7.9 民宿旅游者选择民宿的目的

调查项目	百分比	观察值百分比
观光	15.30%	34.4%
文化体验	24.40%	54.8%
康体健身	3.90%	8.9%
放松心情	31.60%	71%
购买当地特产	2.70%	6.2%
品尝美食	11.80%	26.6%
集体团建活动	3.40%	7.7%
节庆活动	1.00%	2.3%
商务活动	5.80%	13.1%

（5）民宿旅游的同行者。民宿旅游者中与家人一起的观察值占比达73.4%，家庭出游仍然是民宿旅游中的主流。其次依次是朋友、同学、同事、生意伙伴和网友（表7.10）。

表7.10 民宿旅游的同行者

调查项目	百分比	观察值百分比
家人	36.70%	73.40%
朋友	32.00%	64.10%
同学	12.20%	24.30%

续表

调查项目	百分比	观察值百分比
同事	12.40%	24.70%
生意伙伴	6.20%	12.40%
网友	0.60%	1.20%

（6）民宿信息的获取途径。在民宿信息获取的途径选项中，在线旅行网站占比达 47.9%，是获取民宿相关信息的主要渠道。同时，亲友推荐占比 21.2%，民宿的复购行为主要在亲友间实现，口碑效应非常明显。特定社群推荐也有 13.9% 的占比，说明选择民宿的客群具有一定的聚向性（表 7.11）。

表 7.11　民宿信息的获取途径

调查选项	频次	百分比
到达目的地后偶遇	24	6.60%
旅游团安排	15	4.20%
在线旅行网站	172	47.90%
亲友推荐	76	21.20%
特定社群推荐	50	13.90%
杂志	3	0.80%
其他	19	5.40%

（7）可以接受的民宿价位。在可以接受的民宿价位选项中，每间客房接受 200~300 元价位档的占比 34%，300~400 元价位档的占比 25.9%，400 元以上的占比 23.6%。对于民宿认知中还是将其归结为中低端住宿类型。目前中低档的民宿数量占长三角民宿比重很大，精品高端民宿在长三角地区发展态势很快，尤其以环莫干山地区民宿为代表的高端民宿也日益受到市场欢迎（表 7.12）。

表 7.12 可以接受的民宿价位

调查选项	频次	百分比
200 元以下	43	16.60%
200~300 元	88	34%
300~400 元	67	25.90%
400 元以上	61	23.60%

（8）到达民宿的交通方式。到达民宿的交通方式中，私家车占比达47.5%，民宿旅游者中很多是家庭出游，所以自驾车比较多。同时，民宿旅游者中自由行、自助游的占比也很高，所以公共交通的占比也达到了 40.5%（表 7.13）。

表 7.13 到达民宿的交通方式

调查选项	频次	百分比
公共交通（地铁 / 出租车 / 公交车）	145	40.50%
私家车	171	47.50%
其他	43	12%

3. 探索性因子分析

为了评估量表数据的可靠性、稳定性和一致性，首先要对信度和效度进行分析。信度越大，说明该样本的标准误差越小。通常情况下，如果 alpha 系数大于等于 0.7，则属于高信度，alpha 系数界于 0.35 和 0.7 之间，属于信度尚可。运用 spss22.0 软件对问卷测量指标进行可靠性分析，总量表的 Cronbanch alpha 系数为 0.946，大于 0.7。本文所获取的调查问卷数据属于高信度范围。通常可以认为信度是可以接受的。

其次对民宿旅游者感知的 18 个表述项进行因子分析。采用 KMO 和 Barlett 球体检验两种效度检验方法，以此确定所获数据是否可以进行因素分析。检验结果显示，KMO 度量值为 0.931，大于 0.7；Barlett 球体检验近似卡方值为 3502.808，通过了 Barlett 球体检验，说明相关系数矩阵具有显著差异性，适合做因子分析（表 7.14）。

表 7.14 KMO 与 Bartlett 检验

Kaiser–Meyer–Olkin 测量取样适当性		.931
Bartlett 的球型检定	大约卡方	3502.808
	df	210
	显著性	0.000

采用最大方差正交旋转的因子分析法，保留特征值大于 1，因子载荷大于 0.5 的选项。分析结果共提取 3 个主因子，根据每个因子包含的民宿旅游感知的意义，分别命名为设施与环境感知、文化体验感知、服务价值感知。民宿旅游的感知从上述 3 个维度展开，3 个因子的方差贡献率分别是 25.067%，22.093%，15.149%，累计贡献率 62.309%（表 7.15）。

表 7.15 探索性因子分析

	设施与环境感知 25.06%	文化体验感知 22.093%	服务价值感知 15.149%	均值	标准差
餐饮具有特色	0.837			2.25	0.879
民宿卫生条件良好	0.813			2.43	0.976
民宿设施设备舒适	0.794			2.38	0.954
民宿整体环境氛围具有当地文化特色	0.696			2.04	0.796
旅游商品丰富有特色	0.689			2.58	0.975
入住民宿性价比高	0.67			2.29	0.922
民宿建筑风格极具特色	0.656			2.07	0.787
民宿接待人员热情友好	0.598			1.98	0.723
民宿入住体验与预期相符	0.579			2.36	0.839
民宿入住体验可以成为谈资		0.842		2.03	0.772
愿意与民宿同住的人交朋友		0.749		2.12	0.859

续表

	设施与环境感知 25.06%	文化体验感知 22.093%	服务价值感知 15.149%	均值	标准差
入住民宿可以让我对当地文化有更深理解		0.745		2.06	0.773
下次仍然会选择民宿作为旅游住宿选择		0.688		2.21	0.764
民宿可以体验当地人生活方式		0.676		2.04	0.816
对民宿入住体验满意		0.582		2.12	0.706
到达旅游地后容易抵达该民宿			0.859	2.34	0.894
民宿相关信息和预定容易获取			0.819	2.21	0.837
民宿周围配套设施比较齐全			0.692	2.56	0.96
民宿有一定品牌知名度			0.586	2.41	0.908

4. 模型构建及验证

（1）模型检验。根据探索性因子分析的分析结果，构建本研究模型，其中包括 3 个潜在变量 21 个观测变量。根据相关研究结果，提出 3 个假设：H1：设施与环境感知与民宿旅游集聚区发展支持度之间存在显著正向关系。H2：文化体验感知与民宿旅游集聚区发展支持度之间存在显著正向关系。H3：服务价值感知与民宿旅游集聚区发展支持度之间存在显著正向关系。

（2）信度和效度检验。使用 SPSS 对验证问卷的信度和效度进行分析，结果显 359 份文件的 Cronbanch alpha 系数为 0.946，具有良好的一致性，组合信度（CR）均大于 0.7，说明观测变量具有差异性，平均变异数抽取量均高于标准值 0.5，说明各观测变量能够合理解释对应潜在变量（表 7.16）。

表 7.16 模型信度和效度检验

	Cronbach's Alpha	平均变异数抽取量	组合信度（CR）
设备与环境感知	0.917	0.5026	0.8996
文化体验感知	0.902	0.5247	0.8843

续表

	Cronbach's Alpha	平均变异数抽取量	组合信度（CR）
服务价值感知	0.809	0.5045	0.8315
民宿旅游集聚区发展支持度	0.827	0.5120	0.8231

（3）利用 AMOS24.0 软件对数据进行验证。每个观测变量的因子载荷均大于 0.5，无须对题设项进行删减。今天 AMOS 软件处理该假设模型得出以下结果：χ^2/df=3.543，GFI=0.91，IFI=0.92，CFI= 0.90，NFI =0.91，RMSEA=0.086，说明模型拟合指标较好（图 7.3）。

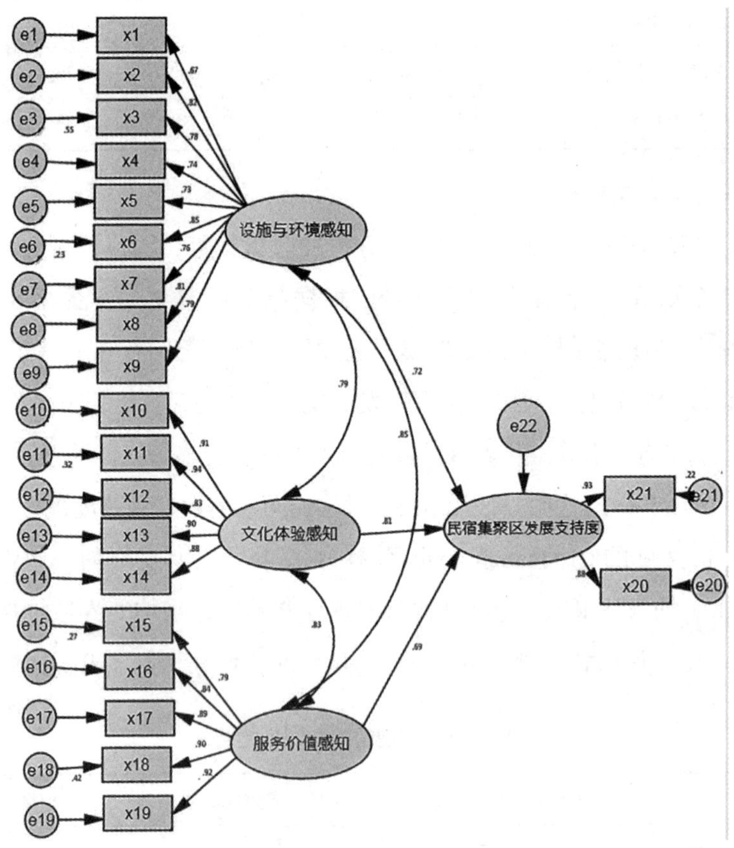

图 7.3　游客感知与民宿旅游集聚发展支持度结构方程模型

经过模型测算可知，设施与环境感知对民宿旅游集聚发展支持度影响的标准化系数为 0.724，P 值小于 0.05，表明支持度的显著性水平可以接受；文化体验感知对民宿旅游集聚区发展支持度影响的标准化系数为 0.813，P 值小于 0.01，表明支持度具有较好显著性水平；服务价值感知对民宿旅游集聚区发展支持度影响的标准化系数为 0.692，P 值小于 0.05，表明支持度的显著性水平可以接受（表 7.17）。

表 7.17 结构方程分析结果

回归方程路径	标准化路径系数	P 值	检验结果
设备与环境感知→民宿旅游集聚发展支持度	0.724	0.037*	支持
文化体验感知→民宿旅游集聚发展支持度	0.813	0.0097**	支持
服务价值感知→民宿旅游集聚发展支持度	0.692	0.028*	支持

注：P<0.05 则显著性水平可以接受（*），P<0.01 则具有较好的显著性水平（**），P<0.001 则具有极高的显著性水平（***）.

（四）游客感知对民宿旅游集聚发展的影响与机制

1. 设施与环境感知对于民宿旅游集聚发展支持度有重要支撑

民宿旅游集聚发展的重要支持因素就是设施与环境。民宿内外部环境和设施打造非常重要。民宿的建筑风格和选址要与自然环境、人文环境相呼应。良好的民宿外部发展环境和设施是游客选择民宿的首要感知要素，也是民宿旅游集聚发展的基础。内部环境与设施要具备住宿的基本功能，还要给游客带来不同于酒店的住宿体验。特色餐饮的路径系数为 0.67，卫生干净整洁路径系数 0.82，设施设备舒适路径系数 0.78。单个民宿内外部环境叠加成民宿旅游集聚区整体内外部环境的总体感知价值，从而推动民宿旅游集聚良好发展。

2. 文化体验是民宿旅游集聚发展的基础条件

文化体验是游客选择民宿的主要动因之一。入住民宿可以让游客对当地文化有更加深入理解路径系数为 0.94，民宿可以体检当地人生活方式 0.90。民宿游客通过入住具有地方特色和风情的民宿，能够对当地文化进行深度体验，能够与民宿主人、民宿客人形成良好互动，感受当地人的日常生活。民宿的特色文化体验可以是住宿形式的独具特色，木屋、别墅、星空房、窑洞、地坑院等带有地方特色的民居形式；可以是民宿提供的主题活动，读书、品茶、扎染、瑜伽、禅修地方戏曲等主题活动；也可以仅仅是体验乡村慢生活节奏。通过游客感知价值分析，民宿旅游集聚发展必须以文化为基础，能够给游客提供良好的文化体验是民宿集聚发展的基础条件。

3. 服务价值感知是民宿旅游集聚发展的重要影响因素

服务质量是游客感知的主要组成。从调查问卷的结果来看，民宿游客对于民宿的服务基本满意。服务质量的好坏直接影响旅游者的满意度和民宿旅游集聚区的整体形象。民宿预定信息方便易获取的路径系数为 0.84，民宿的品牌知名度路径系数为 0.92。民宿服务的感知从选择民宿动机开始一直延伸至入住民宿到离店的整个过程。民宿与酒店服务区别就是个性化服务与标准化服务的不同，民宿就是要提供更加热情、有温度、个性化的服务。服务质量是民宿游客再次购买民宿产品的保障，也是民宿旅游集聚品牌形象的关键影响因素。

第三节　民宿集聚形成的动力因素

动力机制是推动集聚区发展的根本动力。根据动力的形成原因，动力可分为内源动力和外源动力；根据动力对事物运动与发展的作用方式，动力可分为直接动力与间接动力；根据动力对事物发展的作用强度，动力可分为主导动力与辅助动力（王建廷，2007）。机制反映的是事物的本质联系。动力机制是指社会、事物等运动、发展、变化的各种关系及影响其发展的推动力量，包括它们产生并发生作用的过程、机理与方式，其本质是动力与事物发展的内在联系。动力机制具有整体性、结构性、开放性和包容性。

产业集聚区形成和发展动力机制是动力要素的综合和深化，产业集聚区的形成和演化受产业集聚区结构体系和运行规律的驱动，具有规律性和稳定性（陈继祥，2015）。民宿旅游集聚形成和演化的动力机制是内源性动力机制和外源性动力机制共同发挥作用的结果。内源动力机制，又称自组织动力机制，是民宿旅游集聚区内企业专业分工、竞争协同、模式分化与扩散等动力机制来实现。外源动力机制，又称他组织动力机制是政府政策导向、新乡绅推动、投资驱动等机制发挥作用。内源动力机制和外源动力机制在民宿旅游集聚区不同发展阶段发挥不同作用，共同推动民宿旅游集聚区发展。

一、内源性动力因素

民宿旅游集聚区可以为游客提供多样性的住宿体验产品，具有客源共享的规模经济效应，降低了单个民宿与游客的交易成本和交易风险（图 7.4）。

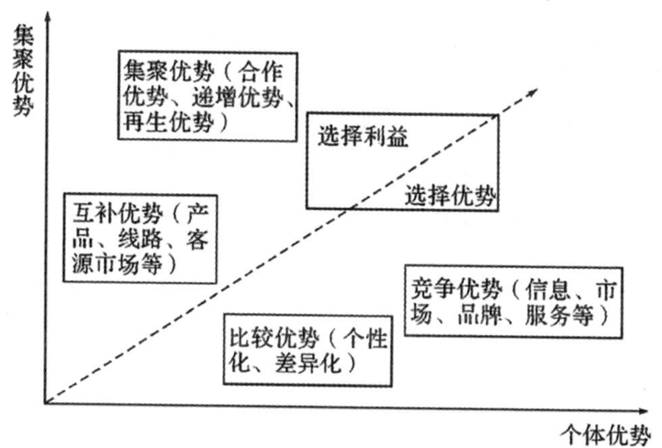

图 7.4 旅游集聚区内源性动力系统

来源：刘名俭，黄茜 . 武汉城市圈旅游产业空间集聚的动力机制研究［J］. 湖北大学学报（哲学社会科学版），2010，37（05）.

（一）专业化分工

民宿旅游集聚区专业化分工机制是指围绕民宿这个主导产业，许多企业在产业链选择最具竞争力的一部分参与劳动分工，根据各自优势并形成专业市场集聚地区的合作网络。企业专业化分工有助于提升集聚区内企业生产效率，提高企业间的交易效率，降低交易成本。而对于民宿旅游集聚区来说，带来的是报酬递增的规模效应。

民宿旅游集聚区内企业分工模式分为水平分工和垂直分工。水平分工是指集群区域内的民宿旅游主导产业按照等级和类型进行水平分工，以获得外部范围的经济效应；垂直分工则是根据民宿旅游产业链的上下游进行垂直经营和生产，以获得外部规模经济。通过水平分工和垂直分工的结合，形成专业化的分工体系网络。专业化分工体系网络形成的过程，也是民宿旅游集聚区形成发展的过程。

市场需求促进了专业化分工体系形成。市场要求必须满足不同的市场需求与不同民宿旅游产品，不同的产品来自不同的厂商，需要不同的企业来提供不同的服务元素。由于聚集了大量不同类型的民宿企业，吸引了布草清洗、房屋清洁、广告策划等供应链上下游厂商和机构、相关专业人才在当地聚集。民宿旅游集聚区内分工专业化、信息交流与传播顺畅、劳动力资源共享，降低了民宿的建设成本和经营成本。同时，产业链上的相关供应商、中间商可以更容易获得市场机遇，减少搜寻商业信息所需的时间和金钱成本。同时产业集聚会促进人力资源的专业化发展，提高人力资源效率，节约人力资源成本。整个区域内交易成本的降低，极大地增加区域民宿的综合竞争力（图 7.5）。

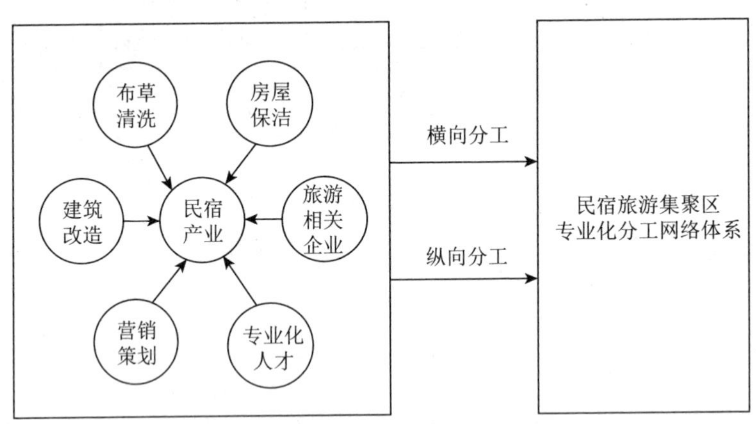

图 7.5　民宿旅游集聚区专业化分工形成

（二）竞争与协同

民宿旅游集聚区内相关企业的竞争与协同机制是指在民宿旅游集聚区内，系统整体平衡与有序结构在产业链上相互关联，是系统整体平衡目标、竞争与共存的特殊规律，是区域内相关企业的有序结构。企业间价值创造上相互关联是竞争与协同机制产生的基础，企业之间的竞争可以促进集聚区向更高的层级演化。企业的竞争与协同会形成企业群，企业之间既竞争对手，又是合作伙伴（图 7.6）。

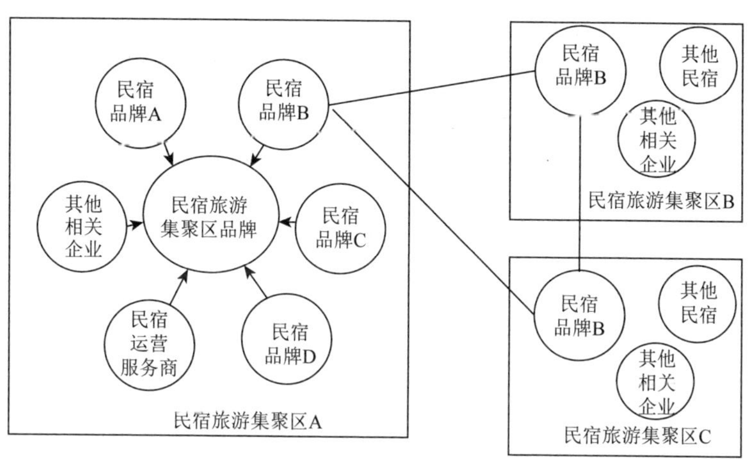

图 7.6 民宿旅游集聚区竞争协作示意

民宿单体规模较小，客房一般在 3~15 间，很难实现大的旅游接待量。在集聚区内，具有一定数量的民宿后，可以实现接待能力的规模性递增。单个民宿通过自身品牌招揽客源的能力很弱，通过外部规模效应，可以形成整个民宿旅游集聚区在旅游市场上的区域品牌，扩大影响力。区域品牌效应将直接给每个民宿经营者带来收益的增加。单个民宿的生命周期可能不长，会存在优胜劣汰的风险，但是整个民宿旅游集聚区形成品牌后，品牌效应相对持久，将会带动区域内民宿企业的联动发展，打造出市场竞争优势，形成乡村旅游发展的合力。2016 年成立的宿联中国，专门致力于打造民宿旅游集聚区，降低单个民宿运营成本。2015 年 8 月，浙江嘉兴久栖酒店管理有限公司成立，凭借之前多年的经营积累，在国内民宿行业占领一席之地，创下久栖客栈品牌。可见，民宿品牌形成后有利于提升关注度、迅速占领市场，提高核心竞争力。

（三）创新与扩散

沈丽珍（2010）指出，在信息时代，创新因素、交通网络、信息通信、互联网络、生态因素、知识资源等对区域发展及空间成长的重要性越来越突出。民宿旅游集聚区的创新一方面是技术创新，一方面是新企业的成长。集聚区内通过产品创新、技术创新、服务创新使得企业集聚，形成区域内创新网络。同时创新过程中一些知识具有隐性特征，很难用书面形式传递交流，需要通过实践掌握，因此也加强了企业的交流。集聚区发展具有外部经济性，新企业、资金、旅游产品资源、旅游技术、旅游人才、旅游信息都会向该地汇集。这些要素在民宿旅游集聚区及周边区域集聚，成为民宿产业链条的不同节点，扩展民宿旅游集聚区空间结构。旅游流的加速流动会促进跨区域间相关企业的分工合作，由此带来空间溢出效应，会让民宿旅游集聚区及其周边发展受益。民宿旅游集聚区可以依托旅游产业的示范带动作用，以特色旅游资源为依托，民宿产业为主体，实现民宿旅游集聚区的集聚发展，集聚到一定程度又扩散发展（图 7.7）。

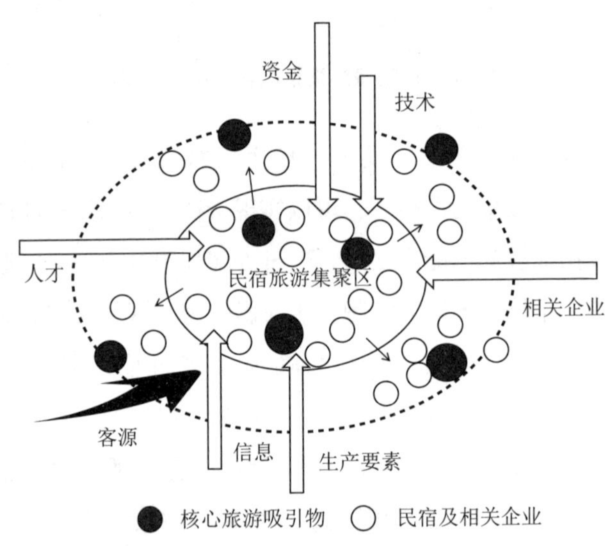

图 7.7　民宿旅游集聚区创新扩散示意

二、外源性动力因素

虽然民宿旅游集聚区的发展过程中内源性动力是主要的作用力，但是外源性动力也同样具有十分重要作用。外源性动力中有政府政策、市场因素、投资驱动等多种因素组成。民宿旅游集聚区的发展除了推动其集聚的动力外，还需要有多方力量规范其健康发展。

（一）政府政策主导

民宿产业的发展与乡村旅游蓬勃发展的大背景息息相关，从中央到地方各级政府都高度重视乡村旅游发展，也重视民宿这种新业态的打造。民宿产业集聚受到各地方政府政策的推动。2015 年 11 月 25 日，国务院办公厅《关于加速发展生活性服务业消费结构升级的指导意见》推动民宿产业加速发展。2016 年 1 月 27 日《关于落实发展新理念加快农业现代化实现全面小康目标的若干意见》提出大力发展休闲农业和乡村旅游，有规划地开发休闲农庄、乡村酒店、特色民宿、自驾露营、户外运动等乡村休闲度假产品。2016 年 3 月 2 日由国家发展改革委等 10 个部门制定的《关于促进绿色消费的指导意见》提出支持发展共享经济，鼓励个人闲置资源有效利用，有序发展网络预约拼车、自有车辆租赁、民宿出租、旧物交换利用等。2017 年 7 月 11 日，国家发展改革委等 13 个委办局又发布了《促进乡村旅游发展提质升级行动方案（2017 年）》，推动形成体系完善、布局合理、品质优良、百花齐放的乡村旅游发展格局。各省区市根据自身区域特点也制定了相关奖励扶植政策，这些政策极大地推动和促进了区域民宿产业发展。

民宿旅游集聚区在发展过程中，除了产生规模经济外，还将产生集聚的非经济效应。主要包括资源过度开发、生态环境破坏、市场容量过剩、交通拥堵等。这些问题是市场力量难以解决的，需要政府通过政策法规进行管理，实现资源的有效配置。同时，民宿旅游集聚区内的公共服务供给、基础设施都需要政府主导配置。民宿旅游集聚区内的市场秩序维护需要政府等做好引导、管理和维护工作。

（二）新乡绅推动

近年来，随着经济社会的变迁，很多优秀的人离开乡村到城市发展。农村优秀人才和工人向城市的“单一流动”，阻碍了城市精英、个人能力、知识和信息主动向乡村流动，使乡村失去了城乡协调发展的机会（林文勋，2010）。因此，乡村出现了空心化问题，乡土建筑凋败，乡村文化消亡的问题日益凸显。城市精英的目的是创建一个根据精英的审美空间和空间逻辑，从而促进城市的自然环境、社会环境和城市资源的优化配置，促进城市空间的有机更新（刘朝青、钱智，2013）。现在经营民宿的正是这些乡村精英，也叫新农人或新乡绅。新乡绅回归乡村、经营民宿，成为实现乡村振兴的有效方式，乡村民宿的兴起标着一批新兴农民的出现。以新小农形式出现的乡村精英化过程，被称为“再小农化”“新小农主义”，通过对景观多样性、食品质量等方面的谨慎投资，这些人创造并加强了与社会的新联系，重建了生态资本、社会资本和文化资本（Van der Ploeg，2008）。新乡绅是指以知识分子为主的乡村文化和社会精英，新乡绅群体具有城乡二元特征，具有一定的知识资源、经济资源和社会资源，能够承担乡村文化和社会重建的重要使命（阳信生，2013）。新农人是具有较强市场敏感度、互惠互利、创新意识和历史使命感的农业实践者（汪金锋、宫利影，2015）。这些人是乡村民宿发展的推动者和引领者。新乡绅具有生态精神、创新精神和反哺乡村的文化精神，他们改变着乡村旅游地的原有空间组织形式，成为乡村发展的重要的创新力量，推动乡村旅游向深度体验型产品转变。

（三）旅游消费升级驱动

近年来，我国居民消费处于商品消费向服务消费转变的上升期，居民用于服务性消费的支出大幅增加，而商品消费增长相对缓慢。2014—2016 年，城镇居民用于医疗、教育、娱乐、旅游、交通等服务性消费的支出占比由 35.7% 上升到 41%。中产阶级规模扩大叠加需求升级，距离城市 2~3 小时车程、200 千米范围内、性价比优势突出的特色民宿产业备受推崇。旅游业发展是民宿旅游集聚区发展的基础。旅游业发展水平高低决定着民宿旅游集聚区的规模。一个区域旅游业发展水平高，代表着该地区旅游资源富集，相关旅游企业经营水平较高，庞大的旅游者数量也给民宿提供了优质的客源，因此民宿产业发展的资源基础和经营基础良好。随着“90 后”“00 后”等成为市场主体，多样化、个性化体验等新需求不断扩大，原有的标准化住宿产品已经不能满足他们的需求，而个性化、体验性强的民宿产品更迎合他们的喜好。

（四）民宿投资资本驱动

目前民宿投资除了为了情怀，追求小而美不追求投资回报的民宿主之外，主要有三类：第一类是电商平台投资民宿产业，比如携程旅游网、去哪儿网、途家网、同程旅游网等。除成立民宿客栈频道外，还直接从事民宿投资运营，如同程旅游完成对花间堂的战略投资，成为花间堂第二大机构股东；途家网旗下的途远公司直接参与贵州美丽乡村精品民宿建设等。第二类是国有大型企业进军民宿领域，如首旅集团、浙江旅游集团、国奥集团等。首旅集团成立首旅寒舍酒店管理有限公司，已经在全国布局60余个古村落民宿产业；浙江省旅游局与浙江省旅游集团及相关公司设立100亿元旅游基金，高等级客栈和精品民宿项目都是主要投向。第三类是房地产企业转型进入民宿产业，如新华联集团、银泰集团、金融街。新华联集团在安徽芜湖开发了鸠兹古镇项目，有上万平方米的用地建设客栈、民宿和精品酒店。这些公司发展民宿产业，追求规模化增长，又有相应的品牌体系和运营标准、建造标准以及经营平台等支撑，因此极大地推动了民宿产业的发展和集聚。另外，民宿投资的主体多元化、投资形式多样化，推动民宿投资持续火热。民宿旅游集聚区动力因素及影响因素分析见图7.8。

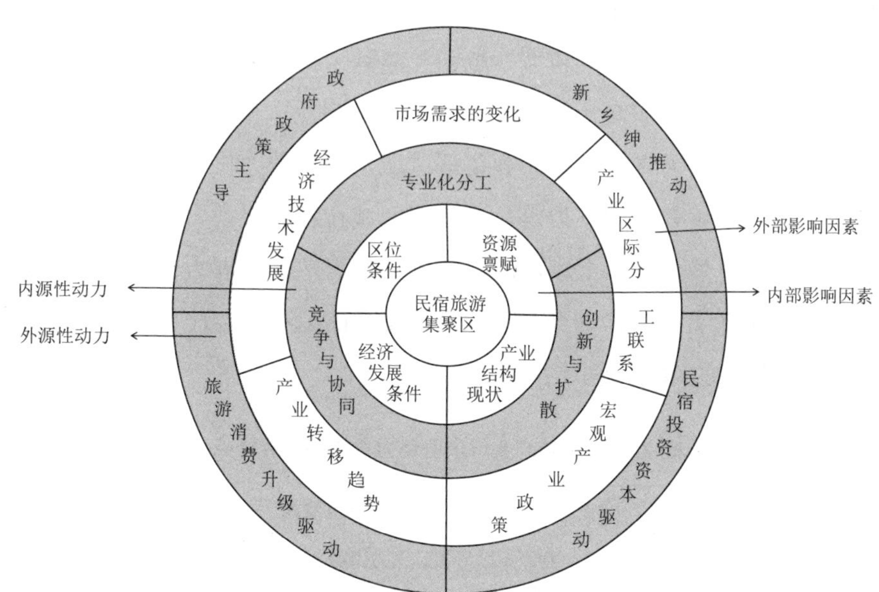

图7.8 民宿旅游集聚区动力因素及影响因素分析

第四节　民宿集聚发展的动力机制

民宿旅游集聚区的发展也是通过民宿旅游集聚发展系统动力来发挥其功能，形成发展民宿的合力，保证民宿旅游持续性发展，促进民宿旅游集聚区要素优化，提高整个民宿旅游集聚区发展的综合实力。

蔡绍洪（2007）以复杂系统自组织理论为基础，运用协同学理论和耗散结构方法，研究一个地区企业群落产生、产业集群演化以及群与创新网络形成等过程中的自组织机理及形成条件，认为在一定的产业环境下形成的产业集群对产业的集聚和共同体的形成有很大的影响，非线性的相互作用和主导原则决定了企业共同体向产业的演变；集聚区内各子系统间的非线性作用以及竞合达到协同的自组织机理，促成了区域创新网络的形成。陈雪梅（2003）利用不同物种的共生生物的逻辑来描述产业集群现象的动态演化过程，将聚集区域内企业的内生变化和外生变化简化为企业产出的信号，用企业产出的变化来解释聚集区域的发展机制。杨毅、赵红（2003）将生态学中共生理论引入企业集群，从组织角度探讨了集聚区发展动力。Martin、Sunley（2003）指出从集群区域动力产生的概念到集群区域发展的动力机制分析，产业集群区域研究是一个重要转型，指出产业集聚区域在各种驱动力影响下产生发展和竞争优势。此外，有一个相对固定的各种集聚地区发展力量之间的关系和行为规则。由此可见，产业集群发展动力机制是多种动力因素的综合作用，形成了产业集群的动力结构体系（表 7.18）。

表 7.18　旅游产业集聚区动力机制的主要观点

学者	主要观点
Heffernon 等，2000	本地吸引物、旅游形象、人力资源、住宿设施、基础设施、社区态度、门户位置、旅游政策、国际旅游、自然环境和气候
Weiermair&Steinhause，2003	消费者、关联产业和关联集群、新技术、生产力、创新、新的产业结构

续表

学者	主要观点
Novelli 等，2006	游客需求变化、增加生产力、知识溢出、创新、增加就业、市场参与
Erkus-ozturk，2009	降低交易费用、外部规模经济、共享创新、国家政策调整、中小企业联合、外部环境改善和知识溢出效应
邓冰等，2004	资源禀赋、客源市场、交通区位、产业链作用、政策作用
聂献忠等，2005	规模经济、范围经济和外部经济、游客差异性偏好、要素集聚及优势驱动
夏正超、谢春山，2007	自然性因素吸引力、区位选择吸引力、规模经济吸引力、空间交易成本因素、协同创新环境因素、文化与制度因素
李庆雷、明庆忠，2008	利润驱动、需求拉动、政策驱动、供应链驱动

来源：王润．旅游产业集群的理论与实践［M］．北京：中国建筑工业出版社，2016.

良好的动力机制可以促进发展民宿旅游集聚合力形成。民宿旅游集聚发展动力系统中动力因素较多，诸多因素在动力系统作用下产生推力，也会产生阻力。当推力大于阻力时，促进民宿旅游集聚发展，当阻力大于推力会阻碍民宿旅游集聚发展，使得整个区域发展处于停滞或衰退状态。良好的动力系统是保证民宿旅游集聚发展动力持续性、促进区域内要素优化的重要保障。

良好的动力机制可以实现民宿旅游集聚发展动力的可持续性。当民宿旅游集聚区内因素短期性变化，或受外界因素干扰时，会出现发展动力不足，导致民宿旅游集聚区发展停滞。民宿旅游产品有时还表现单一、同质，需要文化的融入、产品的创新、政策的引导，才能不断产生持续性动力。

良好的动力机制提高民宿旅游集聚区发展的实力。动力系统运行的过程，也可以促进区域内各要素优化组合，要将民宿旅游集聚发展融入当地经济发展的大产业系统中，与旅游业、生态环保等，提升民宿旅游集聚区发展的整体实力。

彭华（1999）指出旅游消费和旅游产品形成牵动和吸引共同构成旅游发展动力，消费引导和发展条件进行联系形成互动型动力系统，认为旅游动力系统模型旅游发展动力模型包括旅游需求的推动作用、旅游引力系统、旅游发展支持系统、旅游中介系统。吴必虎教授（1998）提出了由客源市场子系统、目的地子系统、出行子系统和支持子系统构成的旅游系统概念模型。潘顺安（2007）构建了乡村旅游发展动力系统模型，主要由需求、供给、媒体、支持和决策5个子系统组成。李志平（2008）研究了现代服务业集聚区发展的动力机制，指出自组织与他组织驱动力共同作用形成动力体系。关于产业集聚区的研究多集中在集聚区形成条件、集聚机制、企业网络、竞争合作关系、创新等方面的研究，缺乏对民宿旅游集聚区动力机制的研究。

民宿旅游集聚发展动力系统模型结构包括需求子系统、供给子系统、媒介子系统、支持子系统、管理决策子系统。动力子系统又是内源性动力与外源性动力共同影响的结果（图7.9）。

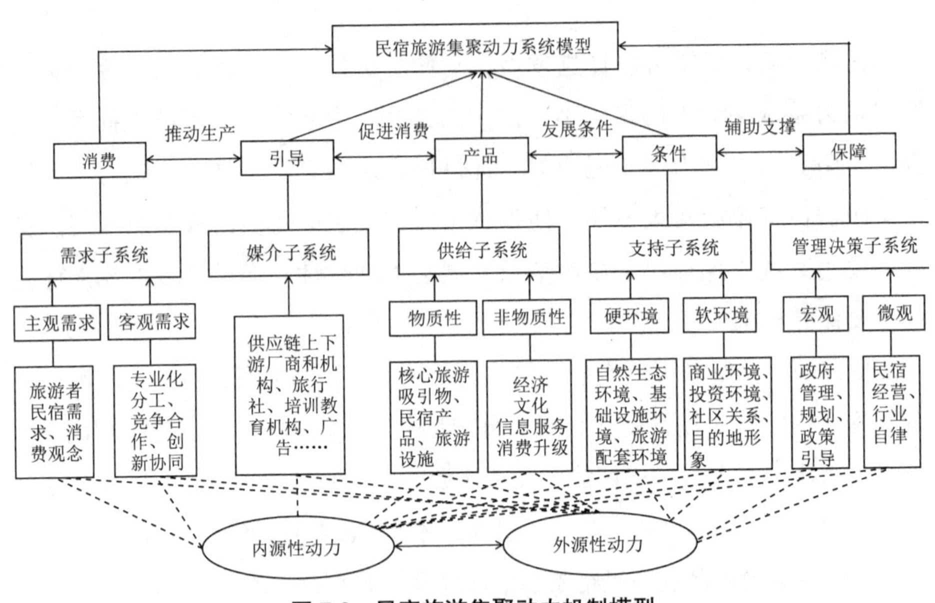

图7.9　民宿旅游集聚动力机制模型

（一）需求子系统

需求子系统是驱动民宿旅游集聚区发展的主要力量，带动整个民宿旅游集聚区的发展和动力系统的运转。需求子系统里既包括外源动力因素中游客对于民宿产品的个性化消费需要，也包括内源动力因素中企业专业化分工、竞争协同、创新扩散的需要。

（二）供给子系统

供给子系统是民宿旅游集聚发展的基础，对于民宿旅游集聚区发展具有推动作用。民宿是整个集聚区的主体，在民宿旅游集聚区起步发展阶段可以凭借其个性鲜明的产品、差异化的服务获得较高收入。但随着市场的迅速发展，其他民宿业不断加入，使得竞争日益激烈，各民宿的利润率逐渐下降，这就需要民宿经营者开始寻找新的市场机会，寻找降低运营成本的办法，不断创新产品和服务内容。同时，民宿所依托的核心旅游资源是否持续产生吸引力，不断更新升级，能够不断满足消费者休闲度假需求等也成为重要的供给影响因素。

（三）媒介子系统

媒介子系统是连接民宿需求子系统和供给子系统的媒介。包括与民宿产业链条上的相关产业要素，供应链上下游厂商和机构、相关专业人才教育机构等等。媒介子系统也是内源性动力和外源性动力共同作用的中介系统。

（四）支持子系统

支持子系统主要是指民宿旅游集聚区发展所处的外部环境，是民宿旅游集聚发展的辅助动力。这里的环境，包括民宿旅游集聚区及其所在大区域的自然生态环境、基础设施环境、旅游配套设施环境，还包括民宿旅游集聚区的商业环境、投资环境、所在地居民对民宿发展的态度、民宿经营者之间的融洽程度，还包括目的地整体形象等。

（五）管理决策子系统

管理决策子系统是有当地政府宏观政策和民宿经营微观管理共同形成的动力基础。政府通过制定发展政策、对民宿旅游集聚区进行发展规划，通过有效的管理体制及方式对民宿进行有效管理，合理引导民宿产业发展，保证民宿旅游集聚区协调有序发展，避免盲目发展。同时，民宿经营者也积极创新经营管理手段，通过建立了行业协会、专业化分工等加强行业自律，实现微观系统的有效管理。

在民宿旅游集聚发展动力模型中，各子系统之间不断发生相互作用和影响。需求子系统和供给子系统是主要动力，推动民宿旅游集聚区发展演化。

需求子系统是整个动力模型中动力的来源，民宿旅游集聚动力系统的运转都是靠需求子系统推动。供给子系统是民宿旅游集聚发展提供物质基础、资源基础、产品基础、产业基础，满足民宿旅游者需求，从而实现区域收入增加、就业机会增多，从而使整个民宿旅游集聚产业机构得到调整。媒介系统将需求系统和供给系统连接起来，激发消费需求，加强民宿供给，为民宿旅游集聚动力系统提供良好外部运行环境。支持子系统从硬环境和软环境两方面为民宿发展提供支持保障，构建民宿旅游集聚区品牌效应，推动供给子系统吸引力发挥更重要作用。管理决策子系统是民宿旅游集聚区发展的强大外部推动力，政府的规划和政策引导、行业协会的监督管理、相关企业的经营自律，都会影响动力模型中其他子系统的运转（图 7.9）。

本章小结

本章通过对长三角民宿空间分布的影响因素研究发现单位面积旅游收入、A 级景区数量、人口密度、地区国内生产总值四个指标对民宿密度有显著影响，就影响力而言，单位面积旅游收入 >A 级景区数量 > 人口密度 > 地区国内生产总值。从游客价值角度研究发现，设施与环境感知对于民宿旅游集聚发展支持度有重要支撑，文化体验是民宿旅游集聚发展的基础条件，服务价值感知是民宿旅游集聚发展的重要影响因素，民宿旅游集聚区在发展过程中要注重设施与环境、文化体验和服务价值的发展。本章从民宿旅游集聚发展的区域内企业专业化分工、竞争与协同、模式创新和与扩散等内源动力机制，政府政策导向、新乡绅推动、投资驱动等外源动力机制分析其动力因素，并根据长三角民宿旅游集聚发展特点，构建由需求、供给、媒介、支持、管理决策子系统构建的发展动力模型，促进发展民宿旅游集聚合力形成，提高整个民宿旅游集聚区发展的综合实力。

Part 8

第八章　莫干山民宿旅游集聚区实证研究

长三角地区虽有很多民宿旅游集聚区，但是从发展历程来看，莫干山民宿集聚区是较早、模式较为典型的一类，见证了长三角地区民宿旅游集聚区的发展历程。本章以民宿业最发达和投资最活跃的莫干山民宿旅游集聚区作为典型案例进行实证研究。莫干山民宿同国外民宿相比，集合了一些中国民宿发展特色，表现在民宿集聚密度高、高端民宿集中、投资规模大、配套服务好、品牌效应凸显。正是由于地域特点、地方文化和发展模式的新颖性，又贴近规模庞大、经济发达的长三角旅游客源市场，莫干山民宿旅游集聚区近年来得到了较大发展。

第一节　莫干山民宿旅游集聚区发展概况

莫干山民宿旅游集聚区位于莫干山镇，是浙江省湖州市德清县辖镇，位于长江三角洲的杭嘉湖平原，位于德清县西部，国家级风景名胜区——莫干山在其境内，区域面积 185.77 平方千米。

莫干山民宿旅游集聚区由于地域特点、地方文化和发展模式的新颖性，又贴近规模庞大、经济发达的长三角旅游客源市场，发展迅速。据统计，

2017 年德清县以民宿经济为龙头的乡村旅游接待游客 658.3 万人次，实现直接营业收入 22.7 亿元。根据湖州市人民政府网站统计数据显示，截至 2017 年 6 月，德清县正式营业的民宿有 449 家，其中莫干山镇正式营业的民宿有 433 家，占整个德清县正式营业民宿数量的 96.4%，基本建成或即将开业的民宿有 90 家。莫干山地区民宿内有主人房占比达 69.5%，户均投资 319.1 万元，高于全省平均水平。根据《浙江省民宿蓝皮书 2017》显示，莫干山地区民宿营业收入中，客房收入占比 76.3%，餐饮占 20.3%，其他占 3.4%。2017 年莫干山地区民宿户均从业人员 7.4 人，其中 81% 由主人或家人亲自服务，主人和店长的学力主要在大专以上，年龄平均 37.5 岁，店长平均月薪 5894 元，其他岗位 3535 元（图 8.1）。

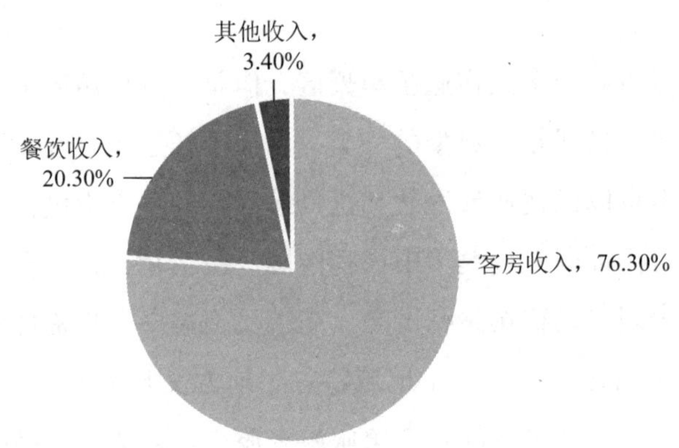

图 8.1　2017 年莫干山民宿收入类型

来源：《浙江民宿蓝皮书 2017》

民宿数据主要来自业内访问量较高、评价较好的去哪儿网客栈民宿频道，数据时间截至 2018 年 12 月 31 日，利用网络爬虫技术记录了莫干山镇的 539 个民宿客栈信息。按照民宿信息，分别对民宿名称、地理位置、开业时间等进行统计。通过地理坐标转换软件转化成 Arc GIS 软件需要的经纬度坐标信息，形成本文分析的基础数据库，来分析莫干山民宿旅游集聚区的时空分布特点。

第二节 莫干山民宿旅游集聚区发展特征

莫干山是德清旅游的核心吸引物和必到之处。莫干山镇民宿占整个德清县民宿数量的 96.4%。通过分析德清县 2007 年到 2017 年的游客数量和旅游收入的增长曲线，可以在一定程度上反映出莫干山民宿旅游集聚区的旅游发展状况。

图 8.2 2006—2017 年德清县游客数量和旅游总收入

莫干山地区第一家民宿从 2007 年建成，是莫干山民宿发展的开端。2012 年，莫干山“洋家乐”连续两次荣登美国《纽约时报》及各大国外媒体，洋家乐协会成立，莫干山民宿开始快速发展。2015 年，根据莫干山镇旅游办公室的统计，莫干山民宿数量激增，到 2015 年增加到 426 家，增长幅度超过 129%。因此将 2012 年、2015 年和 2018 年选作 3 个重要的发展节点。从历史发展阶段来的标准椭圆分析结果表明（表 8.1），这 3 个年份椭圆的面积大小，椭圆面积先减小后增加，反映出民宿不断集聚的同时，又有向外扩散的趋势；椭圆的中心坐标变化不大，依然在莫干山风景名胜区（图 8.3）。莫干山民宿旅游集聚区发展具有典型的集聚和扩散特征。

表 8.1 不同阶段莫干山民宿标准差数据图表

年份	面积（Shape_Area）	中心点 X 轴（CenterX）	中心点 Y 轴（CenterY）	椭圆方向角度（Rotation）
2012	29755861.50	1414077.50	3908551.39	92.29
2015	25533781.79	1414142.40	3908815.42	134.17
2018	25691304.56	1414267.60	3908807.21	8.80

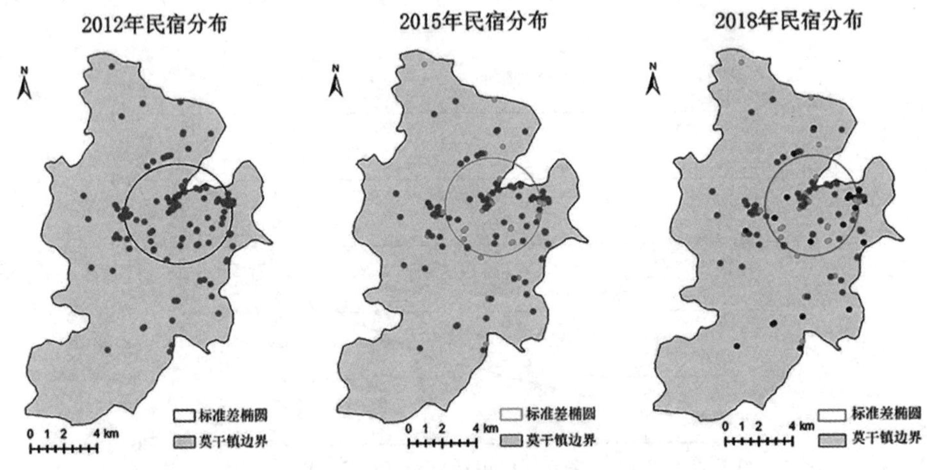

图 8.3 不同阶段莫干山民宿分布

发展阶段划分依据莫干山民宿旅游发展时间节点，结合 2007—2017 年德清县旅游发展统计数据，从体现莫干山民宿旅游集聚区发展趋势角度入手，将其划分为起步阶段、快速发展阶段、成熟发展阶段。对比巴特勒（R W Butler）旅游地生命周期模型可以大体判断出，莫干山民宿旅游集聚区旅游经历了起步发展和快速发展阶段后，现在处于成熟发展阶段。

（一）起步阶段

起步阶段（2007—2011 年）。2007 年以前，莫干山镇以农业为主，毛竹、茶叶、果园是当地人主要收入来源。2007 年，南非籍人士高天成发现此地自然环境优美，开始开办“裸心谷”民宿。主要模式是外国人租赁当地农民房屋，进行旧房改造，体现美式乡村风格，不同于本地人所开的“农家乐”，洋家乐民宿定位高端，生态环保，开创了独特的乡村度假模式。有了高天成的示范带动作用，先后有西班牙、英国、法国等多个国家及上海等地投资商来此租房经营民宿。当地专门成立德清县西部涉外休闲度假项目服务小组，对民宿发展加强指导与服务，探索多元化的投资形式和经营方式。起步阶段以外来投资者居多，当地村民主要以租赁房屋、在洋家乐里工作、销售农副产品参与民宿发展。“洋家乐”民宿兴起是莫干山民宿起步发展的主要特征。

（二）快速发展阶段

快速发展阶段（2012—2015 年）。随着莫干山洋家乐这一模式的经营成功，当地人、外地人纷纷涌入，投资民宿产业。通过空间最邻近分析计算后发现莫干山镇民宿在空间上呈集聚分布状态，最邻近分析方法是由 Smith（1952），Clark 和 Evans（1995）提出的，最初是用来研究植物分布问题。最邻近分析法是通过观测每一点与最邻近点距离的平均值和平均分布时点的平均距离的比值来判断某一要素空间分布是均匀的、随机的还是集聚的。计算后莫干山民宿的 Z=–30.6114，P 为 0.00，表明集聚极显著（图 8.4）。莫干山民宿成主要是环莫干山风景名胜区集聚分布。77.1% 的民宿分布在莫干山风景名胜区 3 千米缓冲区范围内（见图 8.5）。长三角地区民宿每年以 10% 至 20% 的数量速度增长。莫干山民宿产业开始走精品化、高端化的路线。西坡、大乐之野等高端民宿成为后起之秀。房费平均单价 1000 元人民币以上的高端民宿，莫干山镇就有 59 家。这一阶段，政府也意识到民宿产业的重要意义，从国家层面到地方层面出台政策，积极鼓励民宿发展。2014 年，德清县政府颁布了《德清县民宿管理办法（试行）》，这是第一个地方政府出台的民宿管理规则，对处于快速发展期的莫干山民宿进行管理。政府的顺势而为引导了产业快速规范发展。

（三）成熟发展阶段

民宿成熟发展阶段（2016 年至今）。莫干山民宿经济正迎来产业的成熟期。莫干山民宿除了在莫干山镇集聚外，开始向环莫干山风景名胜区的其他地区扩散（图 8.6）。莫干山民宿品牌影响力的不断扩大，民宿的管理也由传统的个人管理模式向专业团队管理转变，由单体经营向品牌连锁转变。民宿数量继续保持增长，民宿投资不断加大。2016 年莫干山民宿共缴纳税金 0.2 亿元，占德清县民宿缴纳税金的 97.3%，民宿缴纳税金占莫干山镇地方财政收入的比重为34.5%，成为当地财政收入的重要组成部分。民宿经济的快速发展，推动了当地交通、金融业、建筑业和农产品等领域的发展，有力地推动了莫干山地区经济发展转型，带动了村民致富，民宿旅游产业逐步发展成为莫干山的支柱型产业。莫干山民宿旅游集聚发展阶段及特征见表8.2。

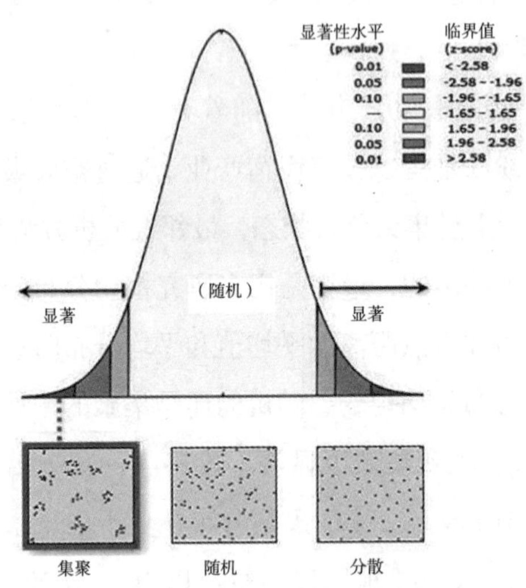

图8.4　莫干山镇民宿旅游集聚特征

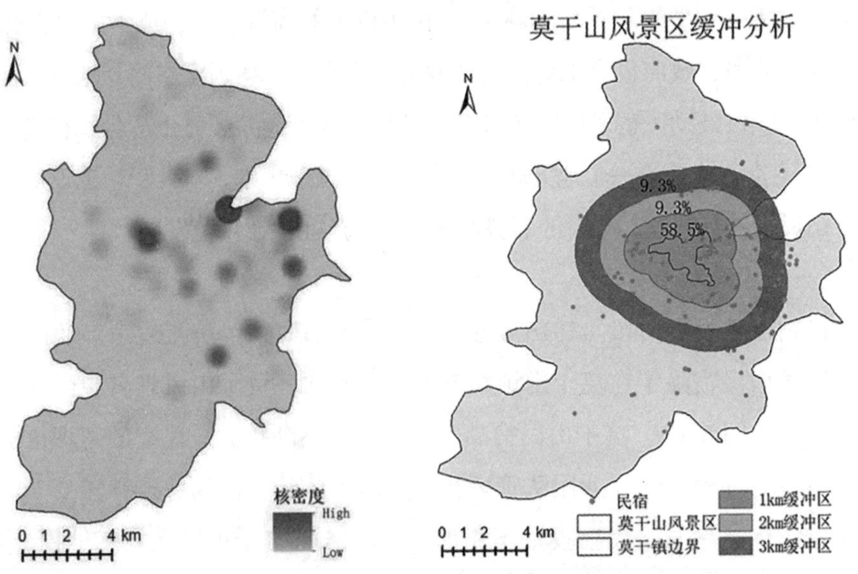

图8.5　莫干山民宿核密度和风景区缓冲

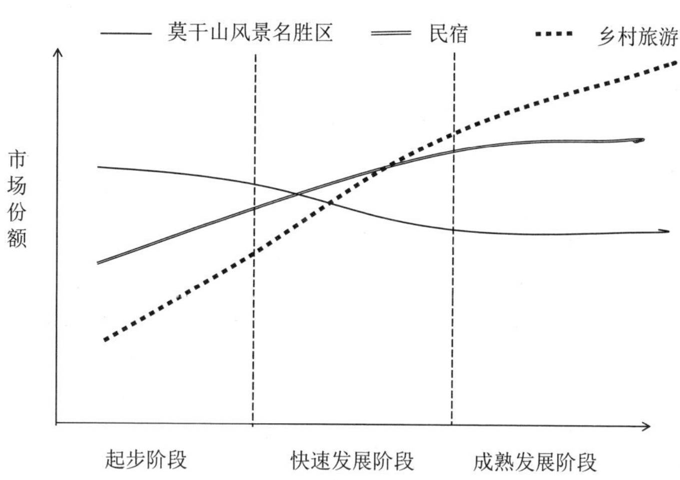

图 8.6 莫干山民宿旅游集聚区核心吸引物的变迁

表 8.2 莫干山民宿旅游集聚区发展阶段

发展阶段	巴特勒生命周期理论	民宿旅游集聚区发展特征	主要发展标志	期末民宿数量（家）
起步阶段（2007—2011 年）	旅游者人数增多，旅游活动变得有组织、有规律，本地居民为旅游者提供一些简陋的膳宿设施，地方政府被迫改善设施与交通状况	民宿数量较少，洋家乐兴起，外来投资占主体	第一家洋家乐“裸心谷民宿”的开业	150
快速发展阶段（2012—2015 年）	旅游广告加大，旅游市场开始形成，外来投资骤增，简陋膳宿设施逐渐被规模大、现代化的设施取代，旅游地的面貌改变较大	以莫干山风景名胜区为中心集聚发展，民宿数量以 10% 至 20% 的速度增长，民宿品质走精品化、高端化，当地人和外来人均投资民宿	2015 年国务院出台政策鼓励民宿客栈发展；洋家乐民宿协会的成立；纽约时报的报道;《德清县民宿管理办法（试行）》的出台	426

续表

发展阶段	巴特勒生命周期理论	民宿旅游集聚区发展特征	主要发展标志	期末民宿数量（家）
成熟发展阶段（2016 年至今）	游客量持续增加但增长率下降。旅游地功能分区明显。地方就经济活动与旅游业紧密相连。常住居民中开始对旅游产生反感和不满	由莫干山风景名胜区为中心的集聚发展向周边区域扩散，民宿数量继续增长，民宿投资继续加大，民宿配套产业完备，民宿产业成为当地支柱产业	2016 年，民宿缴纳税金占莫干山镇地方财政收入的比重为 34.5%	539

第三节　莫干山民宿旅游集聚区发展机制

民宿旅游集聚区的演化过程具有时空特征，其演化不是在原有结构基础上的简单扩张和循环，而是沿着旅游产业链不断地向深度和广度多维拓展的演化过程。产业集聚区在演化过程中，其生产要素和资源配置从混沌到有序、从分散到集聚，促使集聚区的空间结构由简单到复杂。

一、莫干山民宿旅游集聚区发展影响因素分析

自然地理条件是主要决定条件，交通区位条件、旅游自组织机制、政策影响、社区居民发展意愿等社会条件也会对莫干山民宿聚集区的发展演化产生影响。

（一）自然地理条件

从纬度位置分析，莫干山位于中亚热带北部。莫干山全镇“七山一水二分田”，绿化覆盖率 68.2%，是一个典型的山乡镇。莫干山镇的民宿属于山岳型民宿，自然地理的影响因素对民宿的布局具有很大的影响。

1. 高程因素分析

利用 30mDEM 数字高程模型获取莫干山镇民宿的高程数据，据此对莫

干山镇民宿的高程数据的进行比较分析。结果显示 89% 的民宿分布在高程 0~350 米范围内，350~550 米范围分布的民宿，所占比率只有 11%（图 8.7）。莫干山镇民宿分布与高程海拔关系为负相关，主要集中在 0~350 米的低山海拔地区。地区海拔越高，民宿的数量越少。民宿是由居民闲置房屋改造而成，低海拔地区民宿易于获得生产生活资源，同时也与民宿主人和游客与外界进行交往的有利交通条件密切相关。

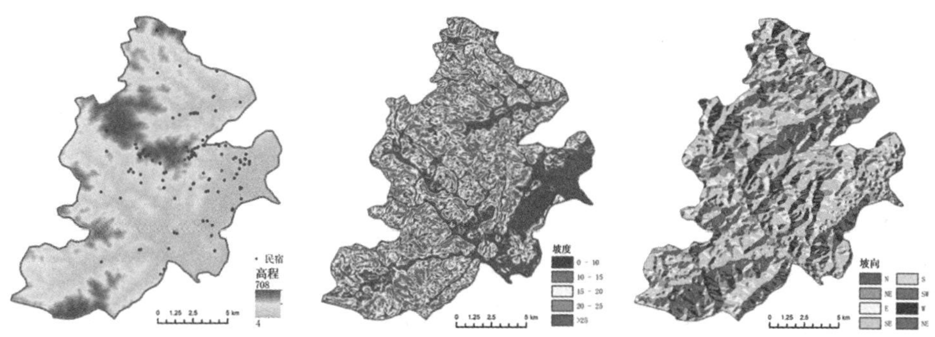

图 8.7 莫干山民宿旅游集聚区自然地理条件示意图

2. 坡向

民宿所在地的日照是坡向的主要影响因素，根据中国在北半球位置日照所遵循的规律，重分类（reclassify），获取北坡（0~22.4，336.6~359.1）、东北坡（22.443~44.8，314.2~336.6）、东坡（44.8~67.7，291.7~314.2）、东南坡（67.7~89.773，269.3~291.7）、南坡（89.773~112.2，246.8~269.3）、西南坡（112.2~134.6，224.4~246.8）、西坡（134.6~157.1，201.9~224.4）、西北坡（157.1~179.5，179.5~201.9）数据。

根据坡向数据，使用 Arcgis 软件计算莫干山地区的坡向，结合莫干山镇民宿的空间分布（图 8.7），北坡民宿占比 2.6%，东北坡民宿占比 11.1%，东坡民宿占比 5.5%，东南坡民宿占 9.8%，南坡民宿占 3.6%，西南坡民宿占 54%，西坡民宿占 7.5%，西北坡民宿占 5.9%。浙江省位于北半球中低纬度季风区，降水和日照对坡向具有重要影响，西南和东南暖湿气流很容易在南坡和偏南坡形成丰富降水。南坡和偏南坡日照持续时间更长。由于民宿的分布与村落的布局有着密切关系，村落的分布还受到其他自然条件的制约，如耕地、水源等。因此，坡向对于民宿分布的影响有限且复杂。

3. 坡度

利用 DEM 图生成坡度图，并以 3° 为间隔，提取不同坡度范围内民宿的数目（图 8.7）。结果发现，莫干山民宿分布的主要坡度范围为 0~ 34.4699°，根据坡度分级指标将坡度分为 5 个等级：平坡（0°~3°）、缓坡（3°~10°）、中坡（10°~25°）、陡坡（25°~50°）、急坡（>50°）。其中，民宿分布在 0~10.2384 的，占 22.1%；民宿分布在 10.2580~18.0085 的，占 60.8%；民宿分布在 20.0105~34.4699 的，占 17.1%。以上情况表明，莫干山民宿与坡度之间存在紧密关联，坡度越大，民宿分布越少。0~18 是山岳型民宿空间选址的合适坡度范围。

（二）交通区位条件

莫干山镇位于长三角地区中心位置，东南距杭州 60 千米，东北距上海 200 千米。长江三角洲城市群是六大世界级城市群之一。2017 年长三角地区旅游接待人数 17.06 亿人次，旅游收入 25407.67 亿元，占全国旅游总收入的 47.05%。旅游收入发达地区拥有充足的游客来源，而旅游收入雄厚又证明了游客强大的消费能力，其所在的地区自然成为民宿旅游发展的热区。长三角地区 2017 年居民人均可支配收入达到 45352.58 元，位居全国前列，较高的居民人均可支配收入是催生民宿旅游动机的基础条件，为莫干山民宿旅游集聚区的发展奠定了良好的经济基础。交通通达性水平的提高深刻地影响着区域旅游业的繁荣与发展。长三角区域层面的交通一体化程度高。高速公路、铁路的逐渐完善，莫干山集聚区交通可进入性和便利程度日益提高，使得民宿日益向莫干山集聚，同时也会对集聚区和非集聚区产生分异性布局（杨春华等，2018）。

（三）旅游产业的自组织机制

旅游产业集聚区形成和演化的过程是一个自组织和被组织的过程。旅游产业集聚是遵循自我选择、自我演化、涨落、反馈及非线性发展与演化规律。

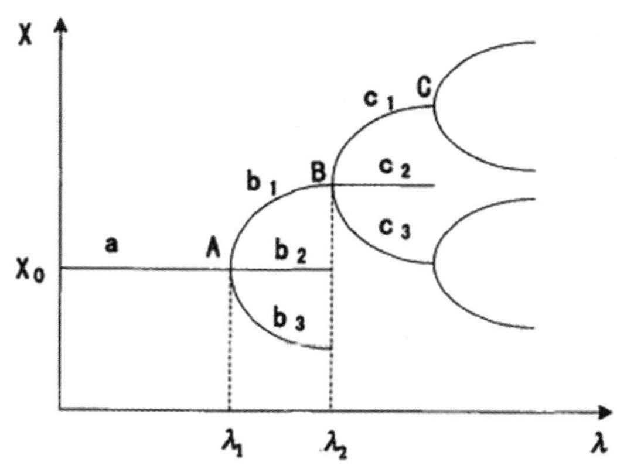

图 8.8 自组织系统的演变过程

来源：李志平 . 现代服务业集聚区形成和发展的动力机制研究——以上海服务业集聚区形成和发展为例［D］. 同济大学，2008.

莫干山旅游产业链是以民宿旅游产品为核心节点实现联通的。整个过程中，提供民宿旅游产品的不同行业形成了一个链条结构，游客从旅游过程的开始到结束，很多行业部门提供产品和服务以满足游客的各种需求。不仅包括旅行社、交通、餐饮、酒店、景区景点等旅游核心部门，还包括其他产业部门以及政府和协会组织。莫干山民宿除了对农村房屋改造形成民宿经营的基本场所外，很多村民家中利用自家的茶园果园菜园，可以为民宿提供食品来源，还成为游客采摘体验场所，补充莫干山休闲旅游的类型。同时，莫干山民宿还将民宿产业链条进行延伸，除满足游客的旅游需要外，还为对全国其他地方的民宿经营者进行相关培训，开展专业交流。在市场和政府的双重影响下，莫干山村民以主动或者被动的方式参与到民宿产业中，从经营的反馈和结果发现，民宿有效加强了村民与资源的互动，发挥了当地村民参与民宿经营的积极性，在一定程度上推动了当地自组织网络的形成（张国芳等，2018）。

（四）政策影响

在莫干山民宿旅游集聚区快速发展过程中，除了市场自身发展外，离不开政府规范管理和引导。政府在莫干山民宿发展过程中主要作用是美化环境、优化产业布局。莫干山民宿旅游发展离不开良好的生态环境，因此政府开始实施生态保护相关措施。莫干山单幢房屋 7 间以上的民宿必须安装独立的污水处理设备，政府出资近7000万元人民币关停了环莫干山的各类污染企业。同时，政府着力优化民宿产业布局，支持和鼓励民宿发展。各级各类政府的政策使民宿经营过程中能够有法可依，有章可循。在政府的指引与规范管理下，政府主要是引导产业布局优化升级，将农村的土地要素、劳动力积极性都发挥了出来，莫干山民宿产业得以快速发展。

（五）社区居民发展意愿

莫干山民宿旅游集聚区的发展最初来自与外来资本、市场与政府的共同作用，外部力量在莫干山民宿发展之初主导着整个地方民宿业的发展。莫干山民宿旅游集聚区的社区主体就由企业、外来投资人、当地村民共同构成。莫干山民宿成功后，当地居民在发展中受益，也开始积极参与民宿经营。村民开始从对于民宿产业的外部支持变为主动参与民宿业发展，村民通过采取成立民宿联盟、主动参与公共服务、充分挖掘当地“竹”“茶”特色，提升自身竞争力，实现社区内部的发展与进步，而不仅为外部资本营造盈利空间（张国芳等，2018）。这为乡村建设开拓出一条崭新的道路，形成了市场、政府与社区多元主体互动的一种模式。

二、莫干山民宿旅游集聚区发展动力机制

莫干山民宿旅游集聚区主要有以下特点：其一，集聚区内的单体民宿规模比较小，雇员的人数也比较少；其二，集聚区内的民宿经营都对地理因素具有较强的依赖性；其三，集聚区内的民宿提供的住宿产品区域特色比较强，多属于沿袭高端别墅度假设施而形成；其四，集聚区内各个民宿的供应商与目标客户群都比较相似，因此集聚区内的竞争比较激烈；其五，集聚区内民宿在对外销售方面合作性比较强，都依托莫干山民宿品牌的整体优势。莫干山民宿旅游集聚区发展模式属于以景区为依托，市场动力推动下的多种经营方式并存的乡村休闲度假市场主导型发展模式。

（一）资源驱动机制

优质的自然资源和文化底蕴是民宿旅游集聚区形成的初始动力。莫干山地区民宿的发展离不开莫干山风景名胜区的资源驱动效应。莫干山风景名胜

区是国家4A级旅游景区，景区面积达43平方千米。莫干山素以竹、云、泉“三胜”和清、静、绿、凉“四优”而驰名中外，山峦连绵起伏，风景秀丽多姿。莫干山具有避暑疗养的资源条件，每年都吸引长三角地区的人前往避暑。莫干山人文底蕴深厚，历史名人、诗文、石刻、名人别墅都成为独特的旅游吸引力。莫干山风景名胜区本身就是重要的旅游吸引物，景区周边来往游客众多，对住宿的需求量大；而莫干山民宿在提供住宿的同时，还能提供享受本地乡土文化、特色美食等机会，增加了目的地吸引力。具有品牌知名度的景区本身就是重要吸引力，景区内外的交通设施、市场条件等基础环境相对完备，可以有力地带动附近民宿旅游发展，有利于周边民宿融入旅游发展之中。

（二）规模优势机制

民宿旅游集聚区内部企业之间存在着竞争合作关系。单个民宿通过自身品牌招揽客源的能力很弱；通过外部规模效应，可以形成整个民宿旅游集聚区在旅游市场上的区域品牌，扩大影响力，降低了单个民宿与游客的交易成本和交易风险。区域品牌效应将直接给每个民宿经营者带来收益的增加。单个民宿的生命周期可能不长，会存在优胜劣汰的风险，但是整个民宿旅游集聚区形成品牌后，品牌效应相对持久，将会带动区域内民宿企业的联动发展，打造出市场竞争优势，形成乡村旅游发展的合力。由于聚集了大量同类型的民宿企业，吸引了布草清洗、房屋清洁、广告策划等供应链上下游厂商和机构、相关专业人才在当地聚集。民宿旅游集聚区内分工专业化、信息交流与传播顺畅、劳动力资源共享，降低了民宿的建设成本和经营成本。同时，产业链上的相关供应商、中间商可以更容易获得市场机遇，减少搜寻商业信息所需的时间和金钱成本。产业集聚会促进了人力资源的专业化发展，提高了人力资源效率，节约了人力资源成本。整个区域内交易成本的降低，极大增加了莫干山民宿旅游集聚区的综合竞争力。

（三）分化扩散机制

大型要素选址对后续进入民宿产生吸附，形成空间分化。莫干山民宿旅游集聚区有资源驱动效应做基础，形成民宿产业规模效应，分化效应逐步显现。莫干山民宿旅游集聚区形成后，生态环境进一步改善，大量配套基础设施增加，公共服务水平进一步提升，会吸引更多民宿前来投资。随着投资者的增多，民宿产业的发展，更多社会资源也会向该区域倾斜，区域整体环境会进一步提升，形成民宿旅游集聚区的良性循环发展。而其他区域民宿很少进入，区域发展也没有改善，形成民宿发展环境的负循环。民宿旅游集聚区的发展使区域空间产生分化。

莫干山民宿旅游集聚区已经开始向其他区域扩散，辐射整个德清西部，包括莫干山镇、筏头乡，及武康镇 104 国道以西范围，面积约 312 平方千米。德清西部被政府定位为莫干山国际（洋家乐）乡村旅游集聚示范区。2018 年德清县发布《德清西部地区保护与开发控制规划》，从环境容量、交通容量、产业发展等方面，设置了科学合理的保护要求，提出发展方向，不再放任德清西部盲目发展，践行“绿水青山就是金山银山”的重要思想。整个地区的发展以莫干山风景名胜区为核心资源，莫干山镇是核心发展区域，向整个德清西部扩散发展（图 8.9）。

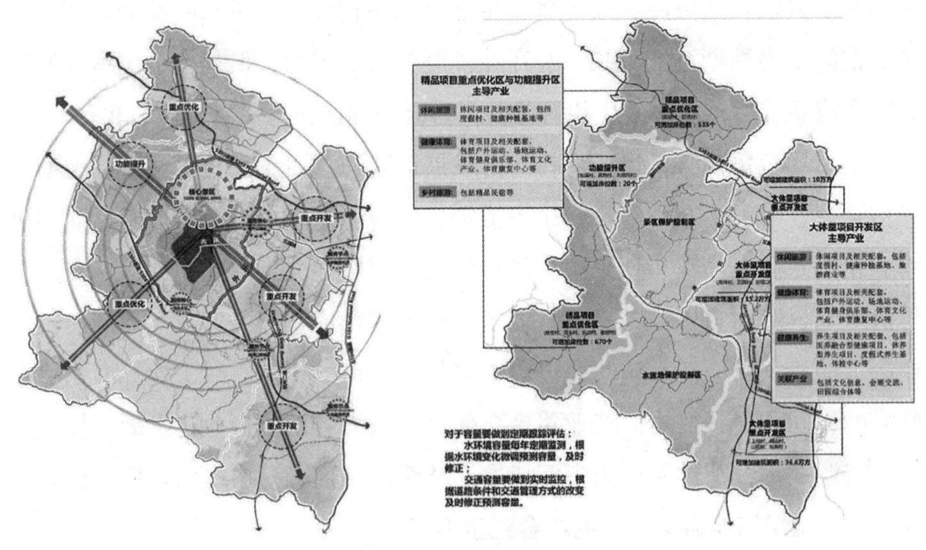

图 8.9　德清西部地区功能分区和产业引导

来源：《德清西部地区保护与开发控制规划》

随着民宿旅游集聚区的快速发展，进入成熟发展期，生态环境的保护也日益受到重视。因此德清县也严格景区生态保护和水源地保护。莫干山风景名胜区及其周边规划为景区保护控制区，规划景区保护控制区范围内不再新增床位数，不新增建设用地，不建议新增较大项目。水源地保护控制区基本为禁建区。

莫干山民宿旅游集聚区的形成与演化是不同阶段、上述三种动力机制循环累计的结果（图 8.10）。在起步发展阶段，资源驱动机制是起步阶段民宿旅游主要考虑因素，最先发展起来的民宿主要考虑与优质旅游资源、用地条件的空间接近性。快速发展阶段，民宿旅游经济增长得到地方政府的重视，开始重视该区域的旅游资源开发和景点建设，同时在旅游服务、旅游交通等公共服务方面对该区域倾斜，从而持续吸引着更多的民宿建设者选择于此，规模优势动力机制开始发挥作用。规模优势激发了对民宿旅游产品上下游产业链的产生和发展，而政府又出台相关政策来对旅游食宿供应链上的农户生产、外来经营进行激励，越来越大的市场消费规模也在不断拉动莫干山民宿旅游经济的持续增长。这两种推力和拉力共同作用，促进着莫干山民宿旅游集聚区的持续扩大。但是在这一过程中，大型的、品牌性的民宿旅游设施或者旅游项目布局，则会吸引后续建设的民宿向该区域选址，因为该区域是政府重点培育的对象，这就产生了空间分异，即成熟发展阶段的分化扩散动力机制发挥作用。

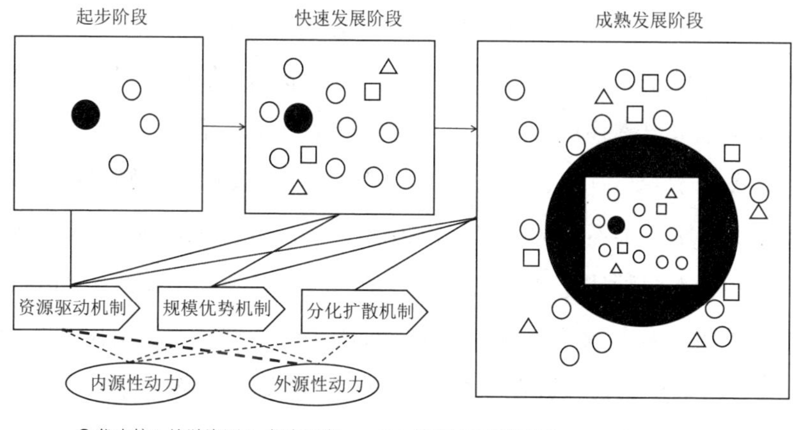

图 8.10　莫干山民宿旅游集聚区发展动力机制

本章小结

民宿旅游是重要的旅游产品、旅游业态，尤其是在自然环境比较好、文化底蕴比较好的地区。在很多国家和地区，以及中国的一些地区已经形成了知名度很高的一种旅游形式，甚至一些游客旅游主要目的是体验民宿。但是从发展实践、区域特征、动力因素等维度来考虑，中国大陆的民宿发展与国外、中国台湾地区有很大不同。首先，中国民宿快速集聚发展，是政策与市场共同推动的结果；其次，中国民宿经营主体很多是外来投资者，而非本地居民；再次，中国民宿发展更注重住宿功能，注重产业化，而忽略民宿主人文化，最后，民宿发展模式因地区不同差异很大。

以莫干山民宿旅游集聚区为案例分析其发展特征，发展历程可以划分为起步阶段（2007—2011 年）、快速发展阶段（2012—2015 年）、成熟发展阶段（2016 年至今）。起步阶段的主要特征是洋家乐的兴起，带动莫干山民宿开始发展；快速发展阶段的主要特征是以莫干山风景名胜区为中心集聚发展，民宿数量以 10% 至 20% 的速度增长，民宿品质走精品化、高端化，当地人也参与投资民宿产业；成熟发展阶段的主要特征是民宿收入已经是当地税收的主要来源，民宿产业成为支柱产业。莫干山民宿旅游集聚区的发展与巴特勒旅游地生命周期模型相比，有其自身特点，如在快速发展阶段巴特勒旅游地生命周期模型中提出简陋膳宿设施被规模大、现代化设施取代，而民宿恰恰追求的是小而精、回归乡村原始状态；如在成熟发展阶段巴特勒旅游地生命周期模型中提出常住居民中开始对旅游产生反感和不满，而民宿发展恰好让当地居民乐于参与其中、收入增加，实现与市场发展的良好互动。在 2012 年莫干山民宿属于供不应求的状态，2016 年后，盲目扩张使得民宿发展进入供过于求的状态，同质化和超出市场容量问题，发展陷入瓶颈。如果不进行有序的引导和发展可能会出现停滞发展阶段。为了维持莫干山民宿行业的可持续发展，政府严格民宿开业审批，计划将床位总量规模控制在 1 万张左右，避免民宿容量过大的情况发生。

通过莫干山民宿旅游集聚区的动力机制分析，主要驱动因素包括自然地理条件、交通区位条件、旅游自组织机制、政策因素、社区居民发展意愿。这些因素在资源驱动机制、规模优势机制和分化扩散机制的不断演进中，通过互相促进、优化协调、彼此消长中推动民宿旅游集聚区的发展。

Part 9

第九章　民宿旅游发展的政策建议

通过民宿旅游的集聚式发展，可以实现民宿产业的良好带动作用，树立区域民宿旅游的品牌，形成区域发展的综合竞争力。打造“民宿旅游集聚区”，大力培育和发展民宿旅游产业成为很多区域发展的重要方向。但民宿旅游集聚区发展不能成为旅游地产的开发区，不能沿用工业园区的发展思路，不能成为纯粹经济导向的发展产物，更承担着乡村振兴、闲置资源盘活等社会使命。集聚区所表现出来的竞争力及其风险并不完全是其自身发展的结果，一个非常重要的因素是国家、区域政府及其他半公共机构政策作用的结果（Drejer，1999；Ahedo，2004）。因此，民宿旅游集聚区发展需要更加完善的公共政策支持和合理规划。

第一节　发展好民宿主导产业，合理规划民宿旅游集聚发展

民宿是民宿旅游集聚区内的主导产业，是集聚区拥有竞争优势的关键。长三角民宿旅游集聚区发展过程中，一定要因地制宜选择适合的民宿旅游集聚区发展模式。针对不同区域的区位条件、市场条件和旅游发展情况，对发展民宿旅游集聚区进行适宜性评价再开始重点扶持，并不断培育自身特色，形成区域优势。同时，要以国家对于民宿总体发展战略为指导，根据区域发

展实际、抓住重点发展方向，在现有城市、乡村主体功能区规划的基础上，充分对应省、市土地利用规划、生态功能区规划、旅游规划和有关专项规划，充分考虑民宿产业发展基础、资源环境承载能力、基础设施配套等因素，因势利导发展民宿产业集聚区。

餐饮和住宿作为民宿的核心产品，作为游客必需产品，对民宿的发展至关重要。游客满意度评价调查得出民宿餐饮质量、餐饮服务标准不高，价格设置不合理，这说明民宿在服务质量和定价存在问题，影响游客满意度。民宿提供餐饮、住宿、娱乐等，服务对于民宿非常重要，民宿的提升离不开服务的升级。服务升级逐步向服务专业化、个性化、高效化发展。民宿服务升级主要从服务人员和服务内容两方面进行。

首先服务人员升级。行业监管部门及协会可定期进行服务知识和服务技能培训，规范服务流程，提升服务意识，每年可组织服务技能比赛，推进服务升级。同时民宿经营管理者制定根据服务需求，加强技能训练，把服务质量纳入服务人员考核，在满足餐饮服务、住宿服务的同时，还能为游客提供个性化的服务，让游客享受温馨家庭化服务。其次是服务内容升级。提高餐饮质量，在满足卫生要求下，增加菜品种类，融合当地特色餐饮，满足不同游客的需求。提升住宿质量，装修注重特色，注重多样性，满足不同年龄，不同地域游客的需求。提高娱乐性，结合当地情况，创新娱乐项目，给予游客不同的体验。

民宿价格设定与成本价格、附近民宿价格、淡旺季价格、民宿定位、消费水平、促销等众多原因有关。民宿经营者制定价格时，应考虑各方面因素，如民宿初期考虑薄利多销，打开市场，吸引游客达到宣传的目的，旅游旺季可以适当提高价格，尾房可以适当降低价格等。合理的价格区间能够满足不同层次的游客，也能促进民宿可持续发展。相关机构应考虑经营者与市场、消费者、网络平台等关系，制定合理价格，促进民宿规范化可持续健康发展。服务质量升级与价格合理化制定，能有效提升游客满意度，提高民宿口碑（裴进鹏，2021）。

长三角地区很多市、区政府已经将发展民宿旅游集聚区列入了重点工作内容，并作出了相关规划和政策保证。根据《宁波市人民政府办公厅关于加快民宿经济发展推进农旅文深度融合的意见》)（甬政办发〔2018〕44 号），宁波市明确以发展民宿业为基础，以培育“民宿 +”新型产业体系为主攻方向。《意见》明确：到 2020 年，宁波市将建成民宿经济集聚区 30 个。宁波市主要将从规划、业态、主体、模式、品牌等方面构建民宿经济产业体系，制定民宿经济发展规划与经济社会发展规划、村镇规划、土地利用规划等相衔接和结合的“多规合一”规划。杭州市临安区发布了民宿经济发展三年行动计划，将制定《临安民宿空间布局规划》。加强村落景区、美丽公路建设，合理布局民宿旅游集聚区，打通乡村旅游路线，形成集聚效应。

政府对民宿旅游集聚发展提出明确的发展目标和指向性准确的政策法规，将对民宿旅游集聚区的发展具有积极的促进作用。在民宿旅游集聚发展过程中，既要有政府部门的政策引导，合理规划，又要充分发挥市场主体作用，既不能急功近利，又不能故步自封，要将政策的作用发挥到最佳效果。

第二节　对民宿旅游集聚发展进行科学评估和引导

民宿集聚发展离不开科学的指导。根据旅游地生命周期理论，民宿旅游集聚区的发展大致经过起步、成长、成熟、衰退等阶段。起步阶段，由于一些因素促进了民宿发展，开始以集聚经济为基础，但区域内基础设施及有关产业发展不足。成长阶段，在通过外部经济性获得发展的集聚区内，民宿数量增长迅速，为民宿提供服务的上游企业、下游企业和相关行业也得到迅速发展。成熟阶段，要提高更高级别的竞争优势，要进行产品创新、服务创新等方式打造竞争优势，经营成本增加，很多民宿及相关企业继续进入，也有很多民宿及相关企业退出，集聚区内企业规模基本保持稳定状态。政府要根据民宿旅游集聚区不同发展阶段发展特征和特性，进行合理的规范和引导。2020 年疫情突然到来，给民宿的发展带来沉重的打击。2020 年之前，民宿业每年游客，收入都持续增长，疫情让民宿发展变缓，民宿业面临重新洗牌。

疫情对于民宿业来讲是一种挑战，也是一种机遇，疫情势必会淘汰一部分民宿，同时会净化民宿市场，降低民宿数量，减少民宿行业内部竞争。下一步民宿业主应当拓宽经营范围，开发民宿特色，让民宿能与乡村的农业，工业，甚至乡村的一些企业相对接，开发一些新型的休闲娱乐项目，并且能够不同时间有不同的娱乐体验项目，保持民宿长期活跃性，减少旅游淡季对民宿的冲击。同时，民宿要提高管理质量，提高服务质量，提高工作效率，剥离不必要业务，优化资源分配，增加民宿抗风险能力（白瑞芸，2022）。

民宿集聚是民宿发展成熟的表现和升级的结果，民宿旅游的集聚式发展有利于发挥民宿产业的乘数效应。依据区域优势和地方特色，整合资源，优化民宿空间布局。重视民宿村镇的规划设计和统筹管理，提升民宿整体形象，发挥规模效应和集聚效应。注重民宿村镇自然环境和人文资源的保护，改造提升基础设施，优化公共服务供给，打造乡村文化休闲体系。将周边社区纳入民宿规划，鼓励和引导农村社区和当地民众参与民宿旅游并保障利益分享，形成和谐共生的发展环境，实现效益最大化。开展精品民宿、品牌民宿、连锁民宿和民宿群落的试点，宣传、推广、应用典型成功模式，强化“示范引领”效应。促进民宿的集聚式和集群化发展，建设特色民宿村庄或小镇。

长三角民宿旅游集聚区中，像莫干山民宿旅游集聚区、杭州市西湖民宿旅游集聚区等已经处于成熟阶段，松阳县民宿旅游集聚区、乌镇民宿旅游集聚区还处于成长阶段，宁波的很多民宿旅游集聚区还处于萌芽起步发展阶段。对于起步阶段的民宿旅游集聚区，要营造良好经济环境和政策环境，推动民宿旅游集聚区主导产业的发展；对于成长阶段的民宿旅游集聚区，要加强对于基础设施和公共服务的建设，引导市场服务体系的完善、促进创新网络的形成，不断扩大民宿旅游集聚区的发展规模；对于成熟阶段的民宿旅游集聚区，应重点增加民宿旅游集聚区的创新动力，推动区域内经济与社会协调发展，提高民宿集聚的经济效益、社会效益，发挥民宿发展的综合效益，而不仅仅是追求民宿旅游集聚区内企业数量的增加和规模的扩大。

第三节　加强民宿旅游集聚区的风险管理

民宿旅游集聚区在发展过程中会出现各种风险，很多潜在的风险会导致民宿旅游集聚区的衰退。准确识别产业集聚区发展潜在风险，及时采取有效防范措施，是民宿旅游集聚区治理的关键内容。

民宿旅游集聚区的主要风险包括：结构性风险，指民宿旅游集聚区产业结构的落后或不均衡；周期性风险，指民宿旅游集聚区所处的外部经济社会环境变化给民宿旅游集聚区经营带来不利影响的风险；网络性风险，某些社会和文化上使得民宿旅游集聚区发展产生地域性，可能导致民宿旅游集聚区发展僵化、失去动力来源；自稳性风险，指民宿旅游集聚区本身所具有的竞争优势消减了其应对外界环境变化的能力，引发集聚区走向衰退的风险产生。长三角民宿旅游集聚区最容易发生民宿产品同质化严重，导致区域整个竞争力下降风险，也存在民宿局部地区投资过热导致结构性风险，更存在民宿发展地产化的发展风险，需要及时进行防控。民宿旅游集聚区的风险防控通过建立系列防控体系实现。系列防控体系包括事前、事中、事后系列防控。事前防控主要是对民宿旅游集聚区采取一定措施促进其健康发展，包括不断提高集聚区创新发展能力，旅游产业集聚区能够保持市场竞争力，取决于旅游产品的特色是否能够保持持久，旅游产品创新目的是满足游客需求，保持市场的新鲜感（Hjalager，2010）；不断探索区域内投资多样化，避免集中对单一产业的投资；保持集聚区的外部沟通机制，不断与外部保持信息、人才、能力交换。事中防控是对民宿旅游集聚区的发展进行准确判断和检测，如果发现问题可以及时解决，尽量将相关风险控制在初步状态。对于相关风险建立预警机制，风险发生及时进行产业升级和转型，及时控制风险。

第四节 营造民宿旅游集聚发展的外部社会环境

优化制度环境。完善的制度环境是长三角民宿旅游集聚区发展中的重要基础，主要是制度创新，为民宿旅游集聚发展提供支持性、优惠性政策，营造有利于民宿产业集聚发展的制度环境。由于目前缺乏对于民宿的专门法律法规，相关职能部门只能参照国内《旅馆业治安管理办法》的相关规定，来对民宿行业进行管理执法。旅馆经营者需要获得公安部门《特种行业经营许可证》、消防部门《消防检查合格证》、卫生部门《卫生许可证》、工商部门《营业执照》等证件。但是很多民宿是由居民民房改造而成，有一些是对文物保护房屋的改造，在消防上很难通过相关规定中的消防检查，取得相关经营证照手续复杂。虽然长三角地区城市陆续出台了很多政策推动民宿业发展，简化办证手续，出台奖励政策，但民宿经营过程中还是存在很多政策限制和壁垒，需要进一步优化。

加强诚信体系建设。民宿旅游集聚区具有竞争优势的基础就是集聚区内民宿及相关机构的依赖和信任，通过网络协同关系获得竞争优势。长三角民宿旅游集聚区在发展过程，就面临着很多信任问题，民宿经营者很多是通过租赁农民房屋获取房屋使用权，但在农村农民契约意识欠缺，经常出现房屋所有者毁约情况，涨房租或不再履行合同，给民宿经营者带来经营损失和风险。所以政府要积极发挥作用，建立起民宿旅游集聚区良好的信用环境，政府重视政策落地执行，对集聚区内企业和个人进行宣传引导，依法履约、依法经营，尊重当地风俗习惯，营造良好的诚信环境。

营造积极的文化氛围。民宿旅游集聚区也应具有文化精神，要营造民宿旅游集聚区文化氛围，培养集聚区内民宿及相关产业的文化认同，鼓励民宿根植于本地。鼓励社区居民参与民宿旅游集聚区发展，享受民宿发展带来的红利，以积极的态度对待民宿发展。要形成乐于创新、努力进取的精神风貌，加强民宿旅游企业之间以及和行业外部之间的交流学习，提倡企业良性竞争与积极协作，形成良好的文化氛围。

第五节　注重民宿旅游集聚发展的生态环境保护

民宿旅游集聚发展要重视对生态环境的保护、对资源的合理开发及尊重当地居民应有的权益，要在民宿旅游集聚发展中牢固树立生态发展的理念，协调好民宿发展与生态环境保护的关系。良好的生态环境是民宿旅游集聚发展赖以生存的基础，也是满足游客对于民宿及其所在自然生态环境的美好需求。民宿对于解决乡村闲置资源利用，优化乡村产业结构，提高乡村资源利用率，乡村活化具有重要意义。民宿产业集聚区发展与生态环境保护相辅相成。民宿的建设、开发、经营过程中要牢固树立生态理念，并将生态理念传导给游客，根植在游客心中。民宿旅游集聚区的选址、开发要进行科学论证，合理做好规划，评估民宿旅游集聚区发展给环境造成的影响，民宿的风格要与整体环境风格相协调，处理好民宿经济与环境保护的关系。大理民宿曾经是中国民宿的标杆之一，是当年莫干山很多新兴民宿的学习对象。2017 年开始洱海生态修复整治运动，为实施洱海流域湖滨缓冲带生态修复与湿地建设腾出空间。2018 年为了保护洱海，民宿业主虽不断自建环保设备大理民宿还是被关停整治、开始拆迁，已经有 1800 多家民房和民宿被拆除，其中 540 多家是海景民宿。民宿的发展如果与生态环境相冲突，必然面临发展的困境。要协调处理好生态环境与民宿发展的关系，促进其相互促进、共同提升。

第六节　加强民宿旅游的营销与宣传

互联网技术的发展，使人们可以利用多种途径获得想要的信息，从 2020 年发布的互联网状况统计来看，全国约有 9.8 亿人使用手机上网，互联网的普及率达 70% 以上。网络信息的普及，也使得互联网已经深入到当今社会生活的各个层面。现在诸多民宿会利用网络平台发布民宿店面的预订信息，但宣传内容较少、广度较浅是目前存在的问题。从游客的调查信息中发现，许多游客都是通过朋友推荐和手机的一些评价软件来了解民宿的具体情况。预订的内容并不能成为游客选择该民宿的重要影响因素，游客会通过网络上的评价、熟人介绍等方式进行了解，使诸多游客不能全面了解民宿具体环境和实际情况。

民宿的宣传与推广，需要政府和市场全面配合，让“流量”进入民宿及旅游中，通过媒体、互联网、论坛等方式，做营销推广工作。由政府或者地区的民宿联合体共同协作，政府投资联合体管理的方式，制定相关的民宿评价制度，定期组织民宿品牌评选，并在平台展示宣传；同时要保证网络宣传内容的真实性，不能为了经济效益进行虚假宣传。通过与旅行社、互联网、景区抱团营销推广，加强对地区旅游品牌及住宿信息的多平台宣传。注重民宿店与客户的沟通交流，客户的反馈意见进行跟踪处理。

网络的发展，使人们获取信息的方式更为便捷，消费者去某地游玩也会在网络上做好攻略后，再进行选择。而这些搜集的信息大多来自之前去过该地区消费者的评价和网络营销进行获取的。因此，民宿在推广的过程中，也需要做好自身的品牌，良好的客户满意度对于树立良好的品牌形象有重要的作用。分析和总结宣传营销过程中存在的问题，积极改进。民宿行业也会有淡旺季，在淡季时期，可以组织体验或是优惠活动，增加知名度和曝光度。

建立客户档案系统，针对客户的需求、个性、消费习惯进行记录、分析，对不同的顾客进行差异化营销，有针对性地推广民宿产品。民宿主可以针对目标市场客户建设民宿，这样既可以精准定位于客户，又能避免同质化。借鉴其他欧美、国内先进的营销模式，提高竞争力，如目前莫干山、丽江等地的品牌连锁模式、休闲度假模式等。结合地区当地的特色进行改造，打造具有自身内涵的特色民宿。突出自身的特点，打造成独一无二的品牌 IP（刘洋，2021）。

第七节　重视民宿发展的法规制定，创新发展模式，凸显地域特色

充分发挥政府对民宿的引导和支持作用，推动民宿规范化和品质化发展，发挥民宿的经济、社会、文化和环境效应。首先，制定和完善民宿法律法规。界定民宿概念，为民宿的合法性提供法律依据。在现有行业标准基础上，制定和完善民宿经营管理的法律法规，包括民宿审查标准、评级体系、监管制度及违法违规的惩罚措施。评估民宿发展效果，及时发现并解决民宿发展存在的潜在风险和问题，保障民宿质量。其次，制定民宿发展规划并提供管理咨询、土地财税、奖励补助等政策和措施。结合乡村振兴、区域协调发展、双循环新发展格局等国家战略，制定民宿发展规划。将民宿开发和民宿产业发展纳入到国民经济和旅游业发展规划，并落实到地方和行业发展规划中。引入生态旅游和文化旅游，构建民宿发展的运行体系、支撑体系和保障体系，推动民宿产业优化升级。重视贫困地区的民宿开发，促进共同富裕。制定针对性的民宿用地保障政策，推动民宿项目逐步落地。对民宿开发提供资金支持和税收优惠政策，对符合条件的经营者提供奖励和补助补贴。将疫情及突发自然风险纳入政策设计中，提高民宿的抗风险能力，鼓励民宿业恢复重建，保障可持续发展。

对民宿实质理解不充分致使民宿开发趋同，经营缺乏特色，“农旅融合”“文旅互促”不足，民宿形象受损，影响民宿效应。尊重民宿发展的阶段性规律和区域差异，避免盲目跟风和低端复制。根据地方自然环境特点和传统文化内涵，提炼文化特色，营造文化氛围，设计合适的民宿主题。在标准化服务基础上，为游客提供民宿独特的情感体验，强调个性化与标准化的统一。探索符合发展规律和地方实际的民宿发展模式，开发休闲型、康养型、文化型、娱乐型、扶贫型等主题民宿，打造“民宿+”新型多元业

态模式以及民宿共享模式、“互联网+”模式、智慧民宿模式、网红模式等，提升民宿竞争力。充分发挥当地村民、社区（村委）、非政府组织、企业、政府等多元主体的作用，重视多方分工合作，共同打造优质民宿，实现互利共赢。

Part 10

第十章　结论与讨论

第一节　研究结论

一、民宿旅游集聚特征明显，呈现多核心组团状分布

本研究基于网络爬虫数据，以民宿最为集中和发达的长三角地区为例，采用空间最邻近分析和密度分析，研究民宿的空间分布情况，发现民宿在空间上呈现高度集聚的特征。长三角地区民宿分布呈现多核心组团状分布，由中部向两侧轻微递减。长三角地区民宿形成以上海市为中心的一级组团，以杭州市、南京市为核心的二级组团，以苏州市、宁波市、湖州市、嘉兴市、舟山市形成三级核心组团集聚分布态势。尤其集聚分布在经济较为发达的城市和核心景区周边，形成民宿集聚的密度中心。长三角民宿旅游集聚区集中分布在长三角地区中部，从中部向南北递减，南部浙江省民宿旅游集聚区分布数量多于北部江苏省。以上海、南京、苏州、无锡、湖州、嘉兴、杭州、宁波为民宿旅游集聚区数量较多城市。

二、提出基于民宿旅游集聚 L–R–D 理论的民宿旅游集聚区发展模式

民宿旅游集聚 L–R–D 理论是指基于区位空间、依托的核心旅游资源、主

要动力共同作用下的民宿旅游集聚区的发展模式。L（L–Location）是指集聚发展所依托的区位空间；核心旅游资源（R–Resource），是旅游业发展的物质基础，更是民宿旅游集聚发展重要基础和核心吸引物，是集聚核，是民宿旅游集聚发展的重要动力来源；主要动力（D–Dynamic），这是民宿旅游集聚形成、发展、演化的重要驱动力，决定民宿旅游集聚发展方向。三者共同作用、相互促进，通过三者内部的组合，实现多元耦合关系，形成不同的发展模式。并依据 L–R–D 理论对长三角地区民宿旅游集聚发展模式进行了总结分析，总结出杭州西湖民宿旅游集聚区为代表的城市景区市场主导型发展模式、苏州环太湖民宿旅游集聚区为代表的城郊休闲度假市场主导型发展模式、丽水市松阳县民宿旅游集聚区为代表的乡村古村落政府主导型发展模式、以湖州市长兴县水口乡民宿旅游集聚区为代表的乡村养老市场主导型发展模式、以德清县莫干山民宿旅游集聚区为代表的乡村休闲度假市场主导发展模式等。

三、构建相对全面的民宿旅游集聚适宜性评价指标体系

从民宿旅游集聚适宜性评价的宏观、微观层面，使用层次分析法和专家咨询法，建立相对全面的民宿旅游集聚适宜性评价体系。该指标体系由目标层、综合评价层、要素评价层、因子评价层和指标层构成。目标层以民宿旅游集聚发展适宜性为总目标；综合评价层包括经济环境因素（0.4396）、旅游业发展情况（0.3039）、地理环境因素（0.1405）、配套设施情况（0.0545）、经营条件（0.0615）5 个要素评价层；要素评价层分为经济发展水平、旅游资源富集程度、旅游收入等 20 个评价指标；因子评价层分为地区国内经济生产总值、人口数量、民宿客栈数量等 35 个评价因子。为使指标更具有实际操作意义，对各指标进行赋分评分。该指标体系构建后，能够为民宿旅游集聚发展适宜性提供科学参考，合理评估民宿旅游集聚发展条件，避免盲目投资发展，造成资源和资金浪费。良好的经济环境和旅游业发展情况是民宿旅游集聚发展考虑的首要因素，也是民宿旅游集聚能够发展的基础，优越的地理环境和配套设施是民宿旅游集聚发展优势，优良的经营条件为该区域发展提供有力支撑，这些都为民宿旅游集聚区开发和建设提供可借鉴的思路。

四、构建由需求子系统、供给子系统、媒介子系统、支持子系统、管理决策子系统组成的民宿旅游集聚发展动力系统模型

从影响因素、市场因素、动力因素开展分析研究，构建民宿旅游集聚发展动力系统模型。

影响因素的研究以县（市辖区）为单元计算民宿密度作为因变量，以国内生产总值、人均国内生产总值、常住人口数量、人口密度、城镇居民恩格尔系数、农村居民恩格尔系数、等级公路里程、等级公路密度、A 级景区数量和 A 级景区密度、传统村落数量、旅游总收入、单位面积旅游收入共 13 个统计指标作为因变量，采用多因素逐步回归分析影响民宿集聚的主要因素，发现单位面积旅游收入、A 级景区数量、人口密度、地区国内生产总值四个指标对民宿密度有显著影响，就影响力而言，单位面积旅游收入 >A 级景区数量 > 人口密度 > 地区国内生产总值。

从游客感知角度，识别民宿旅游集聚发展的关键影响因素。研究发现，设施与环境感知对于民宿旅游集聚区发展支持度有重要支撑，单个民宿内外部环境叠加成民宿旅游集聚区整体内外部环境的总体感知价值，从而推动民宿旅游集聚良好发展。文化体验是民宿旅游集聚发展的基础条件，民宿旅游集聚区的发展必须以文化为基础，能够给游客提供良好的文化体验是民宿集聚发展的基础条件。服务价值感知是民宿旅游集聚发展的重要影响因素，服务质量是游客感知的主要组成，服务质量是民宿游客再次购买民宿产品的保障，也是民宿旅游集聚区品牌形象的关键影响因素。

通过对民宿旅游集聚发展的动力因素进行分析，分为内源性动力因素和外源性动力因素。内源性动力因素包括专业分工、竞争与协作、创新与扩散。外源性动力因素中有政府政策主导、新乡绅推动、旅游消费升级驱动、民宿投资资本驱动等多种因素组成。构建了民宿集聚发展动力系统模型，包括需求子系统、供给子系统、媒介子系统、支持子系统、管理决策子系统。动力子系统又是内源性动力与外源性动力共同作用、相互影响的结果。

五、资源驱动机制、规模优势机制、分化和扩散机制共同作用下，莫干山民宿旅游集聚区实现快速发展

以莫干山民宿旅游集聚区作为典型案例分析其发展特征，发展历程可以划分为起步阶段（2007—2011 年）、快速发展阶段（2012—2015 年）、成熟发展阶段（2016 年至今）。起步阶段的主要特征是洋家乐的兴起，带动莫干山民宿开始发展；快速发展阶段的主要特征是以莫干山风景名胜区为中心集聚发展，民宿数量以 10% 至 20% 的速度增长，民宿品质走精品化、高端化，当地人也参与投资民宿产业；成熟发展阶段的主要特征是民宿收入已经是当地税收的主要来源，民宿产业成为支柱产业。通过莫干山民宿旅游集聚区发展动力分析，主要驱动因素包括自然地理条件、交通区位条件、旅游自组织机制、政策因素、社区居民发展意愿。这些因素在资源驱动机制、规模优势机制、分化和扩散机制的不断演进中，通过互相促进、优化协调、彼此消长中推动民宿旅游集聚区的发展。

第二节　研究不足与展望

一、对于整个民宿旅游集聚时空演化机制有待进一步深化

本文仅以莫干山民宿旅游集聚区为典型案例地研究了民宿旅游集聚时空演化机制，但是对于大空间尺度的整个长三角区域或者全国范围的研究仍有待进一步深化。因为现在不论是国家相关统计部门，还是地方旅游主管部门，都没有关于民宿历年发展的统计数据，对于整个国家民宿开业时间、经营情况、平均房价等数据获取难度大。数据的获取也仅仅依靠相关旅游网站的数据，相关网站对于民宿的定义又各不相同，导致获取的数据标准不一，因此这项工作在此论文中研究深度不够。

二、民宿旅游集聚动力机制的定量化研究有待加强

本文已经对影响民宿旅游集聚发展的内源性动力因素和外源性动力因素进行了分析，也构建了动力系统结构，包括需求子系统、供给子系统、媒介子系统、支持子系统、管理决策子系统，还属于定性研究阶段。而很多学者对于集聚区动力机制的研究常常采用系统动力学模型和仿真检验。对于本文来说构建了相对完善的动力系统，但是动力系统模型设置指标、赋值计算还需要进行大量调研，日后可以做深入定量研究。

三、对于其他民宿旅游集聚案例地需要深入补充研究

本文以莫干山民宿旅游集聚区为案例地研究了乡村度假型民宿旅游集聚区发展模式及演化机制。但乡村民宿旅游集聚区的发展与城市核心型旅游集聚区、景区主体型旅游集聚区、特色产业型旅游集聚区的发展相比既有共性，又有不同点。共同点就是都通过集聚产生规模效应，不同点是乡村民宿旅游集聚区是区域可持续发展的一种新形式，作为一种嵌入要素融入到乡村社区之中，在可持续发展、乡村振兴中形成了一些特有的组织方式、激励机制，促进着区域可持续发展。这些乡村民宿旅游集聚区的发展模式和动力机制是否适合其他类型民宿，还需要进一步研究，对于其他类型的民宿旅游集聚区案例地的对比研究和深入研究也成为日后研究的方向。

参考文献

[1] 阿尔弗雷德·韦伯．工业区位论（中译本）[M]．北京：商务印书馆，1997.

[2] 奥古斯勒·廖什．经济空间秩序（中译本）[M]．北京：商务印书馆，1995.

[3] 白凯，马耀峰，李天顺，孙天宇．西安入境旅游者认知和感知价值与行为意图 [J]．地理学报，2010，65（2）：244–255.

[4] 白瑞芸．乡村振兴背景下山西省乡村民宿可持续发展路径研究 [J]．中国商论，2022（7）：23–25.

[5] 卞显红．城市旅游空间规划布局的影响因素分析 [J]．地域研究与开发，2003，22（3）：93–96.

[6] 蔡惠玲．旅游地居民对民宿发展影响的感知研究 [D]．华侨大学，2016.

[7] 曾磊，段艳丽，汪永萍．台湾民宿产业对大陆乡村旅游发展的启示 [J]．河北农业大学学报（农林教育版），2009，11（4）：507–510，513.

[8] 常叔杰，王苏喜，姜军．旅游产业集群发展研究 [J]．郑州轻工业学院学报（社会科学版），2006，7（5）：52–55.

[9] 陈春燕．杭州西湖风景区民宿的现状及发展对策分析 [J]. 中国商论，2015(21)：122–125.

[10] 陈国胜，戴佩慧．不同投资主体的民宿经营模式——以温州市为例 [J]．安徽农业科学，2018，46（12）：140–142，152.

[11] 陈佳洁，陈静，林佳玲. 民宿集群对乡村旅游目的地品牌形象构建影响研究——基于浙江省数据 [J]．农村经济与科技，2017，28（7）：79–82.

[12] 陈建设．县域旅游空间布局模型构建研究 [J]．经济地理，2012，32（12）：163–168.

[13] 陈瑾. 发展民宿经济与提升乡村旅游品质研究——以江西省为例 [J]. 企业经济，2017，36（8）：142–147.

[14] 陈可石，娄倩，卓想．德国、日本与我国台湾地区乡村民宿发展及其启示 [J]．

开发研究，2016（2）：163–167.

［15］陈蕾．厦门市酒店业与民宿业的对比分析与发展思路［J］．岳阳职业技术学院学报，2011，26（4）：104–107.

［16］陈沫，齐岩波，刘海霞．台湾民宿产业发展及对大陆民宿的经验借鉴［J］．旅游纵览（下半月），2014（10）：274–276.

［17］陈雪梅．区域核心竞争力：企业集群与地方品牌［J］．学术研究，2003（3）.

［18］陈燕纯，杨忍，王敏．基于行动者网络和共享经济视角的乡村民宿发展及空间重构——以深圳官湖村为例［J］．地理科学进展，2018，37（5）：718–730.

［19］程琦．民宿酒店化的利弊分析［J］．商，2016（20）：289.

［20］戴丽霞．海南乡村旅游民宿发展的法律监管问题研究［J］. 农业经济，2016（6）：46–48.

［21］党宁．环城游憩带空间结构研究［D］．北京：北京大学，2007.

［22］邓念梅，詹丽，黄进．鄂西南民族地区民宿旅游发展现状、风险及对策探讨［J］．资源开发与市场，2014，30（7）：880–882.

［23］丁源．浅谈台湾民宿设计风格及特点［J］．新西部（理论版），2015（18）：43，52.

［24］杜能．孤立国同农业和国民经济的关系（中译本）［M］．北京：商务印书馆，1986.

［25］杜志雄．新农人在促进中国农业转型中的价值不可估量［J］．文史博览：理论，2014（10）：1.

［26］范欧莉．顾客感知视角下民宿评价模型构建——基于扎根理论研究方法［J］．江苏商论，2011（10）：37–39.

［27］范少花．民宿游客满意度调查研究——以厦门市为例［J］．福建商业高等专科学校学报，2016（2）：47–52.

［28］方波．民宿服务场景、场所依恋与顾客再次消费意愿的关系研究［D］．浙江工商大学，2018.

［29］方敏，徐云松，章艺．基于旅游地意象的临安市民宿发展研究［J］．中南林业科技大学学报（社会科学版），2016，10（2）：50–53.

［30］方远平，闫小培．服务业区位论：概念、理论及研究框架［J］．人文地理，2008（5）：2–16.

［31］费建琴，张建国．德清西部山区发展民宿经济的若干思考［J］．浙江农业科学，2016，57（7）：1144–1147，1157.

［32］冯卫红，苗长虹．国内外关于旅游产业集群的研究综述［J］．人文地理，2009（1）：16–21.

［33］冯学钢，金川．我国民宿发展中的标准与规范［J］．质量与标准化，2016（4）：14–16.

［34］高楠，马耀峰，李天顺，等．旅游产业空间集聚识别方法分析及实证研究——以环渤海地区为例［J］．陕西师范大学学报（自科版），2012，40（2）：85–92.

［35］高伟雯，陈金华，胡诗文，宋丽然．基于游客感知的海岛民宿旅游安全管理实证研究［J］．乐山师范学院学报，2015，30（8）：49–54.

［36］葛蔓．民宿在生态文化旅游中的发展路径研究［J］．安徽农业科学，2013，41（23）：9684–9685，9714.

［37］葛姝，赖红波．台湾民宿业品牌网络推广及对上海的借鉴［J］．设计，2015（20）：142–144.

［38］耿明斋．现代空间结构理论回顾及区域空间结构的演变规律［J］．区域经济评论，2005（11）：16–20.

［39］公学国，李玉萍．基于 SWOT 分析的山东省民宿行业发展策略［J］．农村经济与科技，2014，25（3）：93–95.

［40］顾翘楚．台湾民宿的优势分析及借鉴［J］．商，2016（4）：80，33.

［41］郭书丽．基于游客感知视角的河南省旅游民宿发展研究［D］．河南财经政法大学，2017.

［42］郭文进．有关我国乡村旅游产业发展中的民宿现状研究［J］．旅游纵览（下半月），2016（2）：216.

［43］郭亚静．环境心理学角度下的民宿设计趋势分析［J］．江西建材，2017（13）：26–26.

［44］郭莹莹．民宿在乡村旅游中的地位和作用研究［J］．新经济，2016（12）：15–16.

［45］郭莹莹．乡村民宿业发展新态势与政府行为分析研究［J］．中外企业家，2016（19）：198–199.

［46］郭玉琼．中国乡村旅游发展报告（2017）［A］．两岸创意经济研究报告（2018）［C］．2018.

［47］何德旭，杜志雄，张广瑞，刘德谦，宋瑞，金准，李为人，吴金梅．旅游绿皮书：2017—2018 年中国旅游发展分析与预测［M］．社会科学文献出版社，2018.

［48］侯思言，马强．传统村落民宿感知体验与游客动机研究［J］．住宅产业，2017

（1）：58–64.

［49］侯玉霞，李欣，吴忠军．我国民宿研究进展［J］．广西经济管理干部学院学报，2017，29（4）：60–66.

［50］胡斌．民宿旅游的发展对农民就业转型的影响［J］．农业经济，2018（3）：89–91.

［51］胡敏．乡村民宿经营管理核心资源分析［J］．旅游学刊，2007（9）：64–69.

［52］胡平东．基于旅游景区的民宿客栈发展模式探索［J］．经营管理者，2016（33）.

［53］胡莹，王欣，邓念梅．鄂西生态文化旅游圈民宿旅游发展研究——基于乡村旅游转型升级的视角［J］．中国管理信息化，2016，19（16）：138–139.

［54］黄河啸，费建庆，朱奇彪，米松华．浙江省民宿经济与特色农业资源开发利用研究［J］．科技通报，2016，32（9）：82–88.

［55］黄杰龙，张玲玲，范梦丹，陈贵松．基于游客行为意图的民宿景观的组合评价与开发设计［J］．福建农林大学学报（哲学社会科学版），2015，18（4）：76–81.

［56］黄其新，周霄．基于文化真实性的乡村民宿发展模式研究［J］．农村科技与经济，2012，23（12）：68–69.

［57］贾云峰．"民宿+"的创新思考［J］．杭州（周刊），2016（18）：12–13.

［58］江建秧．"民宿式"休闲养老社区发展前景与发展策略分析［J］．现代商业，2016（30）：179–180.

［59］姜羽平．台湾民宿建筑初探［J］．建筑与文化，2016（8）：242–243.

［60］蒋佳倩，李艳．国内外旅游"民宿"研究综述［J］．旅游研究，2014，6（4）：16–22.

［61］蒋姝婷．传统村落民宿及其社区参与的研究［D］．浙江工商大学，2015.

［62］蒋秀芳，周刚，陈才．台湾民宿发展关键成功因素及其对海南的启示［J］．台湾农业探索，2016（3）：6–11.

［63］蒋志洲．民宿旅游的短板与窘境［J］．质量与标准化，2016（4）：9–10.

［64］焦彦，徐虹，徐明．游客对商业性家庭企业的住宿体验：从建构主义真实性到存在主义真实性——以台湾民宿住客的优质体验为例［J］．人文地理，2017，32（6）：129–136.

［65］柯斤敏．影响民宿顾客满意度与再购买意向的因素研究——以温州为例［J］．中国经贸导刊，2016（5）：53–56.

［66］赖斌，杨丽娟，李凌峰．精准扶贫视野下的少数民族民宿特色旅游村镇建设研究——基于稻城县香格里拉镇的调研［J］．西南民族大学学报（人文社科版），2016，37

（12）：154–159.

［67］冷云．文化资本的力量——民宿的蓬勃发展对传统酒店的启示［J］．市场周刊（理论研究），2016（4）：28–29.

［68］李备．全域旅游下的云南民宿品牌文化建设——云南民宿品牌文化中的民族特色道路探究［J］．设计，2017（24）：96–99.

［69］李彬彬，程子赫．共享经济下游客民宿选择行为研究［J］．西部经济管理论坛，2017，28（3）：57–64.

［70］李彩玉．台湾民宿业对大陆民宿业发展的启示［J］．品牌，2015（8）：244–246.

［71］李超然，张超．游客对民宿的原真性体验研究——以丽江古城“亲的”客栈为例［J］．旅游纵览（下半月），2016（7）：72–73，75.

［72］李初叶，周元雄．温州民宿产业发展探索［J］．浙江农业科学，2016，57（4）：617–619.

［73］李德梅，邱枫，董朝阳．民宿资源评价体系实证研究［J］．世界科技研究与发展，2015，37（4）：404–409.

［74］李佳瑶，徐潇潇．文创背景下杭州民宿发展研究［J］．包装世界，2016（2）：83–85.

［75］李婧，林婧，刘静波，刘海滨．台湾民宿业发展研究［J］．科教导刊（中旬刊），2015（10）：154–156.

［76］李玏，刘家明，王润，等．北京市高尔夫旅游资源空间分布特征及影响因素［J］．地理研究，2013，32（10）：1937–1947.

［77］李亮．国内乡村民宿发展存在的问题与对策［J］．科技视界，2016（22）：140，146.

［78］李娜，李利．洞庭湖区产业空间布局研究［C］．2013 洞庭湖发展论坛文集，2013.

［79］李沛沛，单文君．基于内容分析法的杭州西湖景区周边民宿质量现状及提升策略研究［J］．江苏商论，2017（18）：28–30.

［80］李平，刘晴．德清县西部山区“民宿”发展与存在的消防安全问题探讨［J］．消防技术与产品信息，2015（5）：56–58.

［81］李倩．承德市美丽乡村建设现状及产业支撑瓶颈研究［J］．旅游纵览月刊，2017（2）．

［82］李思丽．多姿多彩的台湾民宿［J］．福建建筑，2014（1）：56–59.

［83］李涛，刘家明，刘锐，等．基于“生产—生活—生态”适宜性的休闲农业旅游开发［J］．经济地理，2016（12）：169–176.

［84］李涛，朱鹤，刘家明，等．江苏省乡村旅游产业发展水平及空间差异分析［J］．地域研究与开发，2017（6）：86–91.

［85］李小建，李国平，曾刚，等．经济地理学［M］．第2版．北京：高等教育出版社，2006：58–82.

［86］李燕琴，于文浩，柏雨帆．基于Airbnb网站评价信息的京台民宿对比研究［J］．管理学报，2017，14（1）：122–128，138.

［87］李垚，王磊．基于生态经济视角的海南热带观光农业与民宿旅游业发展分析［J］．商场现代化，2016（24）：110–111.

［88］李跃亮．浙南山地村落活态保护的实践与思考——以浙江省松阳县为例［J］．浙江社会科学，2016（8）：143–150.

［89］李泽．湖滨民宿业可持续发展机制研究［D］．云南师范大学，2017.

［90］李忠斌，刘阿丽．武陵山区特色村寨建设与民宿旅游融合发展路径选择——基于利川市的调研［J］．云南民族大学学报（哲学社会科学版），2016，33（6）：108–114.

［91］厉新建，张辉．旅游经济学——理论与发展［M］．大连：东北财经大学出版社，2002.

［92］梁辰浩，胡蝶，梁雪松．民宿经济“热”背后的调研与思考——基于绍兴乡村旅游的调研［J］．企业技术开发，2016，35（12）：121–122.

［93］梁进社．产业空间集聚及其效应的研究进展［J］．地理科学进展，2007，26（2）：14–24.

［94］林德福．台湾民宿及社造发展历程［J］．现代物业（中旬刊），2016（5）：64–66.

［95］林文勋．历史与现实：中国传统社会变迁启示录［M］．北京：人民出版社，2010.

［96］林竹梅．民宿旅游发展中的民族文化重构路径——基于辽宁省民族地区的民宿调查分析［J］．扬州大学学报（人文社会科学版），2018，22（2）：67–73.

［97］刘朝青，钱智．基于流动空间理论的城市空间极化研究——以上海市为例［J］上海师范大学学报（自然科学版），2013，42（2）：206–213.

［98］刘传喜．乡村旅游地流动空间研究［D］．浙江工商大学，2017.

［99］刘佳，宋秋月，张广海．基于扎根理论的民宿游客满意度研究——以青岛市为例［J］．山东工商学院学报，2017，31（6）：26–36.

［100］刘玲玲．对舟山发展美丽海岛民宿游的思考［J］．农村经济与科技，2014，25（10）：74–75.

［101］刘晴晴．民宿业态发展研究——台湾经验及其借鉴［D］．青岛大学，2015.

［102］刘亭．民宿经济：农家乐的升级版［J］．浙江经济，2014（20）：12.

［103］刘鑫，陈亚颦，娄阳．基于Airbnb论京津冀民宿发展现状及开发对策——以河北省石家庄地区为例［J］．河北旅游职业学院学报，2017，22（4）：53–58.

［104］刘洋．乡村旅游背景下民宿发展对策研究［D］．西北农林科技大学，2021.

［105］卢小丽，成宇行，王立伟．国内外乡村旅游研究热点——近20年文献回顾［J］．资源科学，2014，36（1）：200–205.

［106］陆大道，等．中国区域发展的理论与实践［M］．北京：科学出版社，2003.

［107］陆奕娜．浙江民宿发展状况及对策研究——以杭州市调查研究为例［J］．旅游纵览（下半月），2012（12）：95.

［108］罗施贤，成曦，段捷，等．四川省乡土民宿发展新模式［J］．安徽农业科学，2017，45（3）：207–210.

［109］马桂玲，马锦义．基于游客再宿意愿的旅游民宿开发经营策略研究［J］．乐山师范学院学报，2016，31（10）：55–62.

［110］马桂玲．旅游民宿对旅游目的地社会文化的影响研究［J］．哈尔滨学院学报，2017，38（5）：106–109.

［111］马航，曲鹏．旅游景区内的滨水村落功能更新及空间优化策略研究——以深圳较场尾民宿村为例［J］．华中建筑，2016，34（2）：80–84.

［112］马歇尔．经济学原理［M］．北京：商务印书馆，1964.

［113］马勇，李玺，李娟文．旅游规划与开发［M］．北京：科学出版社，2004：234–236.

［114］闵忠荣，洪亮．民宿开发：婺源县西冲传统村落的保护发展规划策略［J］．规划师，2017，33（4）：82–88.

［115］莫燕林，史小珍，马丽卿．共享经济背景下的民宿发展对策研究［J］．江苏商论，2017（2）：20–24.

［116］莫燕林．基于SWOT分析浙江省民宿的发展对策［J］．农村经济与科技，2016，27（9）：116–117，143.

［117］潘超，陈宇，肖逸．主题民宿的特色景观营造［J］．现代园艺，2016（2）：96–97.

［118］潘颖颖．民宿在浙江发展的可行性分析［J］．科技风，2010（11）：49.

[119] 潘颖颖. 乌镇模式开创浙江民宿的新纪元 [J]. 旅游纵览（下半月），2013(4)：157.

[120] 潘颖颖. 浙江民宿发展面临的困难及解析——基于西塘的民宿旅游 [J]. 生产力研究，2013 (3)：132–135.

[121] 裴进鹏. 泰安市民宿开发现状及提升策略研究 [D]. 山东师范大学，2021.

[122] 皮常玲，郑向敏. 基于在线评论的民宿顾客抱怨研究——以厦门鼓浪屿民宿为例 [J]. 旅游论坛，2017，10 (3)：35–44.

[123] 普片. 藏区民宿品牌体验对顾客行为意向的影响研究 [D]. 浙江大学，2015.

[124] 钱敏. 基于本土化与人情化理念的民宿设计——以舟山市海岛民宿为例 [J]. 旅游纵览（下半月），2016 (5)：98.

[125] 邱枫，干青亚，张望望. 基于游客感知的四明山民宿意象研究 [J]. 华中师范大学学报（自然科学版），2017，51 (4)：561–568.

[126] 瞿伟，应群颖，吴永龙，叶虹彬. 杭州皋亭山发展民宿旅游项目的可行性研究 [J]. 现代城市，2011，6 (3)：25–27.

[127] 冉红芳，李军，朱秋红. 武陵山区特色村寨建设与民宿旅游研究——以湖北省利川市为例 [J]. 三峡大学学报（人文社会科学版），2017，39 (1)：62–67.

[128] 阮雯. 民宿业发展新态势与政府行为分析——基于杭州民宿的调查研究 [J]. 山东行政学院学报，2016 (1)：77–81.

[129] 邵逸子，凌硕. 探讨乡村民宿与在地文化之间的联系 [J]. 艺术科技，2016，29 (10)：237.

[130] 沈杰，周继洋，王雯莹. 国内外民宿发展路径及上海郊区民宿发展策略 [J]. 科学发展，2017 (5)：43–51.

[131] 沈梦涵，张建国. 浙江德清乡村民宿发展研究 [J]. 天津农业科学，2016，22 (8)：76–80.

[132] 石坚韧，高秀秀，柳骅. 浙江民宿经济发展趋势分析 [J]. 住宅科技，2017，37 (2)：57–61.

[133] 石培基，李国柱. 点—轴系统理论在我国西北地区旅游开发中的运用 [J]. 地理与地理信息科学，2003，19 (5)：91–95.

[134] 史憬. 苏州环太湖地区民宿发展研究 [D]. 苏州科技大学，2016.

[135] 宋承先. 现代西方经济学 [M]. 上海：复旦大学出版社，1997.

[136] 孙华贞，许亦善，肖丽芳. 基于顾客需求的武夷山民宿满意度研究 [J]. 安阳师范学院学报，2016 (5)：120–125.

［137］孙彤，王帅．武陵山区民宿度假旅游发展的可行性报告——基于恩施大峡谷开发个案研究［J］．中小企业管理与科技（上旬刊），2011（12）：187-188.

［138］孙伟韬．林业休闲产业与民宿产业融合发展初探［J］．华东森林经理，2016，30（1）：64-66，71.

［139］孙新见，柯冬英．我国民宿产业的发展及其法律规制问题研究［J］．中国领导科学，2016（12）：43-45.

［140］孙以栋，胡明慧，许晓娴．民宿经济与区域文化协同发展策略探究［J］．浙江工业大学学报（社会科学版），2016，15（2）：181-185.

［141］唐晓晨．浅析民宿经营成本的分析与控制［J］．管理观察，2016（26）：34-37.

［142］唐兴荣．特色村镇民宿空间设计中乡土文化的建构［J］．建筑设计管理，2017（5）：71-73.

［143］陶玉霞．乡村旅游根性意涵的社会调试与价值重建研究［J］．人文地理，2015，30（5）：117-125.

［144］汪婵娟．黟县古村落民宿村发展模式研究［D］．南昌大学，2018.

［145］汪德根，陆林等．基于点—轴理论的旅游地系统空间结构演变研究——以呼伦贝尔—阿尔山旅游区为例［J］．经济地理，2005，25（6）：904-909.

［146］汪金锋，宫利影．互联网农业语境下的新农人发展探析［J］．当代经济，2015（24）：86-87.

［147］汪向东．"新农人"与新农人现象［J］．新农业，2014（2）：18-20.

［148］王德平．发展民宿经济推进美丽乡村建设——象山县沙地村的实践与思考［J］．宁波经济（三江论坛），2016（2）：19-22.

［149］王凤琴．苏州太湖地区民宿发展现状及经营对策分析［J］．全国商情，2016（24）：33-35.

［150］王建芹，邓爱民．环保责任与民宿可持续发展——基于云南洱海流域"海地生活"案例的研究［J］．生态经济，2018，34（3）：142-146.

［151］王建廷．区域经济发展动力与动力机制［M］．上海：上海人民出版社，2007：117-120.

［152］王玲，光善军，吴晓隽．基于 Airbnb 网络文本数据的旅游者民宿体验感知研究［J］．长安大学学报（社会科学版），2017，19（5）：49-56.

［153］王璐，李好，杜虹景．乡村旅游民宿的发展困境与对策研究［J］．农业经济，2017（3）：141-142.

[154] 王明泰 . 试谈对民宿设计的几点思考 [J] . 大众文艺，2015（19）：68.

[155] 王润，刘家明 . 旅游产业集群研究综述 [J] . 地理科学进展，2012，31（10）：1407–1412.

[156] 王伟全，赵丽萍 . 国内外民宿发展历史研究 [J] . 江西建材，2017（1）：30–30.

[157] 王显成 . 我国乡村旅游中民宿发展状况与对策研究 [J] . 乐山师范学院学报，2009，24（6）：69–72.

[158] 王小林 . 浅析民宿设计中的人文情怀 [J] . 学周刊，2017，3（3）：5–6.

[159] 王英子 . 湖南中部山区乡村庄园化民宿设计探析——以双公山居为例 [J] . 农村经济与科技，2017，28（3）：90–91.

[160] 王莹莹 . 河南传统民居民宿设计传承开发初探 [J] . 艺术科技，2016，29（6）：315–316.

[161] 王樟云，陈璀 . 杭州桐庐县民宿经济调查报告 [J] . 统计科学与实践，2013（12）：44–45.

[162] 王竹，钱振澜，贺勇，等 . 乡村人居环境“活化”实践——以浙江安吉景坞村为例 [J] . 建筑学报，2015（9）：30–35.

[163] 魏小安 . 民宿三问：是什么？为什么？怎么办？[J]. 杭州（周刊），2016（18）：10–11.

[164] 魏延军，崔玲，贾利 . 林甸县民宿温泉旅游发展模式研究 [J] . 国土与自然资源研究，2016（4）：37–38.

[165] 沃尔特 · 克里斯塔勒 . 德国南部中心地原理 [M]. 第 1 版 . 北京：商务印书馆，2010.

[166] 吴必虎，黄琢玮，马小萌 . 中国城市周边乡村旅游地空间结构 [J]. 地理科学，2004，24（6）：757–763.

[167] 吴必虎，温燕 . 乡村旅游是古村活化的最有效途径 [J]. 世界遗产，2015（11）：58–59.

[168] 吴必虎 . 基于乡村旅游的传统村落保护与活化 [J] . 社会科学家，2016（2）：7–9.

[169] 吴吟颗，陶玉国 . 台湾民宿产业的发展及其对大陆乡村旅游业的启示 [J] . 江苏师范大学学报（哲学社会科学版），2016，42（2）：154–158.

[170] 吴玮 . 台湾民宿业发展现状及数字化营销策略研究 [J] . 泉州师范学院学报，2015，33（3）：100–105.

［171］吴小根，杜莹莹．旅游目的地游客感知形象形成机理与实证——以江苏省南通市为例［J］．地理研究，2011，30（9）：1554 -1565.

［172］吴晓隽，于兰兰．民宿的概念厘清、内涵演变与业态发展［J］．旅游研究，2018，10（2）：84–94.

［173］吴雪．民宿在乡村生态文化旅游中的发展路径探析［J］．商场现代化，2016（8）：133–134.

［174］吴亚平，王璟怡，李剑．智慧旅游视角下的民族村寨民宿业营销策略——贵州黎平县滚正村个案研究［J］．贵州师范学院学报，2016，32（7）：53–57.

［175］吴亚平，杨定玉，李萍．少数民族村寨民宿业发展研究［J］．民族论坛，2016（7）：76–79，85.

［176］夏正超，谢春山．对旅游产业集群若干基本问题的探讨［J］．桂林旅游高等专科学校学报，2007，18（4）：479–483.

［177］相阵迎，徐红罡．国内旅游产业集群研究的争议评述［J］．旅游科学，2007，21（6）：6–11.

［178］肖华茂．基于系统论的循环经济发展模式的研究［J］．工业技术经济，2007（7）：37–9.

［179］谢宁光．基于 IPA 分析法的浙江乡村民宿品牌体验探讨［J］．安阳师范学院学报，2018（2）：103–106.

［180］邢剑飞．杭州精品民宿可持续发展分析［J］．经贸实践，2016（3）：249–250.

［181］熊国铭．供应链视角下对民宿集群发展的思考［J］．物流技术，2016，35（1）：146–148.

［182］徐迪，丁继军．探讨桐庐深澳村民宿现状［J］．现代装饰（理论），2016（8）：217–218.

［183］徐虹，刘宇青，梁佳．顾客感知酒店服务创新的构成和影响研究——基于来自经济型酒店的数据［J］．旅游学刊，2017，32（3）：61–73.

［184］许宸，张毅玲．黄山市特色民宿旅游发展研究［J］．商场现代化，2016（12）：93–94.

［185］许笑妍，周瑶涵，方莹，顾军正，陈默．生态海岛建设背景下零成本民宿改造研究——以舟山群岛新区涉海村落为例［J］．管理观察，2016（19）：15–17.

［186］严辉华．谈体验旅游趋势下乡村民宿的发展［J］．旅游纵览（下半月），2016（6）：149–151.

［187］颜燕．基于互联网 + 民宿的村落发展新模式研究——以海南中部地区少数民族

村落为例［J］. 现代商业，2016（30）：40–42.

［188］阳信生现代“新乡绅”研究三题［J］. 文史博览：理论，2013（10）：27–31.

［189］杨丽娟 . 中国台湾地区民宿旅游的研究进展与启示［J］. 成都大学学报（社会科学版），2016（2）：31–38.

［190］杨荣荣，王红姝，高阳，何兢 . 我国休闲农业发展评价体系构建与应用研究［J］. 东北农业大学学报（社会科学版），2013，11（5）：7–15.

［191］杨欣，殷燕 . 两岸民宿比较研究［J］. 经济研究导刊，2012（34）：187–190，209.

［192］杨毅，赵红 . 共生性企业集群组织结构及其运行模式探讨［J］. 管理评论，2003（12）：37–44.

［193］姚欣 . 浅析厦门地区城镇民宿设计［J］. 工业设计，2017（1）：151–152.

［194］姚遥 . 探究台湾民宿业发展对海南家庭旅馆业的启示［J］. 现代经济信息，2014（7）：282–283.

［195］叶顺 . 乡村小型接待企业成长的内在机制、影响因素及对顾客体验的效应研究［D］. 浙江大学，2016.

［196］尹晓红 . 区域循环经济发展评价与运行体系研究［D］. 天津大学，2009.

［197］尹贻梅，陆玉麒，刘志高 . 旅游企业集群：提升目的地竞争力新的战略模式［J］. 福建论坛（人文社会科学版），2004（8）：22–25.

［198］游海华，曾亚农 . 民宿产业发展研究——以杭州市为例［J］. 嘉兴学院学报，2016，28（5）：85–91.

［199］余方 . 舟山海洋文化特色民宿研究［D］. 浙江海洋大学，2017.

［200］余虹 . 依托旅游资源周边乡村民宿建设的可行性研究——以黄山市宏村镇芳村为例［J］. 绿色科技，2016（19）：113–115，119.

［201］俞昌斌 . 莫干山民宿的分析探讨——以裸心谷、法国山居和安吉帐篷客为例对比［J］. 园林，2016（6）：17–22.

［202］俞利芳 . 湖州乡村旅游发展的转型和升级研究——基于休闲度假的民宿旅游［J］. 科技和产业，2010，10（11）：30–32.

［203］翟健 . 乡建背景下的精品民宿设计研究［D］. 浙江大学，2016.

［204］张大玉 . 传统村落风貌特色保护传承与再生研究——以北京密云古北水镇民宿区为例［J］. 北京建筑大学学报，2014，30（3）：1–8.

［205］张广海，孟禺 . 国内外民宿旅游研究进展［J］. 资源开发与市场，2017，33（4）：503–507.

［206］张靖．南京市商业民宿旅游业发展对策研究［D］．安徽大学，2017.

［207］张立．乡村活化：东亚乡村规划与建设的经验引荐［J］．国际城市规划，2016，31（6）：1–7.

［208］张琳，邱灿华．传统村落旅游发展与乡土文化传承的空间耦合模式研究——以皖南地区为例［J］．中国城市林业，2015，13（5）：35–39.

［209］张希，杨雅茜．国内民宿业服务质量评价研究［J］．湖州师范学院学报，2017，39（1）：59–66.

［210］张希．乡土文化在民宿中的表达形态：回归与构建［J］．闽江学院学报，2016，37（3）：114–121.

［211］张兴建．浅谈民宿建筑与室内空间设计［J］．美术大观，2017（4）：98–99.

［212］张旭．民宿型乡村景观规划与设计研究初探［D］．中南林业科技大学，2016.

［213］张雪丽，胡敏．乡村旅游转型升级背景下的民宿产业定位、现状及其发展途径分析——以杭州市民宿业为例［J］．价值工程，2016，35（23）：101–103.

［214］张延，代慧茹．民宿分类研究［J］．江苏商论，2016（10）：8–11，21.

［215］张英．从民宿看日本人的文化意识［J］．中国社会科学院报，2009（5）.

［216］赵菁．浅谈当代民宿设计的特点与发展趋势［J］．艺术与设计：理论，2017（2）：55–57.

［217］赵磊，吴文智，李健，吴媛．基于游客感知价值的生态旅游景区游客忠诚形成机制研究——以西溪国家湿地公园为例［J］．生态学报，2018，38（19）：7135–7147.

［218］赵凌玲．民间资本运营与乡村旅游住宿业发展［J］．经营与管理，2015（10）：25–28.

［219］赵炜，何宏，胡敏．民宿型乡村旅游农家菜特色研究［J］．产业与科技论坛，2007（5）：23–25.

［220］赵越，黎霞．乡村民宿经营者经营风险感知研究——基于对重庆市乡村旅游景区的调查［J］．西部论坛，2010，20（1）：79–86.

［221］郑健雄．后现代旅游产品新风貌［J］．旅游学刊，2014，29（8）：5–7.

［222］郑雪霏．民宿的开发与管理——以增城万家旅舍为例［J］．商，2015（13）：258.

［223］钟衣海，毕华．台湾民宿发展对海南家庭旅馆的启示［J］．旅游纵览（下半月），2015（3）：145–147.

［224］周继霞，苏维词．重庆环城游憩带乡村旅游可持续发展评价研究［J］．安徽行政学院学报，2007（7）：36–40.

［225］周琼．台湾民宿发展态势及其借鉴［J］．台湾农业探索，2014（1）：13–18.

［226］周玮，黄震方，曹芳东，等．主题型文化旅游地属性对旅游者场所依恋的驱动效应——以常州春秋淹城为例［J］．地理研究，2013，32（8）：1528－1540.

［227］朱晨霞．浙江永嘉县乡村旅游中民宿发展的对策研究［D］．吉林大学，2014.

［228］朱鲸颖．民宿发展的标准化与特色化［J］．经营与管理，2016（9）：26–28.

［229］朱明芬．浙江民宿产业集群发展的实证研究［J］．浙江农业科学，2018，59（3）：353–359.

［230］朱应皋，吴美华，李翠．南京市居民旅游需求实证研究［J］．社会科学家，2007（6）：120–123.

［231］庄英．借力民宿经济发展休闲旅游的困惑与策略研究［J］．旅游纵览（下半月），2016（2）：214–215.

［232］邹开敏．民宿：休闲度假旅游的一种探索——以江苏周庄为例［J］．乡镇经济，2008（8）：89–92.

［233］Asbullah A S，Irhamsyah M S，Nugraha M. Eco–homestay：development concept on rural tourism–based conservation model（study case of Sidomulyo Village，Silo District，Jember Regency）．［J］. Journal of Indonesian Tourism & Development Studies，2013.

［234］Becken S，Frampton C，Simmons D. Energy consumption patterns in the accommodation sector—the New Zealand case［J］. Ecological Economics，2001，39（3）：371–386.

［235］Bhalla P，Coghlan A，Bhattacharya P. Homestays' contribution to community–based ecotourism in the Himalayan region of India.［J］. Tourism Recreation Research，2016，41（2）：213–228.

［236］Broeck A M V，Smith V L，Brent M. Pamukkale：Turkish homestay tourism.［J］. Hosts & Guests Revisited Tourism Issues of Century，2001.

［237］Buhalis D D，Keeling S. Distributing B&B accommodation in York，UK：Advantages and developments emerging through the Internet［M］// Information and Communication Technologies in Tourism 1999. Springer Vienna，1999：228–237.

［238］Buyeke Ogucha，Eliza & Riungu，Geoffrey & K. Kiama，Frimar & Mukolwe，Eunice.（2015）. The influence of homestay facilities on tourist satisfaction in the Lake Victoria Kenya Tourism Circuit.［J］. Journal of Ecotourism，2015，14（2–3）：278–287.

［239］Cavanaugh B. Bed & Breakfast Market Gains Popularity，Offers Insurers New Opportunities［J］. National Underwriter，2011.

[240] Chang H L. A Study on the Simulation of the Common Governance Framework in Bed & Breakfast Business—In case of the B&B Business of Shui–Tou Community of Kinmen [J]. 2013.

[241] Chen Ching–Fu，Tsai Dung–Chu. How destination image and evaluative factors affect behavioral intentions？ Tourism Management，2007，28（4）：1115–1122.

[242] Chen H T，Chen K S，Hsipeng T，et al. Usage behavior causal model construction for B&B–owned websites – from the B&B owner/operator perspective. [J]. Journal of Quality Assurance in Hospitality & Tourism，2014，15（4）：399–424.

[243] Clarke J. Farm accommodation and the communication mix. [J]. Tourism Management，1996，17（8）：611–616.

[244] Dallen J.Timothy，Victor B Teye，Tourism and the Lodging Sector [M].New York：Oxford，2009.

[245] Dawson C P，Brown T L. B&Bs：A matter of choice [J]. Cornell Hotel & Restaurant Administration Quarterly，1988，29（1）：17–21.

[246] Decrop A，Snelders D. A grounded typology of vacation decision– making [J]. Tourism Management，2005，26（2）：121 – 132.

[247] Evans N J，Ilbery B W. Advertising and farm–based accommodation：a British case study. [J]. Tourism Management，1992，13（4）：415–422.

[248] Filler E J. Strategic Alliance Between a Bed & Breakfast Inn and a Restaurateur：Impact on Net Income of the Bed & Breakfast Inn [J]. Unt Theses & Dissertations，2000.

[249] GARTNER W C.Rural tourism development in the USA [J].International Journal of Tourism Research.2004，6（3）：151–164.

[250] Getz D，Petersen T. Growth and profit–oriented entrepreneurship among family business owners in the tourism and hospitality industry [J]. International Journal of Hospitality Management，2005，24（2）：219–242.

[251] Groth J C. Exclusive value and the pricing of services [J]. Management Decision，1995，33（8）：22–29.

[252] Gunasekaran N，Anandkumar V. Factors of Influence in Choosing Alternative Accommodation：A Study with Reference to Pondicherry，A Coastal Heritage Town [J]. Procedia – Social and Behavioral Sciences，2012，62：1127–1132.

[253] Hall C M，Rusher K，Thomas R. Risky lifestyles？ Entrepreneurial characteristics of the New Zealand bed and breakfast sector. [J]. Small Firms in Tourism，2004；83–97.

［254］HOLECEK D，WILLIAMS J，HERBOWICZ T.Michigan Travel Market Survey. Michigan Agricultural Experiment Station，Special Report 108［R］.East Lansing：Michigan State University，2000.

［255］Heckscher E F .Quantitative Measurement in Economic History［J］.Quarterly Journal of Economics，1939，53（2）：167–193.

［256］Hsieh Y C，Lin Y H. Bed and Breakfast operators' work and personal life balance：A cross–cultural comparison［J］. International Journal of Hospitality Management，2010，29（4）：576–581.

［257］Huang L. Bed and breakfast industry adopting e–commerce strategies in e–service.［J］. Service Industries Journal，2008，28（5）：633–648.

［258］Hudson S，Gilbert D. The Internet and small hospitality businesses：B&B marketing in Canada.［J］. Journal of Hospitality & Leisure Marketing，2006，14（1）：99–116.

［259］Jackson J，Murphy P.Clusters in regional tourism：an Australian case［J］.Annals of Tourism Research，2006，33（4）：1018–1035.

［260］Ji S K，Faerman S R. Exploring the relationship between culture and family–friendly programs（FFPs）in the Republic of Korea［J］. European Management Journal，2013，31（5）：505–521.

［261］K.Demet& M.Fafchamps，"Changes in the Spatial Concentration of Employment across US Counties：A Sectoral Analysis 1972–2000，" Journal of Economic Geography，vol.5，No.3（2005），261–284.

［262］Kontogeorgopoulos N，Churyen A，Duangsaeng V. Homestay tourism and the commercialization of the rural home in Thailand.［J］. Asia Pacific Journal of Tourism Research，2015，20（1）：29–50.

［263］Kunjuraman V，Hussin R. Challenges of community–based homestay programme in Sabah，Malaysia：Hopeful or hopeless？［J］. Tourism Management Perspectives，2017，21：1–9.

［264］Li T Y. A Study on Hospitality Marketing Mix and Key Success Factors of B&B Operators in Taiwan［J］. 2003.

［265］Long F，Liu J，Zhang S，et al. Development characteristics and evolution mechanism of homestay agglomeration in Mogan Mountain，China. Sustainability，2018，10（9）：2964.

[266] Lubetkin M. Bed-and-breakfasts [J]. Journal of Travel & Tourism Marketing, 1999, 40 (4): 84-90.

[267] Lynch P. Female microentrepreneurs in the host family sector: Key motivations and socio-economic variables [J]. International Journal of Hospitality Management, 1998, 17 (3): 319-342.

[268] Marshall A. Principles of Economics: An Introductory Volume [J]. Social Science Electronic Publishing, 1920, 67 (1742): 457.

[269] Martin R, Sunley P.Deconstructing clusters: chaotic concept or policy panacea? [J].Journal of Economic Geograghy, 2003, 3 (1): 5-35.

[270] Miyoung Jeong PhD. An Exploratory Study of Perceived Importance of Web Site Characteristics: The Case of the Bed and Breakfast Industry [J]. Journal of Hospitality & Leisure Marketing, 2004, 11 (4): 29-44.

[271] Norlida Hanim M S, Othman R, Nordin N, et al. The homestay program in Malaysia: motivation for participation and development impact. [J]. Tourism, 2014, 62: 407-421.

[272] Nuntsu N, Tassiopoulos D, Haydam N. The bed and breakfast market of Buffalo City (BC), South Africa: present status, constraints and success factors. [J].Tourism Management, 2004, 25 (4): 515-522.

[273] Nur Izwani A A, Hassan F, Jaafar M. Exploring tourist experiences in Kampung Beng homestay programme. [J]. Asia-Pacific Journal of Innovation in Hospitality and Tourism, 2014, 3 (1).

[274] Oh H. The effect of brand class, brand awareness, and price on customer value and behavioral intentions. Journal of Hospitality and Tourism Research, 2000, 24 (2): 136-162.

[275] Ohlin B.Hesselborn P O.Wijkman P M.International allocation of economic activity [M].Holmes & Meier publishers, Inc. 1977.

[276] Parka D B, Yoonb Y S. Segmentation by motivation in rural tourism: A Korean case study [J]. Tourism Management, 2009, 30 (1): 99-108.

[277] Petrick J F, Morais D D, Norman W C. An examination of the determinants of entertainment vacationers' intensions to revisit. Journal of Travel Research, 2001, 40 (1): 41-48.

[278] Porter M.Clusters and new economics of competition [J].Harvard Business Review.1998 (11): 77-91.

[279] Rita A. Pohlmeier, Linda C. Hoover, Ben Goh. Bed and Breakfast Financial Feasibility Analysis [J]. Journal of Hospitality Financial Management, 1992, 2 (1): 69–70.

[280] Royo–Vela M .Rural–cultural excursion conceptualization: A local tourism marketing management model based on tourist destination image measurement [J] .Tourism Manage- ment, 2009, 30 (3): 419–428.

[281] Scarinci J, Richins H. Specialist lodging in the USA: motivations of bed and breakfast accommodation guests. [J]. Tourism, 2008: 271–282.

[282] Scott N, Cooper C, Baggio R . Destination Networks: Four Australian Cases [J]. Annals of Tourism Research, 2008, 35 (1): 169–188.

[283] Shen R, Miao L, Lehto X, et al. Work or/and Life ? An Exploratory Study of Respite Experience of Bed and Breakfast Innkeepers [J]. Journal of Hospitality & Tourism Research, 2015.

[284] So Yon Lee, Johnny Sue Reynolds, Lisa R. Kennon. Bed and Breakfast Industries [J]. Journal of Travel & Tourism Marketing, 2003, 14 (1): 37–53.

[285] SUE B.Rural Tourism in Australia–Has the Graze Altered ? Tracking Rural Images through Film and Tourism Promotion [J] .International Journal of Tourism Research.2004, 6 (3): 125–135.

[286] Tammie J. Kaufman, Pamela A. Weaver. Marketing Efforts of Bed and Breakfast Operations: Do They Influence Success ? [J]. Journal of Travel & Tourism Marketing, 1998, 7 (4): 61–78.

[287] Tavakoli, Rokhshad & Mura, Paolo & Devi, Sushila. (2017). Social capital in Malaysian homestays: exploring hosts' social relations. [J] .Current Issues in Tourism. 2017: 1–16.

[288] Vallen G, Rande W. Bed and Breakfasts in Arizona [J]. Cornell Hospitality Quarterly, 1997, 38 (4): 62–68.

[289] VAN DER PLOGE J D, YE J Z, SCHNEIDER S, Rural development through the construction of new, nested, markets: comparative perspectives from China, Brazil and the European Union [J] .The Journal of Peasant Studies, 2012, 39 (1): 133–173.

[290] Wight P A. Ecotourism accommodation spectrum: does supply match the demand ? [J]. Tourism Management, 1997, 18 (4): 209–220.

[291] Zeithaml V A.Consumer perceptions of price, quality and value: A means–end model and synthesis of evidence [J] .Journal of Marketing, 1988, 52 (3): 2–22.

责任编辑：谯　洁
责任印制：冯冬青
封面设计：中文天地

图书在版编目（CIP）数据

民宿旅游集聚特征及其机理研究 / 龙飞，虞虎著. -- 北京 : 中国旅游出版社，2022.12
ISBN 978-7-5032-7065-9

Ⅰ. ①民… Ⅱ. ①龙… ②虞… Ⅲ. ①旅馆—服务业—产业发展—研究—中国 Ⅳ. ①F726.92

中国版本图书馆CIP数据核字（2022）第224585号

书　　名：民宿旅游集聚特征及其机理研究

作　　者：龙飞　虞虎　著
出版发行：中国旅游出版社
（北京静安东里6号　邮编：100028）
http://www.cttp.net.cn　E-mail:cttp@mct.gov.cn
营销中心电话：010-57377108，010-57377109
读者服务部电话：010-57377151
排　　版：北京旅教文化传播有限公司
经　　销：全国各地新华书店
印　　刷：北京明恒达印务有限公司
版　　次：2022年12月第1版　2022年12月第1次印刷
开　　本：720毫米×970毫米　1/16
印　　张：15.5
字　　数：227千
定　　价：68.00元
I S B N　978-7-5032-7065-9

版权所有　翻印必究
如发现质量问题，请直接与营销中心联系调换